欧洲学术丛书
孙周兴 冯俊 主编
赵千帆 执行主编

存在学的新道路

Neue Wege der Ontologie

［德］尼古拉·哈特曼 著
庞学铨 沈国琴 译

同济大学出版社·上海
TONGJI UNIVERSITY PRESS·SHANGHAI

图书在版编目（CIP）数据

存在学的新道路／（德）尼古拉·哈特曼著；庞学铨等译．—上海：同济大学出版社，2023.12
（欧洲学术丛书）
ISBN 978-7-5765-0651-8

Ⅰ.①存… Ⅱ.①尼… ②庞… Ⅲ.①哈特曼（Hartmann，Nicolai 1882—1950)—哲学思想—研究 Ⅳ.① B516.59

中国国家版本馆 CIP 数据核字（2023）第 001190 号

Nicolai Hartmann
Neue Wege der Ontologie
© 2014 W. Kohlhammer GmbH, Stuttgart, 5th edition.

"十四五"国家重点出版物出版规划项目

欧洲学术丛书
存在学的新道路
[德] 尼古拉·哈特曼 著 庞学铨 沈国琴 译

丛书策划	熊磊丽 张 翠
责任编辑	熊磊丽
责任校对	徐春莲
装帧设计	张 微

出版发行 同济大学出版社 www.tongjipress.com.cn
（地址：上海市四平路1239号 邮编：200092 电话：021-65985622）

经 销	全国各地新华书店	
印 刷	上海颛辉印刷厂有限公司	
开 本	710mm×960mm 1/16	
印 张	16.75	
字 数	335 000	
版 次	2023年12月第1版	
印 次	2023年12月第1次印刷	
书 号	ISBN 978-7-5765-0651-8	
定 价	88.00元	

本书若有印装质量问题，请向本社发行部调换
版权所有 侵权必究

编委会

主　　编　孙周兴　冯　俊

执行主编　赵千帆

编　　委（按姓氏笔画为序）

叶　隽　冯　俊　刘日明　孙周兴　杨　光　吴建广　吴树博　余明锋
张尧均　张振华　陆兴华　郑春荣　居　飞　赵　劲　赵千帆　赵旭东
柯小刚　徐卫翔　韩　潮　谢志斌

学术支持　同济大学欧洲思想文化研究院

总　序

　　欧洲曾经是一个整体单位。中古基督教的欧洲曾以教会和拉丁文为基础形成相对统一的文明形态。文艺复兴前后，欧洲分出众多以民族语言为基础的现代民族国家。这些民族国家有大有小，有强有弱，也有早有晚（德国算是其中的一个特别迟发的国家了），风风雨雨几个世纪间，完成了工业化—现代化过程。而到20世纪的后半叶，欧洲重新开始了政治经济上的一体化进程，1993年11月1日，"欧盟"正式成立。至少在名义上，又一个统一的欧洲诞生了——是谓天下大势，分久必合，合久必分么？

　　马克思当年曾预判：要搞社会主义或者共产主义，至少得整个欧洲一起搞——可惜后来的革命实践走了样。一个统一的欧洲显然也是哲人马克思的理想。而今天的欧盟似乎正在一步步实现马克思他老人家的社会理想。虽然欧盟起步不久，内部存在种种差异、矛盾和问题，甚至有冲突和分裂的危险，但一个崇尚民主自由的欧洲，一个重视民生福利的欧洲，一个趋向稳重节制姿态的欧洲，在今天的世界上是有特别重要的地位和价值的。

　　马克思之后，欧洲文化进入到一个全面自我反省的阶段。哲人尼采发起的现代性文化批判尤其振聋发聩，但他依旧怀有对"好欧洲人"的希冀。而20世纪上半叶相继发生的两次世界大战，更是彻底粉碎了近代以来欧洲知识人的启蒙理性美梦和欧洲中心主义立场,从此以后,"世界历史"进入一个全新的阶段。但另一方面,我们也不得不看到,欧洲的哲学—科学—技术—工业—商业体系,至今仍旧是在全球范围内占统治地位的知识形态、文化形式、制度设计、生产和生活方式。这就是说,今天世界现实的主体和主线依然是欧洲—西方式的。现代性批判的任务仍然是未完成的,而且在今天已成为一个全球性的课题。

欧洲已经是"世界历史性"的欧洲。有鉴于此,我们当年创办了"同济大学欧洲思想文化研究院"。也正因此,我们今天要继续编辑出版"欧洲学术丛书",愿以同舟共济的精神,推进我国的欧洲文化研究事业。

孙周兴
2017 年 8 月 25 日写于海口
2023 年 4 月 27 日改写于杭州

出版说明

尼古拉·哈特曼的思想命运颇令人深思。据说在当年，哈特曼曾与舍勒和海德格尔一道，被视为胡塞尔之后德国哲学三大家。然而时至今日，即便在他的故乡，在德国的哲学界，哈特曼也大受轻视，对其哲学的讨论已属冷门，不能与舍勒相比，更不能与海德格尔相比了。原因何在？难道真的是哈氏哲学功力不济？

哈特曼曾在马堡大学与海德格尔共事，又曾在科隆大学与舍勒共事。在马堡，海德格尔是后来者，哈特曼的弟子们却纷纷投向了不修边幅的海德格尔，其中著名者如解释学哲学家伽达默尔。在科隆，哈特曼是后来者，同样也不敌舍勒的咄咄气势。当舍勒见到新来的同事哈特曼时，径直对后者说："我的天才加上你的坐功，就有了一位哲学家。"这话实在不够恭敬了，因为德文里的"坐功"（Sitzfleisch）的字面意思就是"屁股"。这个故事的记录者、身为哈氏弟子的伽达默尔评价说：这话对哈特曼是有失公正的，而在舍勒却是一种"自白"了。舍勒是公认的"天才"，一个"精神挥霍者"；体系哲学家哈特曼也确是一只"夜猫子"，他的用功和刻板是远近前后出了名的。

这些学人轶事对于哲思本身自然不算什么了，但也不尽是肉麻加无聊。在舍勒与海德格尔之间，哈特曼似乎是天才不足，又无锐意创新精神。总的讲，哈特曼仍旧是老式的，一个典型的德国哲学家，一个营造体系的哲学家。

哈特曼哲学的困难在于体系建设，但它的意义可能也正在于此。在我看来，哈特曼哲学中最重要、最值得关注的，是由他的所谓"存在学三部曲"为代表的存在学体系。哈特曼讨论"存在学"问题的三部著作，即《论存在学的奠基》《可能性与现实性》《实在世界的结构：一般范畴学说概要》，与因伽登的"存在学三部曲"一道，构成20世纪上半叶欧洲存在学重建工作的煌煌巨著。而此所谓存在学重建运动，除了哈特曼和因伽登外，更有胡塞尔、海德格尔、萨特等世纪大哲。哈特曼哲学的意义，恐怕要在此大背景里来确认。

本人一直深感兴趣的是：20世纪上半叶主要由现象学发动起来的存在学重建运动究竟有何意义？其思想动机为何？为何偏偏在20世纪上半叶？又为何在第二次世界大战后，这场运动却很快落潮，此后就少有人讨论"存在学"这种"学"及其问题了？——典型如海德格尔，在20世纪30年代以后就不再接续前期的《存在与时间》中的"实存论存在学"方案，甚至不再在积极的建设性意义上使用"存在学"（Ontologie）一词了。要澄清这些问题，哈特曼显然是绕不过去的。

这也是我们编译本书的主要动因。此外我们不能忘记，汉语哲学界与尼古拉·哈特曼是大有干系的。我国希腊哲学研究者陈康教授曾为哈氏亲炙弟子。原北京大学的熊伟教授亦听过哈特曼的课。陈康教授曾于1940年撰《尼古拉·哈特曼》一文，刊于《读书月刊》第一卷第二期（现收入

《陈康：论希腊哲学》，北京1990年，第466—477页）。这是中文世界第一次介绍哈特曼哲学。惜乎几十年间，汉语学界对于哈特曼哲学的讨论微乎其微，据笔者所知，对哈特曼著作的汉译工作更是毫无开展。殊可遗憾也。

为了解和研究哈特曼哲学，首要的工作仍旧是译介。我们这里选译了哈特曼的《存在学的新道路》，篇幅不大，却是哈氏存在学的纲领性著作。此外，又补译了哈特曼讨论存在学问题的两篇文章，附在书后。特请浙江大学的庞学铨教授主持翻译。友人庞学铨教授一直关注存在学问题，在此课题上有专深的研究，这次除了翻译外，还撰写了长篇的评论，对哈特曼存在学体系作了总体的介绍和探讨。

孙周兴
2006年4月28日沪上同济

目 录

总序 ·· V
出版说明 ·· VII

哈特曼：一个值得重视的哲学家（代译者序）

一、开辟存在学的新道路 ·· 2
二、新存在学的认识论 ··· 10
三、世界存在的范畴分析 ·· 19
四、新存在学体系勾勒 ··· 28
五、一种与康德反向的"哥白尼式转向" ································ 35

存在学的新道路

一、旧存在学的终结 ··· 43
二、对存在范畴的理解 ··· 48
三、实在性的新概念 ··· 56
四、新存在学与新人类学 ·· 63
五、世界的等级序列与层次结构 ·· 70
六、旧的错误与新的批判 ·· 78
七、基础范畴的变换 ··· 84
八、实在世界的层次规则 ·· 91
九、层次领域中的依存与独立 ··· 98

XI

十、异议与展望 …………………………………… 109
十一、人的层次构成 ……………………………… 120
十二、决定与自由 ………………………………… 126
十三、认识问题的新理解 ………………………… 134

德国的新存在学

一 …………………………………………………… 143
二 …………………………………………………… 148
三 …………………………………………………… 155
四 …………………………………………………… 162
五 …………………………………………………… 170
六 …………………………………………………… 179

存在学视野中的认识论

一 …………………………………………………… 187
二 …………………………………………………… 194
三 …………………………………………………… 203
四 …………………………………………………… 213
五 …………………………………………………… 225
六 …………………………………………………… 231
七 …………………………………………………… 244

附录：哈特曼已出版的著作及文献选编

哈特曼：一个值得重视的哲学家（代译者序）

庞学铨

尼古拉·哈特曼（Nicolai Hartmann, 1882—1950），1882年2月20日出生于拉脱维亚的里加，1901年毕业于彼得堡实科中学，1902年开始，先后在多帕特（Dorpat）、彼得堡大学、马堡大学学习医学、经典语文学和哲学，1907年在马堡大学获博士学位。1909年在马堡取得在大学教授哲学的资格，1914—1918年任编外讲师，1920年任副教授，1922年任正教授，继承纳托尔普在马堡大学的教席，1925年起先后受聘科隆大学（1925—1931）、柏林大学（1931—1945）和哥廷根大学（1945—1950）教授。1950年在哥廷根逝世。

哈特曼自小接受民族自由主义的教育。1906年他作为学生写作的哲学论文获奖。第一次世界大战期间他由于精通俄语和拉脱维亚语被德国统帅部的秘密警察部门吸收，并于1918年被提升为军官。尽管作为来自波罗的海东岸三国（爱沙尼亚、拉脱维亚、立陶宛）的德意志人和军官一定程度上保持着民族主义的基本立场，但他在政治上却颇为谨慎，他既不是国家社会主义者，也没有公开支持国家社会主义。由于只讨论存在学和伦理学的主题，他的著作在第三帝国期间能够毫无阻碍地发表。

哈特曼的哲学思想经历了一个转变过程。他曾师从著名新康德主义马堡学派的代表柯亨和纳托尔普，并以此作为自己学术生涯的起点，最初的著述属于传统经典哲学领域，早期著作如《柏拉图的存在逻辑学》（1909）以柏拉图的理念作为构造实在世界的基本观点，表现出新康德主义的倾向。1912年开始以认识论为重点研究对象，在理论上逐步脱离马堡学派的逻辑唯心主义和一般的新康德主义影响，20世纪 20 年代出版的两卷本《德国唯心论哲学》（第 1 卷 1923 年，第 2 卷 1929 年）对新康德主义采取了批评与否定的态度。1919 年左右完成了向一种新存在学的突破，第一个重要成果是《认识形而上学的基本特征》（1921），其次是以观念的存在为前提的《伦理学》（1926）。对他产生深刻影响的历史上的思想家主要是亚里士多德、康德和黑格尔，同时代的胡塞尔现象学和舍勒伦理学思想的影响则是他批判新康德主义、转向新存在学的重要原因。在科隆期间，他写下了关于存在学最初的一些连贯的构思（包括一般范畴学说），以及关于精神生命及其历史哲学结果的理论思考，但暂时都没有发表；这些思考构成了他在柏林时期的四部主要著作：《精神存在问题》（1933），《论存在学的奠基》（1935），《可能性与现实性》（1938），《实在世界的结构：一般范畴学说概要》（1940），后三部著作构成他的新存在学的三部曲，第四部《自然哲学》写于 1940 年，发表于 1950 年。[1]

一、开辟存在学的新道路

探寻某种能为所有其他知识奠基的哲学基础，是自古代希腊哲学以来绝大多数试图建构体系的哲学家的共同努力，他们从此基础出发进行哲学的探讨，也在此基础上建立起各具特色的理论体系。体系处于不断建构与崩溃的过程中，寻求基础的努力却绵延不绝。哲学家们对物质和精神、存在和意识、人和世界、意义和价值这类终极基础问题的追问从未停止过，因为它们是人类的问题兴趣所在，任何哲学都无法回避与拒绝；哲学一再追问这些问题，却始终不能完全解决它们，

---

[1] Kurt Wuchterl, *Bausteine zu einer Geschichte der Philosophie des 20. Jahrhunderts.* Stuttgart, 1995. S.210.

因为这些都是形而上学的问题。形而上学于是在这种矛盾中形成了自身的发展和演变史。

在形而上学的发展和演变史中，同时也存在着哲学的批判活动，产生过不同类型的批判哲学。批判哲学认为形而上学的体系与方法不能解决那些终极基础问题，因此不能再从形而上学中寻找哲学的出发点和基础，而是要提供某种新的方法，以便确定人类能力的可能界限，设置与人类能力相适应的问题与目标；要沿着这个方向探讨哲学理论，也只有在这样的探讨中才能历史地揭示哲学的基础和出发点。

哈特曼认为，迄今为止，这样的哲学批判活动经历了漫长的过程，并形成了五种重要的批判哲学形式。

第一，逻辑学。从亚里士多德到新康德主义者一再努力将形而上学发展成一门基础科学，这样，思想的联系和哲学的概念就必须要合乎逻辑。经院哲学家和理性主义者希望通过这种逻辑的一致直接在概念中把握存在者的本质，黑格尔还把辩证法建立在这一前提的基础上。但是，逻辑本身的一致性并不能保证逻辑前提的真实性，更不能保证推论结果的真实性，因而也无从确定认识是否真实地把握了存在者。由此，逻辑学为认识论所取代。

第二，认识论。认识论在柏拉图哲学中就已承担起了某种基础性工作的责任。在近代，笛卡儿和康德把认识论看成哲学探讨的基础科学。近代认识论从主体出发，以主体意识与认识对象之是否符合，作为判定认识真与不真的依据。比起逻辑学的方法来，认识论从主体与对象间的关系出发，注意到了认识必须与对象相符合，试图用认识来表示意识内容与存在者的关系，从而有可能揭示许多传统逻辑推论的错误根源，获得与存在者相关联的内容，获得真实的认识。哈特曼指出，这种意识在认识过程中发挥着重要作用的现象，使人们"认为认识的源泉就是意识本身，因而很容易重视意识现象，这样，心理学似乎就应当占据哲学的基础科学之位置了。"[1]

第三，心理学。心理学主张，认识在知觉、回忆、想象等意识活动中经历着一个形成变化的过程，分析意识活动就可以了解认识和认识的起源；认识活动似乎就只是意识自身的活动，活动着的意识就直接存在于自身中，意识就是其自身的对象，它无需离开意识自身而显现出来，进而达到理解对象。在哈特曼看来，这种看法同样是错误的。因为，认识主体及其当下的情形是有差异的，主体的差异决定着对象世界所显现的差异，心理学把认识活动限于意识自身，就抹杀了普遍和基本的认识主体之差异，这样，就只能理解意识自身的活动而不能理解认识对象；同时，即使从意识自身活动精确地把握了意识内容的产生方式，也不能确定意识内容的真与不真，意识只有通过面向外部对象的认识活动，才能获得关于对象的意识内容，也只有通过这样的认识活动，才能间接理解意识活动本身。在这个过程中，意识自身处于不断变化之中，这种变化在干扰着意识活动的同时又形成意识活动的对象。心理学的自我观察和自我认识自然地包括观察和认识者自身，如何获得和保证真实的认识呢？心理学的方法不能破解这个心理学的难题。

第四，现象学。20世纪初，现象学家们试图通过批判心理主义应对这个难题，并想使"现象学"成为新的哲学基础科学。现象学撇开所有经验科学，用本质分析方法代替直接经验观察，设定了某些意识活动的普遍本质，并以之为探讨意识变化和认识过程的新基础。哈特曼认为，现象学家们对认识行为的分析只停留于意识的内在过程，这种分析方法是纯内省式的，且没有将它转用到意识之外的对象上，也即没有把握意识与对象的超验关系，脱离对象脱离存在的认识，也就根本不再是原初所意指的认识了。同时，现象学所描述的意识中被给

---

[1] N. Hartmann, *Neue Ontologie in Deutschland*, in: *Kleinere Schriften,* Bd.1: *Abhandlungen zur systematischen Philosophie.* Berlin, 1955. S.53.

予之物，虽是直观的明证的现象，但直观认识也可能提供错误的东西，意识中明证现象的事实性不等于其客观有效性，现象的客观有效性必须奠基于存在世界。"只有当现象分析为区别实在现象和表面现象提供了一种标准时，才能获得一个现实的基础，这个现实基础就是真与不真的尺度。现象学当然是远离了这个尺度的。"[1] 现象学也同传统的先验建构论一样，不能成为一门普遍的哲学基础学科。

第五，人类学。以上这些创建一门基础科学的努力，都试图寻找哲学的一些共同特征，并将其作为基础，以建立认识和真理的体系。人们一直在作着这样的努力。与上述那些从逻辑、主体和意识出发来讨论认识的真理性和现实性不同，有一种努力方向是从人的生活出发来讨论认识的真理性和现实性，这就是20世纪流行一时的生活哲学和实用主义。德国的生活哲学立足于精神史来讨论认识、判断真理，美国的实用主义依据对生活的实用性来划分真理和谬误，二者都具有相对主义倾向和特征，其理论前提则是历史社会学的观点。哈特曼指出，按此观点，只有依赖于不同民族及其时代的"真理"，没有独立于具体时代状况和人类生活的普遍真理。这样，哲学就仅仅是某种"生活方式"的表达，或应付某群人当时任务的方法，而不再是一种知识，一种科学了。

这样的观点显然是站不住脚的。因为它们是从人的某个方面——例如历史的、精神的、社会的或实际的方面——来对待人的，所获得的印象、得出的知识也一定是片面的。因此，从各方面去理解人，也即从人的行为的整体上来理解人，应成为哲学探讨的新方向，这就是人类学。

然而，人类学也不能获得对人的整体之最终理解。因为，人处于一个广泛的、与人相疏离且没有人也存在着的存在关系的结构中，这

---

[1] N. Hartmann, *Neue Ontologie in Deutschland*, in: *Kleinere Schriften*, Bd.1: *Abhandlungen zur systematischen Philosophie*. Berlin, 1955. S.54.

些关系构成了一个复杂的存在世界，人属于世界的一部分。人类学只有在这样的世界联系中才能从整体上理解人。"所以，我们要从人类学回到普遍的存在学说，即回到存在学。"[1]

回到存在学并非要回到亚里士多德。在哈特曼看来，那种旧存在学早已在康德的批判中式微了：《纯粹理性批判》打碎了建立在先验原理基础上的演绎模式和本质论传统，《判断力批判》则否认了目的论的根本意义。

哈特曼要走的，是一条存在学的新道路。

传统存在学，或者说旧存在学坚持这样的命题：存在着本质和现象两个世界，本质世界是普遍的内在的东西，也就是先验原理，能以概念的形式被理解，它规定并决定着包括人在内的物质世界的存在及其形态。传统形而上学各显神通，提出了解决这两个世界关系的种种理论，却犯了许多相似的错误。择其要者有：

其一，奠基于先验原理上的体系形而上学。要么是独断论，要么是不可知论。前者肯定关于存在的绝对认识，后者则假定存在的不可认识。二者都从先验原理出发对待存在，却又不能保证先验原理的客观有效性。哈特曼指出，在这两个极端之间还有另一种可能性，即对存在者世界，可以部分地用概念来把握，而仍有无限的残余部分是不能合理性地把握的。与这理性所不能解决的世界残余部分相联系的问题，便具有形而上学的意义。"哲学即和这些问题的形而上学性相关。在此意义上早已被宣判死刑的形而上学而今在哲学中返归了。"[2]当然，在存在学的新道路上返归的已不再是奠基于先验原理上的体系形而上学了。

---

[1] N. Hartmann, *Neue Ontologie in Deutschland*, in: *Kleinere Schriften*, Bd.1: *Abhandlungen zur systematischen Philosophie*. Berlin, 1955. S.56.

[2] 见 N. Hartmann, *Neue Wege der Ontologie* (1942), 3. Aufl. Stuttgart, 1949. S.10，以下出自本书的引文均在正文中用"原书第 X 页"标明。

其二，混淆表象与对象的主体建构论。将意识从对象身上获得的图像、表象和概念与对象混淆在一起，将认识范畴作为认识对象，是主体形而上学的共同特征，也是先验理论的主要问题。这种混淆抹杀了意识内容与意识对象、表象与对象之间的界限，消解了它们之间的区别。哈特曼认为，正是表象与对象的这一区别决定了哲学探讨的一切重要问题。表象存在于意识中，它本身是一种意识的产物，概念及从对象中得出的其他各种形式的图像也是如此。而对象本身则并非存在于主体意识中，或依赖于主体意识而存在，不仅物质形态的对象是这样，人类心灵的、个人的，或历史—精神形态的对象也是如此。不看到并承认这个基本现象，就会陷入认识的相对主义之中，"便会失去对实在世界的统一性及其对意识的独立性之洞见，便会除了观念、概念和表象之外，无所保留；而如果仅仅从观念、概念和表象出发，我们也就看不到作为存在于世界中的人的真实地位"。[1]

其三，世界统一性要求下的范畴越界。按照一元论的世界统一性要求，把某个层次的范畴套用到另一个不同的层次。例如，把无机界的范畴套用到有机界，把有机界的范畴套用到社会共同体和国家生活，把其他层次的范畴套用到精神层次，或者反过来，把精神、心灵层次的范畴转用到无机界。哈特曼把这种适用于某个领域、层次的范畴向另一个领域、层次的任意套用、转用，称为"范畴越界"，这是指范畴超越了自身所拥有的权限，侵犯了别的范畴的权限。在他看来，实在世界是由不同层次构成的，各个层次的范畴只具有与该层次相适应的权限。层次之间具有如下的关系规律：较高层次依赖于较低层次，较低层次是支撑较高层次的基础，这是层次依赖性的自然方向；这种较高层次对较低层次单方向的依赖关系贯穿整个层次序列，但前者只是受后者的"限制"；除此之外，较高层次对较低层次是独立的，较高层次的特殊内容、结构

---

[1] N. Hartmann, *Die Erkenntnis im Lichte der Ontologie*, in: *Kleinere Schriften*, Bd.1: *Abhandlungen zur systematischen Philosophie*. Berlin, 1955. S.127.

是以其范畴的更新为基础的，就是说，不同层次有表征和适用于自身的不同范畴。因此，要从某个范畴（原理）推论出一切的形而上学是错误的，错误就在于违背了这个层次间的关系规律：从上而下，即从精神推论出一切的形而上学，颠倒了层次依赖性的自然方向，使较高层次成为较低层次的基础，试图使精神范畴支配较低层次的范畴，直到支配物质范畴；从下而上，即从物质推论出一切的形而上学，则忽视了较高层次的特殊性和独立性，看不到范畴更新在层次变化过程中的重要作用，想要从物理过程推论出心灵活动与精神存在。[1]

对传统形而上学错误的批判性分析与克服，令哈特曼开辟并走上了一条存在学的新道路，也称为新存在学。新存在学有两个主要的特征。

第一，批判的存在学。

哲学自古以来就在探究存在范畴，尽管给它们所下的定义各不相同，哲学也提出过不少关于世界的结构和分层的思想，可是为什么许多先前认为是正确的范畴、思想，后来被证实是错误的？为什么人们在一些基本的哲学问题上进行的讨论似乎永无休止、难有定论？错误是多方面的，错误的根源也是多方面的。其中最主要的是，旧存在学从诸如理念、形式、范畴、概念等先验原理出发，推论出认识和存在，却不能保证先验原理本身的客观有效性问题，甚至不去追问这样的问题。分析、揭示旧存在学这类错误根源的工作，就是批判的任务。于是便出现了新存在学的一个基本特征："它不同于旧的、教条主义的存在学，必须成为批判的存在学。"（原书第43页）

康德在这样的批判中起到了开拓的作用。他的先天综合判断命题强调了先验原理与经验的综合，实际上是想为经验主义提供范畴联系，为理性主义确立经验基础，从而解决传统认识论两种极端的内在矛盾与困

---

[1] N. Hartmann, *Neue Ontologie in Deutschland*, in: *kleinere Schriften*, Bd.1: *Abhandlungen zur systematischen Philosophie*. Berlin, 1955. S.81.

难，保证认识的客观有效性。但是在康德那里，认识的客观有效性奠基于经验现象上，超越经验现象的存在被推到了不可知的彼岸世界，从而为认识划定了一个不可知的界限。这表明，康德的批判是纯粹认识论上的，这种认识论批判依然属于思辨形而上学；同时，康德哲学作为推论基础的先验原理本身，即时间空间直观形式和知性范畴，也完全不受经验的束缚、不与存在对象相关联，因而实际上又只是有限地抛弃了关于事物本质的纯先验理论，未能解决先验原理的客观有效性问题。

存在学不满足于这种纯粹认识论的批判，同时要超越这种思辨形而上学，它还需要另一种批判，这就是新存在学的批判。哈特曼也称新存在学为"批判的存在学"。要最终解决先验原理的客观有效性问题，即解决认识问题，不能从纯粹的认识论出发，必须从存在学入手，以存在学为基础，但为了使存在学的讨论能够深入，又得解决至少是部分解决认识问题。从存在学观点看，认识是认识主体和认识对象之间的存在关系，对象是既与主体相联系又超越主体的存在者，作为超越主体的存在者，它不关心是否可能被主体认识以及在多大程度上被认识，先验原理（范畴）有效性的基础就在于有这样的存在者、实在世界。于是，在新存在学那里就形成了认识论与存在学的特殊关系：认识论必须奠基于存在学，存在学应该追问如何理解认识对象，理解实在世界。认识和对象，或者说认识论和本体论的这种特殊关系需要一种特殊的认识形而上学。新存在学不是逃避形而上学，而是通过一种形而上学批判使之获得了新的价值。

第二，范畴分析的道路。

如何理解认识对象、实在世界？旧存在学或者把它看作从先验原理出发推论的结果，依赖于与意识，与意识活动不可分离地联系着，或者把它看成独立于认识的自在存在。哈特曼认为，我们不能通过先验演绎或从内心意识到知性原理的途径，来获得关于存在、实在世界的理解，事先也完全不知道是否有独立于认识主体之外的超越的一般对象及关于这种对象的客观认识。我们必须通过分析认识对象来获得关于对象、实在世界的理解,这种理解是"从实在关系中一步步得出"的。(原书第13页)这是一条不同于先验演绎的新道路:对实在世界及其总体结构与层次进行范畴分析。"新存在学的道路表现为范畴分析,即一条经验的道路。这种经验既不是通过归纳也不是通过演绎出现,也未遭到纯经验或纯先验认识的否定。它以所有经验为前提,既有日常的和实际生活的经验,也有科学的经验。还可以补充一点,它也以哲学的经验为前提,即以那些在人类思维活动的历史进程中所曾作过和出现过的各种探索、挫折及自我修正的内容为前提。"(原书第18页)选择对实在世界进行范畴分析还是从先验原理出发进行抽象推论,是新旧存在学的分水岭;范畴分析的方法贯穿于哈特曼的全部哲学论证中,成为新存在学的显著特征之一。

概括起来说,寻找一种明白易懂的哲学方法,描述整个实在世界的结构,以及世界中不同领域、不同层次之间的关系,这就是哈特曼全部哲学的基本关注点。与马堡大学那些新康德主义者一样,哈特曼的研究几乎囊括一切哲学研究领域,其中,对存在学和有机自然界的分析尤其全面。他接受常识立场,设定实在世界的独立存在,认为它并非单纯的"现象",人们可以通过认识途径了解它的本质结构。他运用现象学的方法,为实在世界的存在辩护,又超越现象学,不再将实在世界归结为单纯的意识结构,而是把它看成一切认识的基础,能够为所有重要的哲学基本体验奠基。

二、新存在学的认识论

从认识史上看,认识问题与存在问题紧密相连。旧存在学有一种认识论的"思维循环"论证：认识和判断本身处于表象的层面，是对表象的重构，那么有与表象相对立的独立的存在吗？回答这个问题只能通过表象，而通过表象获知的存在物，归根到底可能只是一种在表象中的存在物。那么，有与意识相对立而存在的对象吗，它又在哪里呢？"思维循环"将表象与对象混淆了，将对象的独立性取消了，对象的存在变成了表象（思想、概念）中给予的东西。这种论证方式为所有哲学方向所熟悉，在许多哲学方向中还享有很高的声望，它在康德哲学中就已是完全成熟并被运用自如的了。康德认为认识过程同时就是构建认识对象（现象）的过程，认识与存在是同一性的关系。新康德主义强调了康德这种先验观点，主张认识是意识的一种"创作"，是表象和概念的"建构"或"重构"，把意识中被给予之物与实际存在之物等同了起来。

哈特曼认为，单纯从认识上批评旧存在学的"思维循环"论证，批评意识建构或客观化的观点，既不能解决主观主义的观察方式，也不能解决相对主义和实证主义的观察方式。还需要揭示其背后更深刻的错误根源，这就是关于对象的本质认识。哲学应该正确地理解对象，因为意识中的所有被给予性都由对象而产生。认识论问题"只有建基于存在学上才获得其全部意义"。[1] 哈特曼力图在存在学基础上，运用现象学的方法，重新观察和描述认识现象。

新康德主义认识论的错误根源在于忽视了"关键的方面：即认识是一种超越的行为，一种超越意识界限的行为"。[2] 认识总是超越的，没有对对象的超越，也就没有认识了，不仅对存在对象的认识是超越的，爱和恨、体验、经验、期待、恐惧等心理活动也是超越的，因为它们

---

[1] N. Hartmann, *Die Erkenntnis im Lichte der Ontologie*, in: *Kleinere Schriften*, Bd.1: *Abhandlungen zur systematischen Philosophie*. Berlin, 1955. S.122.
[2] N. Hartmann, *Die Erkenntnis im Lichte der Ontologie*, in: *Kleinere Schriften*, Bd.1: *Abhandlungen zur systematischen Philosophie*. Berlin, 1955. S.128.

针对真实的人，指向实在的心理事件。肯定认识的这种超越特征，是存在学讨论认识问题的前提。新存在学正是从这个前提出发，挣脱旧存在学那种思维循环，达到自身对认识本质、对认识对象的理解。

按照新存在学的观点，认识的超越性特征在认识过程中表现为意识的双重意向性：意识指向所要认识的存在对象，在此同时，形成了关于对象的表象，这就是意向对象，意向对象总是一种与存在对象相异的东西，它可能与对象符合或不符合，若符合，人们就称之为真实的认识，若不符合，便是非真实的认识。意识的双重意向性导致了意向"内容构成物的双重化"（同上书，第128页），就是说，意识通过指向存在对象的意向活动，在自身中形成意向对象，意识又通过这意向对象而理解存在对象。但意向对象并非就是存在对象，存在对象的存在与意向活动无关，也不受意向活动过程的影响，意向活动虽然在意识中形成表象、形象，但它却是直接指向存在对象而不指向意向对象的。例如，我在想一座山，就是说我的意识指向一座山，这个意向活动在我的意识中形成了关于这座山的表象，这表象当然依赖于我的意识及其意向活动而存在；虽然我要通过山的表象而理解这座山，但山的存在却与我的意识及其意向活动无关，我的意识也恰恰是在想那座存在着的山而不是在想意识中关于这座山的表象。再举一例，按照思维循环的一个极端论题，思维只思本己的思想，而思想只理解自身。哈特曼认为，实际正好相反，只要不是纯粹的思想游戏，就没有人仅仅为思想而思考，思想本身是为了某个别的现实或观念的存在者，主体意识正是通过思本己的思想来思这另一个存在者，它正是主体的认识对象、思想所意指的本真之物。意识的这种双重意向性关系构成了从存在学上理解认识的基础，它告诉我们，认识归根到底是一种存在关系，也即存在的主体与同样存在的客体即对象之间的关系。在认识过程中，主体都面对被认识的客体，客体是超越主体的，它并没有因为被认识就进入主体意识了。为了认识客体，主体必须超越自身领域而指向存在对象，但要认识到客体，主体又必须回到自身即意识领域，而出现在意识中的却只是意识的构成物，即关于对象的表象。这也就是著名的认识论悖论。按此方式，主体与客体的关系就由三个环节构成：主体意识——表象——存在对象。

这里的问题便在于：怎样理解这三个环节之间的关系？在哈特曼看来，主体要把握、认识对象，必须以对象在意识中构成的表象为中介，但又不能停留于这个中介。

旧存在学的思维循环论证、先验主义认识论强调了认识过程中的意识建构作用，认为意识中获得的关于对象的表象是意识本身建构的结果。哈特曼并不否认意识的建构作用。相反，他认为，恰恰在从存在学上理解对象的时候，先验哲学的意识建构观点才获得其充分的合理性。在他看来，表象肯定是通过意识的综合、建构而形成和获得的，然而意识建构活动涉及的不是存在对象，而只是对象的表象，及从表象中发展出来的判断、概念等，它们都属于意识领域，整个建构过程是在意识中进行的："关于对象的表象、概念、理论都得由主体来完成与实现，并且还得依靠综合，综合最终形成总体图像；总体图像成为认识产物并保留在意识中，不会成为对象。"[1] 正是在这样的方式、这样的意义上，先验主义的建构论获得了其完全的合理性。

但是先验主义的错误也正好凸现在停留于表象这个中介，在这个中介那里止步不前。它简单地把表象等同于存在对象，把意识的建构之物当成了客观存在之物，把意识的这种"建构"理解为"产生"对象了，由此，认识便只局限于意识自身，而没有超越意识界限。这样，实际上是把一切认识客体都看成了主体作用的产物，不仅取消了真与不真的区别，就连对象存在甚至存在本身的意义也被取消了。试问，认识最终没有了真实的对象，还会是本来所意指的认识吗？

---

[1] N. Hartmann, *Die Erkenntnis im Lichte der Ontologie*, in: *Kleinere Schriften*, Bd.1: *Abhandlungen zur systematischen Philosophie*. Berlin, 1955. S.155.

至此，哈特曼按照存在学的观点设定了主体与客体的分离存在，肯定了对象的"超对象性"，准确地说，作为可能的认识对象之存在者不依赖于意识的意向活动而存在，无所谓自己是否以及多大程度上被一个主体当作认识对象，也不关心自己是否被认识或被错误地理解，它超越于意识的界限而存在。于是，认识的建构问题与认识的超验问题在肯定对象独立存在的基础上统一了起来，由此揭示和批判了先验主义的认识建构论。在哈特曼看来，这一事实对人及人的认识来说具有决定性的意义。因为，认识是与人相联系的。从存在学上看，人类是这个世界的晚期产物，在人类出现之前早已有存在者存在了。有了人类这个认识主体，存在者才可能变成认识对象，因此，存在者是先于人类即主体而存在的，现在不能再把主体意识和存在对象的关系理解为相互关联、不可分离的两部分了。这就是哈特曼在存在学基础上对认识论关系即主体意识与存在对象的设定。

然而，意识的本质表明，它只能领会自身内容，而不能超出自身领域。既然存在对象超越于意识而独立存在，那么，意识如何在意向活动中超越自身的界限而通达于独立存在的对象？换言之，如何解决那个著名的认识论悖论？显然，哈特曼上述关于主体意识与存在对象分离存在的存在学设定及其论证，还没有对这个问题作出有说服力的解决。解决此问题的出路，在于哈特曼所说的认识形而上学和认识论的存在学奠基。

何谓哈特曼所说的认识形而上学？

在哈特曼看来，意识虽然经过意向对象而理解存在对象，但意识不是直接指向意向对象，而是指向超越意识的对象。意识的"超验活动构成了意识和意识存在于其中的世界之间的关系之路，也可以说，构成了这种在世界中存在的意识本身"。[1] 意识的这种指向就是认识的自

---

[1] N. Hartmann, *Die Erkenntnis im Lichte der Ontologie*, in: *Kleinere Schriften*, Bd.1: *Abhandlungen zur systematischen Philosophie*. Berlin, 1955. S.138.

然倾向，也只有在自然倾向而不是自我意识那里，才有可能把握基本现象，思考认识的真正本质。但是，意识中被给予之物和实际存在之物之间存在着一系列认识阶段——从直观体验到各个经验阶段，认识不可能一次性地完成这个漫长的过程。在这个过程中，认识不能达到而只能接近实在之物。当然，这种接近意义重大，不论周围世界和人类自身的本质中还有多少东西未被认识，那已认识的部分是我们的认识和科学研究中所期待的靠得住的真实的东西。正因为如此，人类的日常生活及科学研究才得以可能进行。主体意识不断向外在的存在对象扩展，但永远不能完全达到而只能接近对象，这种情形表明，独立存在的对象必定多于它被主体所把握所认识的东西。也就是说，在与主体发生认识关系时，存在对象被分成了两部分：被认识的和未被认识的。被认识的部分在意识中成为表象即意向对象，形成通常说的经验认识；未被认识的部分，也就是未被主体客观化的部分，与已被认识部分之间便有一种界限，称为客观化界限，这个界限不是固定的、僵死的，而是不断往外推移扩展的，因为主体的意向活动要不断指向未被认识的那部分存在对象，以获得更多的经验认识，用哈特曼的话说就是："超验关系本身在认识中不断扩展，这是在持续的扩展中理解周围世界。"[1] 尽管如此，意识和对象之间仍然存在着无法克服的界限：认识永远只能接近而不能完全达到对象，这是可认识性界限，换言之，也就是"不可超越的认识界限"。[2] 在界限的此岸，是已被认识的现象、表象、意识对象，或者称为经验知识。在界限的彼岸，则是超越意识的东西，在康德那里叫自在之物，哈特曼称为"超知性的东西""非合理的东西"。对象是独立于主体而存在的，意识要超越自身通达存在对

---

[1] N. Hartmann, *Die Erkenntnis im Lichte der Ontologie*, in: *Kleinere Schriften*, Bd.1: *Abhandlungen zur systematischen Philosophie*. Berlin, 1955. S.176.

[2] N. Hartmann, *Die Erkenntnis im Lichte der Ontologie*, in: *Kleinere Schriften*, Bd.1: *Abhandlungen zur systematischen Philosophie*. Berlin, 1955. S.146.

象，又因为这界限而永远不能完全达到对象。意识是如何可能超越自身认识存在于自身之外的对象的？反过来，超越的存在对象怎么被给予主体而被认识呢？归结起来就是：怎么理解认识论中意识与在它之外存在的对象之间的关系？这便是哈特曼所说的认识形而上学。这里的形而上学是康德意义上的。康德说过，形而上学这概念本身就说它不能是经验的，是超经验。

按照哈特曼的观点，传统实在论的符合论只是一种没有论证的假设；康德主义一方面把对象看成是主体的先天形式和范畴对经验现象综合建构的结果，按此观点，对象就完全可以从主体方面得到合理的理解，可是他又设定了主体不能认识的自在之物，形成了自身的矛盾；现象学的本质分析是纯内省式的，只停留于意识的内在过程，实际上与独立存在的对象无关。因此，二者都没有解决这个认识形而上学问题。解决这个问题，不能依靠认识论自身而必须立足于存在学的基础上。

哈特曼从存在学上解决这个认识形而上学的基本观点是："认识是一种存在关系，认识行为是一种超验的行为，认识的进步则是一种范畴的进步。"[1]

哈特曼认为，认识获得的表象及其相应的产物都是认识活动综合的结果，综合是在某些先验因素的基础上发生的。这类先验因素[2]在古希腊是形式（理念）；在中世纪是共相；在康德，是范畴；在黑格尔，是绝对精神；在胡塞尔，是本质；在理性主义那里，是一般理性。可见，他们都只把它作为认识原则。而世界是一个由从无机物到有机物

---

[1] N. Hartmann, *Die Erkenntnis im Lichte der Ontologie*, in: *Kleinere Schriften*, Bd.1: *Abhandlungen zur systematischen Philosophie*. Berlin, 1955. S.176.
[2] 在哈特曼那里，先验因素、普遍原则、主体意识或范畴通常在同一含义上使用。他说的先验因素并非如传统先验主义那样，意味着范畴本身就是先验的，而是指通过范畴的显示，在对象那里可以看到某种普遍性的东西，表示对象从原则上的可把握性。所以，先验认识指所领会之物内容上超越个别的经验之物，而关乎一般本质特征，涉及超越的存在。

直至精神等许多不同层次构成的存在总体。主体意识是与人相联系的，而且显然是在最高层次精神中才能获得发展，这就是主体意识在存在学上的准确位置，我们必须从这个位置出发理解认识关系，即主体意识与存在对象的关系。这种关系是双重的。一方面，主体意识属于精神存在的层次，它作为重要的精神功能，与其他精神现象一样为一系列较低存在层次所承载，并依赖这整个层次系列。这里，主体意识属于存在范畴。作为存在范畴，它本身就像客体那样属于同一个存在世界的一部分。这样，以往那种由意识去反映或建构对象的认识关系，就被理解为存在关系了，这种存在关系可能是多样的，或者是同一的，或者是不同一的。另一方面，主体意识具有超越自身指向对象领域的意向功能，它所指向的对象领域包括各种类型的存在者和存在层次，从精神自身到最基础的物质层次。这里，主体意识又属于认识范畴。因此，主体意识在认识活动中既是存在范畴又是认识范畴。用哈特曼的话来说："范畴既是认识原则又是存在原则。"[1] 这个双重关系也就是意识的双重存在学特征，它在哈特曼关于认识论的存在学奠基的理论中具有重要意义。

其一，解决了意识如何超越自身通达对象问题。精神（意识）不仅属于主体领域的东西，具有指向对象的意向功能，同时也作为客观领域出现在我们面前。所谓客观领域，就是说，精神（意识）作为共同的、历史地持续存在的"客观的精神"，在语言、知识、法律、道德和宗教中构成了一个内容上被形式化了的、具有特殊方式的领域，这个领域具有历史的实在性，也具有同自然实在性同样的可经验性和可体验性。当某个主体意识被另一个主体意识作为直接意向对象时，它就成为客体，换句话说，作为具有意向功能的意识本身就是作为独立存在的对象的意识。这时"客体就是认识特有的主体，从而消除了主

---

[1] N. Hartmann, *Die Erkenntnis im Lichte der Ontologie*, in: *Kleinere Schriften,* Bd. 1: *Abhandlungen zur systematischen Philosophie*. Berlin, 1955. S.145.

客体的对立"，[1] 意识和对象二者便形成同一的存在关系，或者说存在范畴和认识范畴是同一的。在这同一性的范围内，所有对象都是先验地可认识的。如此，意识如何超越自身通达认识对象的问题便迎刃而解了。

其二，解决了如何理解在认识界限之外有超意识的对象问题。意识和对象二者的存在关系也可能是不同一的，或者说，认识范畴和存在范畴可能只有部分的同一性，这时，作为认识范畴的意识，并不与存在对象完全对应。这种不完全对应表现在两方面。一方面，面对某个存在领域（对象）时，主体或者缺乏完全理解它所需要的范畴，或者这些范畴与这个领域的存在层次不相适应。这样，实际上就出现了对象的可认识性界限。存在着超意识而独立的对象即意识所不能完全通达的"非合理的东西"这个形而上学的认识问题也由此而获得了理解。另一方面，前面说过，主体与客体的关系由主体意识—表象—存在对象三个环节构成。这里的表象既是意识的产物，同时也是一种观念的存在。在哈特曼看来，这种观念存在不同于胡塞尔的意向对象，因为观念存在不依赖于任何意向，它也与意识相对立，虽然不具有真实的存在性，但它是自在的，其结构也与实在存在的结构紧密相联。这样，认识范畴与存在范畴之间又出现了二重关系：一是认识范畴与观念存在领域的适应（或符合）关系，二是观念存在与现实存在的适应（或符合）关系，还有通过这层关系反映的认识范畴与现实存在领域的适应（或符合）关系。在这样的情况下，都可能有部分的不适应（或不符合），这也就可以理解为何有超意识的独立存在的对象了。

其三，更关键的是，将认识理解为存在关系，从而解决了一般的认识可能性问题。按哈特曼的观点，主体与主体的对象都是实在世界的一部分，都是真实的存在者，因而对象能够规定主体，主体也与对

---

[1] N. Hartmann, *Die Erkenntnis im Lichte der Ontologie*, in: *Kleinere Schriften,* Bd. 1: *Abhandlungen zur systematischen Philosophie*. Berlin, 1955. S.115.

象同一或部分同一，这在上面已经讨论过了。在哈特曼看来，认识不但在内容上向前推进，也即不断扩展与加深关于世界的表象、图像，而且还改变自身的活动，发现和使用认识工具——范畴，进行工作。范畴并非人与生俱来，也不是内在的理念，而是意识对不同存在层次的特征与内容的发现，是存在的原理。存在层次序列是由低级到高级演变的，即由最低层次的无机界经过许多中间层次到最高的精神层次。不同存在层次相应地有不同的范畴，因此，范畴也处于变化中。意识指向某个存在层次时，与此层次相应的范畴重复或至少部分重复出现在意识中，于是，形成了关于该存在层次的特征与内容的认识。范畴变化的基本形式是新范畴（或范畴要素）之"渗透于"意识中，渗透于意识的范畴会进一步发生变化，而且具有不断接近存在对象的倾向。较高存在层次以较低层次为基础，但在特征和内容上又不同于较低层次，所以，对低级层次的认识是对较高层次理解的一部分，对存在层次认识逐步"由下而上"地深入，在意识中也出现相应的新范畴（或范畴要素）。这个过程会一直持续到认识最高的对象领域即精神存在。与精神存在层次相应的范畴便具有最大的灵活性。"从存在学上说，这意味着范畴同一性本身的进展，由此，认识范畴和存在范畴二者在内容上就相适应了。"[1] 这样的适应是不断推进不断扩展的，人们正是在这种持续的扩展中理解周围世界、接近存在对象。

三、世界存在的范畴分析

20世纪哲学的存在学奠基，是与哈特曼的名字紧密相连的。这

1　N. Hartmann, *Die Erkenntnis im Lichte der Ontologie*, in: *Kleinere Schriften,* Bd. 1: *Abhandlungen zur systematischen Philosophie*. Berlin, 1955. S.175.

种奠基的基本关注点是描述包括一切领域在内的整个实在世界的结构以及不同领域之间的关联，并努力寻求一种哲学上的明白易懂的解决方法。

存在学一般涉及两方面内容。其一，关于现实存在的问题。对此，康德以前主要有实在论、目的论、先验演绎和直觉主义等几种解决道路。这些道路被康德的批判哲学摧毁了：必须从先验形式与经验事件的综合中才可获得世界的认识。哈特曼重视康德的批判成就，但他不满意于康德说这样获得的只是现象而非世界本身的认识。世界对哈特曼来说并非单纯的"现象"，他赞同得到广泛接受的常识立场：我们接触的是现实存在，并能由此看出现实存在的本质结构。这是一种实在论的设定。其二，关于一般存在问题。自亚里士多德提出哲学探讨"作为存在者的存在者（das Seiendes als Seiendes）"以来，存在问题一直为哲学家们所关注。哈特曼的存在学也以亚里士多德提出的问题为出发点。亚氏的问题是要寻求所有存在者的共同的东西，也即存在（das Sein）。换句话说，是要寻找对世界统一性的理解。从古代希腊到现代哲学对世界统一性的理解，从方法论上看主要有两种。一是将某个特定的存在者、范畴等同于存在，使存在失去了作为具体存在者之共同东西的普遍性；二是将先验的精神、范畴看成统摄或演绎各种具体存在者的存在，使存在成为与具体存在者相分离的高高在上的抽象原则。二者都力求获得对世界整体的一元论的理解，且具有明显的终极的形而上学性质。哈特曼主张放弃这种力求获得对世界统一性的最终理解的形而上学追求，不再先验构想地寻找"世界统一性"，而应该将这种寻找置于经验之中。

运用现象学的方法[1]对世界的存在层次结构以及层次之间的关系进

---

[1] 哈特曼的存在学立场在起点上与现象学家一致：认识不是指向意向性对象，而是指向自在之物；他也完全赞同现象学对经验论、唯物主义、心理主义和实证论的批判，并重视其逻辑的独立性和客观性以及先验的普遍性的一些重要思想，甚至也采纳现象学的本质分析方法。

行细致的范畴分析，并由此达到对世界统一性的存在学理解，这是哈特曼新存在学的最重要内容，也是新存在学的主要特征之一。这方面的准备性著作是《论存在学的奠基》，最重要的著作则是《实在世界的结构：一般范畴学说概要》。

我们先来讨论哈特曼关于实在、存在的观点。

旧存在学主要从空间意义上界定事物的实在性，因而只有具备空间特征的事物和有机体才可以归入实在世界。按此标准，心灵方面的东西、精神的内容就不能纳入实在世界，而只能归入抽象的本质领域，作为抽象的本质，它的"实在性"与事物的"实在性"完全不同，是一个没有个体性、没有变化的永恒的存在。哈特曼认为，旧存在学的这个观点实际上是把实在理解为不变的、静止的、与人的主动性和自由性相对立的东西，把精神层次的东西与现实存在分离开来，这是直观唯物论或主观主义的观点。实际上，"所有实在的东西都在运动，处于不断的产生与消亡之中。运动与生成恰好构成了实在世界一般的存在方式，事物、生物和人无一例外"。（原书第24页）生成并非是存在的对立面，生成本身就是一种存在方式，生成过程表现为时间性，也就是说，时间即是一种存在方式。因此，实在性并不就是空间性，也不是静止的，实在性的真实特征并不取决于空间性和物质性的范畴，而是取决于时间性和生成性的范畴。从存在学上说，空间与时间不是等值的范畴，时间比空间更为基础，因为事物和有机体只有在它们所经历的存在过程中才表现出空间特征来的，"在时间中一切都是实在的，而在空间中则只有部分东西才是实在的。人们可以这样说，仅仅是实在世界的一半，即其较低的形态具有空间性"。（原书第22页）

认为实在世界的存在方式是生成的存在方式，引入时间概念，由此改变了区分实在性与非实在性的标准，这是新旧存在学在世界实在性问题上的明显区别。

存在于时间中的生成的形式又是多样的，有机体的生命过程不同于无机物那种简单的空间的物理运动,心灵的活动过程不同于有机体的进化过程,精神史的演变过程又有别于心灵的发展过程,等等,但这一切都是真实发生的,都具有与实在世界相同的存在方式。因此,在哈特曼看来,观念的、精神层次的东西同样属于现实存在,是实在世界的一部分,物质与精神都是实在的。

基于上述观点,哈特曼阐述了关于世界存在的层次及结构问题。

世界可以分为基本的两大存在领域(或称层次):有空间性的和无空间性的存在。这两个存在领域区分的界线,并不表明二者有着实在的和非实在的差异。两个存在领域还可以进一步划分。有空间性的存在分成两个层次:一是事物与物理过程的层次,二是生命活动的层次。无空间性的存在领域一般只被理解为意识的内在性,但它本身还有意识与精神的区别,这种区别也是到了很晚的时候才被人们理解。精神如语言、知识、价值、权利等,指的是超越个体意识的具有客观性特征的意识内容的存在方式,它涉及意识内容的共性,但也不会转化为一种人的总体意识,因为不存在一种包含所有个体意识的总体意识,它是由在个体意识中形成的共性的思想内容转化而成的一种客观存在,这种客观存在由于它对各种思维的独特的普遍适用性而可以成为认识客体,并为人所意识到。(原书第37页)

这样,存在世界便划分为四个基本的层次:物质的、有机的、意识(心灵)的、精神的。这些层次的差异性与显示出来的现象领域的差异性相适应,不同的科学分支就是相关的不同领域的知识系统:和有机界相关的生物学明显不同于和无机界相关的物理学;和精神领域相关的人文科学(历史学、语言学、文学、艺术及法学等),在对象、方法和内容上又区别于和意识领域相关的心理学及其各个分支。

这四个存在层次实际上涵盖了世界中全部存在的多样性,而多样性的存在又因为各自所包含的存在层次的不同而呈现出不同的存在等级和结构。从存在学视角看，有机体一般只有两个层次，具有意识的较高级动物会有三个层次，而人却包含所有四个存在层次。在人身上，既统一了两大存在领域的差异，又包含了意识和精神的层次。人的社会团体和历史也同样具有四个存在层次。可图示如下：

精神的		人
意识的		高级动物
有机的	有机体	
物质的		

哈特曼对上述世界存在的层次及其结构进行了系统的范畴分析，形成了新存在学关于世界存在的独特观点与论证。在他看来，范畴与概念是不同的。概念是认识的工具，人们借助概念才能认识和理解存在者，但对存在者的认识和理解与存在者自身的存在却是两码事。概念属于观念的东西，也是观念的存在，范畴则包含其相应的存在领域和存在层次的内容与环节，它是存在者的一般原理。哈特曼的范畴分析十分细致与复杂，可简要概括如下。

第一，适用于世界存在的范畴系统。

首先，四个层次各有其独特的存在范畴。作为存在者的一般原理，适用于这四个存在层次的范畴分别是：

物质层次的范畴——空间和时间、过程和状态、实体性和因果性、动力构造和动力平衡等；

有机体层次的范畴——有机结构、适应性、合目的性、新陈代谢、自我调节、自我再造、类生命、类稳定性、变异等；

意识层次的范畴——行动和内容、意识和无意识、快乐和悲伤，等；

精神层次的范畴——思想、认识、意愿、自由、评价、人格等。

其次，除了特定层次的范畴之外，还有适用于所有存在领域和存在层次的基础范畴（或称存在原理、存在法则），如：

单一性和多样性	形式和质料
一致性和差别性	内在和外在
对立和维度	决定和依存
间断性和连续性	质和量
普遍性和个体性	要素和结构
样态和形式	基质和关系

第二，范畴的关系表征了层次的关系。

适用于各个存在层次的范畴分别表征了相应层次的特征。基础范畴则贯穿于存在者的各个层次，表征着各个层次共有的基本特征，存在者的各个层次是通过基本特征（基础范畴）而联系起来的，层次间的关系实际上也是通过基础范畴间的关系而呈现出来。二者的这种相应性关系可以具体化为下述几点。

其一，较高层次的范畴依赖于较低层次的范畴。这种依赖关系表现为，范畴层次是由低级向高级方向延伸的，较低层次的范畴是较高层次范畴的基础，贯穿于较高层次的范畴中，但较高层次的范畴不会倒过来向较低层次延伸。一定是由适用于物理的机械的存在领域的范畴向上推移而出现生成、变化，直到思想、自由等适用于精神—历史的存在领域的范畴，不可能是精神存在领域的范畴往下延伸到物质存在领域的范畴，比如在有机体上出现心灵活动。因此，在实在世界的结构中，往往只是较高层次依赖于较低层次，而不存在较低层次依赖于较高层次的情形，因为它们不需要以较高层次为基础和支撑。

其二，这种范畴的依赖关系又呈现出复杂的情形。并非所有较低层次的范畴都贯穿于较高层次，或者贯穿于所有较高层次，在较低层次的范畴向上延伸过程中会出现"中断"情形，例如空间性和物质性的范畴在心灵存在领域的中断。因此，虽然较高存在层次依赖于较低存在层次，但它的内容和结构绝不是完全依赖于较低层次的，而只是以在贯穿于其中的较低层次基础上形成的具有较高层次特征的东西为内容。这种范畴的依赖性延伸及其"中断"便表征了不同存在领域之间的联系与区分。较高存在层次对较低层次依赖越多,它们间的叠加关系就越明显,如有机体接受物质要素只是使之"改变形式";较高存在层次对较低层次依赖愈少,它们的叠加关系就愈不明显,而区分的鸿沟则愈清晰深刻,如有机体生命和心灵活动,二者有着某种叠加关系,但不同于有机体与无机体之间的关系,因为心灵存在超越了有机体的形成过程和具有空间的、质料的内容,成为另一种具有自身形成过程和无空间无质料内容的领域,这个领域是"越界构造"而不是"改变形式"。

其三,范畴的"更新"决定了存在层次等级的差别。较高层次范畴包含着较低层次范畴的因素,也就是较低层次范畴在其中的再现,按照存在学上的等级秩序,每个较高存在层次的范畴正是以较低层次范畴的再现为基础的。但这种"再现"并不影响较高存在层次内容的独立性,较高层次只是受较低层次的"限制",而不是由其所"规定"。任何较高存在层次对较低层次都只有部分的依赖性,较高层次的出现及其超越(区别)于较低层次的新的本质特征和特殊特点,是由范畴的"更新"所决定的。因此可以说,没有范畴的"更新"就没有存在等级的高低差别,每个新层次的出现都包含着范畴的更新。例如,人的意向活动和主体选择就不同于有机体的构造系统及其因果关系;在精神存在领域,范畴的更新就决定了精神层次由低到高的等级顺序:思想的客观性、由一般观念力量而形成的个体联系性、个人自由和责任。

其四,范畴更新在存在层次的等级秩序中往往同时与处于同一层次的许多范畴有关。由此形成了范畴在由低级向高级的延伸过程中连续与中断的辩证统一,从而决定了存在层次由低级向高级演变过程中出现层次分界或"层次间隔",也即是出现存在层次的等级秩序。[1]

---

1 N. Hartmann, *Neue Wege der Ontologie,* S. 79; *Neue Ontologie in Deutschland*, in: *Kleinere Schriften*, Bd.1: *Abhandlungen zur systematischen Philosophie*. Berlin, 1955. S.81.

以上列举的几点是哈特曼关于范畴关系及由此关系所表征的存在层次关系的基本观点。这些观点在哈特曼看来具有重要的意义。

其一，揭示了形而上学在存在问题上的错误根源。从上面可以看到，高级范畴及存在层次对低级范畴及存在层次的依赖关系，不是呈现出简单的线性关系，每个层次对别的层次都有其独立性：较低层次是较高层次的基础，但并不依赖于较高层次；较高层次以较低层次为基础和支撑，又在内容与特征上独立于较低层次，这是依赖中的独立性。企图从某个原理推论出一切的形而上学所以是错误的，就在于弄错了范畴及存在层次的依赖性与独立性关系，犯了范畴越界的错误：想从最高层次的精神推论出一切的形而上学，颠倒了范畴及存在层次依赖性的自然方向，使较高（或最高）层次的范畴可以从上而下地支配较低层次的范畴，直到支配最基础的物质范畴，这是将高级层次的独特性套用到低级层次上；想从物质推论出一切的形而上学，虽然看到了范畴及存在层次依赖性的真实方向，但简单地将这种依赖性看作是全部的而不是部分的，忽视了范畴更新和较高层次内容和特征的独立性。

其二，提出了理解世界统一性的新方法。旧存在学一般是以某种预先构想的观念或物质存在为基础，来理解世界的统一性问题的。这是一种先验的方法。哈特曼认为，范畴及存在层次的依赖性规律表明，世界不仅是一个由高低不同的存在层次组成的整体，而且具有十分确定的叠加形式。"既然世界是一个层次结构，所以其统一性在于其层次的联结状态而不在于别的什么。如果成功地找出了层次联系的规律性，世界因这种规律而具有稳定性，那么世界的统一性就只能作这样的理解了。用这种方法很可能成功地在将层次彼此区分开来的深刻差别中揭示出它们不间断的联系。"（原书第 75 页）这就是范畴分析的方法，也是一种经验的方法。所以追问世界的统一性，就要研究存在层次是怎样联系的。比如，各个层次在哪一点上是彼此依赖的、在哪一点上又是独立的？两个相邻接的不同层次是怎样既相邻接又彼此区分而存在的？有为各个存在层次所共有的基本特征吗？如果有，那么在其中有达到世界统一状态的各种不同层次的关联性吗？而将存在层次分开来的又是什么？在两个叠加的层次之间有互相支撑的关系吗？等等。这些都必须通过对实在世界内各层次相互关系的细致分析才有可能弄清。哈特曼所进行的范畴分析，也就是为了弄清这些问题，把握世界的统一性。

其三，与此相联系，导致了一种新的文化人类学。按照范畴及存在层次的这种依赖性规律，人是一种有精神的生物，正因为如此，人比其他生物处于更优先的位置。但人不仅仅是精神生物，人在世界上的此在是以这世界的存在为前提的，没有实在世界，人便不可能生存。精神作为高级存在层次，虽然超越于有机生命，具有自己特殊的内容和特征，但仍然以有机生命为基础，靠有机生命的力量生存。由于有机生命属于物质世界，因而精神也间接由物质世界所承载。哈特曼批评新康德主义旧的文化人类学和生活哲学，认为它对精神世界估计过高，忽视了精神对有机界的依赖性。这同时也导致了对价值和意义问题的过高评价，实际上，实在世界中只有很少部分包含价值和意义之类伦理层次的东西，因为精神是实在世界的高级存在层次，而伦理又属于精神中的较高层次。因此，在哈特曼看来，若不充分关注世界的层次结构和等级秩序，哲学冥思就会走向歧途，文化人类学就会失去存在根基。

同时，实在世界分层次的观念也为新的文化人类学的重要内容——自由——奠立了存在学基础。在哈特曼看来，范畴的自由是层层出现的较高层次范畴相对于较低层次范畴的自主性关系，范畴的更新决定了层次的变化与差异，当较高层次因范畴更新而超越较低层次并具有自身的限定内容时，便显现了范畴的自由。可以说，范畴更新之处便是自由出现之时，但是范畴的依赖性规律又表明这种自由是受较低层次范畴的限制而非任意的。道德自由建立于范畴自由之上，意志自由也只是范畴自由的一个特例。非决定论没有看到低层次范畴的基础作用，违背了范畴依赖性的基本规律，目的决定论忽视了范畴不可能从高级层次向低级层次延伸、传递的情形，同样违背了范畴依赖性规律，而因果决定论则没有注意到范畴更新的作用，简单地理解了范畴依赖性规律。

四、新存在学体系勾勒

上面阐述的是涉及哈特曼新存在学基本特征的主要内容，现在有必要对他的整个哲学概貌作一简要勾勒。[1]

概括起来说，哈特曼的新存在学体系由下述内容构成：存在哲学、认识论[2]、自然哲学、精神哲学、伦理学、美学和逻辑学。认识形而上学内容前面已有较详细介绍，下面对其他内容作一些补充。

1. 存在哲学

以上介绍了哈特曼对世界存在的层次及其结构所作的范畴分析理论。新存在学关于世界存在的理论还涉及存在的方式这个重要问题，对此，哈特曼是通过存在样态问题的讨论来回答的。存在层次和存在样态两方面构成了哈特曼存在学的基本内容。

哈特曼认为，实在世界的存在一般可以区分为"此在（Dasein）"[3]

---

1 这里论述的内容参考了以下著作中的相关资料：*Philosophischen-Lexikon*. Bd.1: S.454–471. Hrg. Von Werner Ziegenfuss, Berlin, 1949; Kurt Wuchterl, *Bausteine zu einer Geschichte der Philosophie des 20. Jahrhunderts.* Stuttgart, 1995. S.209–224. *Großes Werklexikon der Philosophie*, Hrg. Von Franco Volpi, Bd.1: Alfred Kröner Verlag, 1999, S.622–627.

2 关于"认识论"，因已专文论述，这里不展开。见本人文章《论尼古拉·哈特曼的新存在学认识论》，载《哲学研究》2007年第5期。

3 哈特曼在这里指的是现实存在、实体存在，不同于海德格尔理解的 Dasein。

和"属性存在（Sosein）"，"实在的存在（reales Sein）"和"观念的存在（ideales Sein）"两组状态。此在与属性存在既是对立的，又是不可分割的，二者的对立在存在学上看也是相对的，如树枝的"此在"是树的"属性存在"，而树的"此在"又是森林的"属性存在"；观念的存在不是指主观的和逻辑的东西，而是指超越时间的、永远存在的东西，如本质、价值和数这样的存在，它和实在的存在不是等同关系而是包含关系。概括地说，一方面，观念的存在本身就包含着"此在"和"属性存在"这一组状态；另一方面，如前面已曾指出，区分实在性的标准是时间性而非空间性，所以观念的存在和属性存在也都是实在的存在。因此，整个存在世界根本上说都是实在的存在。为了使词的意义更加明确，哈特曼把"此在"和"属性存在"这一组存在叫做"存在的环节"，把"实在的存在"和"观念的存在"这一组存在叫"存在的方式"。

于是，哈特曼关于世界存在的方式讨论主要便集中在"实在的存在"和"观念的存在"之间的区别问题上。这又是通过存在样态（die Seinsmodalität）的具体分析而达到的。

他把存在样态分为：可能性和现实性、必然性和偶然性、不可能性和非现实性。可能的存在有两种形式：一是单纯的可能，包括存在的可能和非存在的可能，可能向现实的过渡、转变便形成现实的存在；二是无差别的可能，包括本质的可能（或称观念的可能）和实在的可能，这种形式的可能不会由于向现实性转变而消失，而是作为现实性的前提被包含在现实性中。本质的可能之基础是无矛盾性，由之转化而来的本质的现实性只存在于一般的观念领域，例如一个理想的几何球体。实在的可能之前提则除了无矛盾性外，还得满足其他相关条件，才能向人们展现出实在的样态，例如一个现实的球体。

哈特曼进一步讨论了这些存在样态间的关系。

现实性和非现实性是绝对的样态。因为可能性、必然性或偶然性，都意味着某种"存在"：可能的存在，必然的存在，或偶然的存在，不论哪一种"存在",又总是与别的"存在"相对照,基于别的"存在"。除了各种现实的"存在",便只有现实性了。

实在可能性的分离法则(Spaltungsgesetz)又是各样态间关系的基础,这是指:在实在的存在领域,存在的可能性和非存在的可能性是互相排斥的。因为在实在的现实中,实在可能性是前提,但它只是存在的实在可能性,非存在的可能性并不包含在内。

各样态之间的具体关系有三种:一是任何一种样态都不是分离的孤立的,而是与另外一种样态相关;二是可能性、现实性和必然性等肯定的样态自身,都排除否定的样态,如不可能性、偶然性和非现实性;三是所有肯定的样态都是互相包含的,所有否定的样态也是这样。

从这些存在样态的法则和关系出发可以得到一系列重要的结论。例如,从存在学上说,把偶然存在归属于实在领域,具有重要意义;除限定的存在方式以外没有什么东西是预先存在或规定的,因而必然性的存在并不意味着世界的统一决定论,而是允许不同限定方式的交错重叠;存在样态间的互相关联表明,变化并非存在的对立面,而是实在的一般存在形式;也正由于存在样态间的变化关系,所以,还存在一些不完整的实在领域。

2. 自然哲学

自然哲学是关于无机物和有机体这两个较低存在层次的特殊范畴学说,由三部分组成:①维度范畴;②宇宙学范畴;③器官学范畴。第一部分主要是有关时空问题,相应的还涉及尺寸、大小及相关运动。空间与时间在实在领域和认识领域是不同一的。在认识领域,主体拥有最宽广的活动空间,能够停留于过去、未来,空间也是无限延伸的;而在实在领域,人不能真的脱离所处的时间,只能随"波"(时间之波)逐流,人也只能通过自身运动转换空间位置,实在的空间和时间既不是有限的也不是无限的，它们根本没有"大小"之别，但为现实事物延展的"大小"提供处所。宇宙学范畴始于实在关系、过程和状况，跨越因果性，而终于自然法则和相互作用，包括动力结构及其限定形式，动力平衡及其阶段性规则。

3. 精神哲学

心理学的工作是为心灵存在阐明范畴，当今这项工作虽然已经开始，但还处于起始阶段；而在精神存在层次，带有某种限定的现象学研究还在进行中。精神有三种基本存在方式：个人精神、历史—客观精神，客观化精神。人们熟悉个人精神，但多数情况下对它的描述却是错误的，因为意识并非本身就是精神，在人类形成发展过程中多数情况下都是无精神地发展着，为本能意识所支配。个体的精神生活是在摆脱了本能与物欲的压迫才开始苏醒，产生主体意识及其与对象的认识关系，伴随着人的实践活动又产生了个体精神。

客观精神则完全不同，它不存在于个体之中，既不是一种抽象，也不是一种集体主义，而是共同精神凝聚而成；它历史地转变和流传着，以特定的方式存在，并且是具体和现实的力量，属于客观精神领域的有：语言、科学、法律、道德、风俗和生活方式、宗教、艺术和技术。个体通过不同形式传承客观精神：儿童通过模仿和尝试学会语言，青少年在有意识的问和学中掌握知识。人们是不知不觉地习惯于他所处时代的客观精神、生活方式和评价方式。当然，对现存道德则是处于既接受又冲突的状态，由此，个人也对道德的变迁起了作用。在这所有的一切中教育扮演了一个特别的角色，教育者在精神的传递中起着特殊的作用。

客观化的精神不是活的精神，相对于创造者，它超越久远的历史时空留存了下来，并证明创造者的曾经存在，但它又依赖于作为理解的活的精神。当然，活的精神在理解客观精神时也会产生反作用，并由此形成新的精神并逐渐被客观化。

4. 伦理学

哈特曼伦理学的核心内容是对价值问题的分析，讨论的主题是道德要求和价值的客观内涵问题，在其中，实在论的倾向仍占主导地位。哈特曼严肃地看待尼采对传统价值伦理提出的挑战，对他来说，尼采绝不是虚无主义的先驱和先验思考的破坏者，而是新价值观的呼吁者，他没有随尼采一道落入历史相对主义的泥潭，相反，他试图把康德与尼采和亚里士多德统一起来，就是说，试图把道德的先验主义和内容上的价值多样性统一起来，其可能的基础是舍勒的"质料价值伦理学"。存在学的基础表明，价值本身有观念的存在，并在这种存在方式中为价值感（Wertgefühl）所领会。在哈特曼看来，价值的相对性实际上只是价值感的相对性，不同的价值团体会有不同的价值感。价值本身没有在实在世界实现自身的力量，它依赖于有预见、有目的性、有价值意识和自由意志的人，他们承担了价值实现与传承的中介角色。在价值的实现与传承中，人无疑居于支配的地位。

他赞同舍勒的观点：道德价值不是被追寻之物，而是存在于追寻方式中，它们只是意向性价值；通常说的最高的道德价值——善，在内容上是不能直接定义的，它存在于指向更高价值的趋势中。作为意向性价值，除了善之外还有高贵、圆满、纯粹的道德。高贵的道德指向优先价值的方向，这与古代伦理学相关，包括公正、智慧、勇敢和克制，以及亚里士多德式美德。圆满的道德是对一切包含价值之物的赞同，这与基督教伦理学相近，包括博爱、诚实、正直、可靠、忠诚、谦虚、恭顺，以及一些外在的交往价值。纯粹的道德是拒绝一切违背价值之物，这起源于现代，包括极致之爱、人格价值和个人之爱等。

意志自由是一切伦理道德的条件。没有意志自由，最高的行为和人格价值也不是道德价值。所以"道德形而上学"就是要在一个限定的世界中指出自由的可能性。这一任务不是实践的，而是理论的，而且在新存在学的世界层次学说基础上可以迎刃而解，因为世界由有着不同限定方式的多层次叠加而成，同时，高层次的自由相对于较低层次有其独立性，所以，作为最高层次的精神，既受到较低层次即因果联系的制约，具有消极的一面，又因其对较低层次的独立性而能相对于道德要求本身拥有自由，具有积极的一面。意志自由正是这二者的统一，它既不是完全消极的，也不是主观任意的。

哈特曼还确信，他的伦理学与亚里士多德伦理学之间也具有亲和性，因为他所理解的以亚里士多德为代表的古代伦理学是高度发展的质料价值论。善和美德学说的价值分层不外乎是用一种不同的专业术语来言说质料的价值等级。因此，他认为自己的伦理学说不仅是康德和尼采的综合，还是古代和近代伦理学的综合。

5. 美学

美与感知紧密相联。感知本身特别是美学感知，却在感知着的生活中超出自身，指向远处，它促使目光转向心灵生活，在对感性形象直观的基础上，通向更高一级的心灵的直观。这两类直观是与对象的两个层次相符合的。其一是感官质料产物，如字迹、图画；其二是精神内涵，由前者"记录"并承载着。感官质料是实在前景，它"记录"并承载着精神内涵；精神内涵是实在前景所显现的非实在"背景"。这种显现关系存在于任何一类艺术中：绘画艺术在画布的色彩平面上是空间深度和场景生活；雕塑艺术于石块的静态形式中表现形象的动感；文学创作通过单纯的词语显现，整个人类生活的多样性、冲突、危机和命运，当然，这里需要生动丰富的想象力；音乐艺术中，除了当下那种直接可听性的限制外，还有一种音乐的关联与联想，它在对乐曲的倾听中逐步建构起来，直至音乐停止而完成；建筑艺术中，则显现着人自身的生命意志、自我立义和生活想象。我们所谓的"美"，就取决于这种"显现"关系，美就是感官质料中显现的精神内涵本身，这是一种美学显现关系。这种显现关系也同样体现在自然界和人类非艺术性的美中。

然而，单纯的显现关系还不够。艺术所关涉的不是两个对象层次，而是许多前后相连的层次，只是由于背景的分离而不为人们所普遍注意。例如，戏剧和叙述性作品在背景上就可以毫无困难地分成六个层次：运动和生理，语言和别的表达形式，心灵过程和性格、命运。背后还有观念的两个层次：个人观念及其个体道德层次和人类一般道德层次。绘画、雕塑、音乐和建筑等艺术也存在相似的背景分离。这许多的层次又可以分为外部层次和内部层次、表面层次和较深层次，它们间的不同关系，相应地造成了艺术作品的肤浅与深刻。

比美学对象更难掌握的是美学价值。美学价值与一般价值等级无关，因为本质上每件艺术作品都有其单独的、不可交换的价值，只有艺术价值感能领会这种微妙的区分，思想、概念则不能。虽然为了正确感受美学价值，艺术作品欣赏者必须适当理解实际利益、生活需求和伦理善恶，但不能由此认为美学价值归结于伦理价值，或者将二者等同起来。美的基本属性是崇高和优美，它们在自然和人类命运中随处可见，在艺术中则有其纯粹显现；真正的崇高和优美中都包含着人的生活意义。

6. 逻辑学

哈特曼曾著有一部 24 章的《逻辑学》，可惜已佚失。可以把逻辑学看作哈特曼思想的结束环节，因为它们关乎思想及其规律的最特殊和紧密的精神领域。逻辑规律与认识规律都属于思维规律，但二者并不完全相同。认识并不被迫遵循逻辑规律，逻辑规律只关乎思想中的联系，不涉及认识对象的内容。属于逻辑规律的有同一律、矛盾律和排中律，以及大多数的演绎推理法则；获得认识对象的内容便离不开归纳法则。

哈特曼的逻辑学还涉及概念和定义的研究。概念不在判断之"前"，也不是事后被建构，概念诞生于判断过程中，通过判断，它获得了自己的特性（作为谓项），它是判断过程的综合和产物。在科学中，概念只有在这种生动的综合中才能保持其具体的存在，失去那种生动性，概念便沦为空洞的抽象的东西。这种情况极易发生，所以概念思维总是处在模式化和僵化的危险之中。真正生动的概念不是抽象，也不和直观对立，而正是更高直观的工具。实际上科学引入的每一概念，本质上都是一种直观方式，是一种观察、认识多样性现象的共同视角。概念的内容规定以它所属的整个概念系统即科学整体为前提，只有在这样的关联中概念才是可定义的，若与整个系统分离，概念便不可避免地成为空洞的抽象。

这意味着概念问题上的两个重要结论：第一，单个概念本身是不可定义的，必须通过概念间的相互制约，定义才能成立，而概念定义的真正基础则是一种更大直观的统一，是整个概念系统。第二，概念是变动的不是静态的，尽管在逻辑领域它是非时间的存在。这样也就有了概念形成和概念重组的历史。每一由认识进步带来的新判断，都为概念补充新的特征。概念不是如黑格尔认为的那样，只有在辩证法中才是流动的，而是在活生生的科学中它才是流动的，由此出发才可以得出辩证法的理论，概念的历史也同时成了科学和哲学历史的中心。

五、一种与康德反向的"哥白尼式转向"

要对哈特曼的哲学作出全面评价几乎是不可能的。因为他的哲学涉及内容极其广泛，各个重要内容分析论证又大都相互独立，而且没有一个居于支配地位的统一理念。"所以一切批判性的剖析总是只能就哈特曼对完全确定的问题所采取的态度来进行。"[1]

尽管如此，我们还是能够大致描绘出一个哲学的哈特曼形象。

哈特曼 1950 年 10 月 9 日逝世后，哲学家洛兹（Johannes B. Lotz）在一篇最早的评价文章中说："从此人们再也听不到这位哲学家的声音了，但他的影响却很深远，这不只是在其专业领域，还给时代的精神生活打上了烙印。"[2] 另一位哲学家希尔施贝格也称他是"20 世纪上半叶德国哲学中举足轻重的重要思想家之一。"[3] 这样一位重要的思想家，在专业领域无疑得到高度的评价，他的存在学著作出版不久便主导了关于存在、意识和价值的传统讨论。但他的名字在公众中却很少被提到，在哲学时髦的市场中，也几乎没有人听说过他；他有那么多的学生感激和纪念他，却几乎没有一个可以被称为哈特曼学派的人（或者本人这样称呼自己）；许多人在方法上或提问题的方式上受到哈特曼的深刻影响，信赖他的学说，有意识地继续他的精神事业，但没有形成一个哈特曼学派；那些走近哈特曼思想及其人格力量的人中，大多数在他们离开哈特曼晚年在那里发挥巨大影响的柏林或哥廷根之前，都走上了另一条精神之路。他敏锐地看到和分析的现象，有意识地强调的问题，对这些问题提出的解决方式，以及尚未解决和不可解决的问题，已经引起了人们的关注、思考、解释和反驳，由此推进了现代哲学的发展。但他的思想并未产生应有的巨大的影响，曾与他一同在马堡大学工作过的海德格尔在这一领域的影响无人能及。

---

[1] 施太格缪勒：《当代哲学主流》（上卷），商务印书馆，1986 年，第 307 页。

[2] *Stimmen der Zeit*, 147. Bd. S.222, 1950/1951.

[3] Johannes Hirschberger, *Geschicht der Philosophie*, II. Teil: *Neuzeit und Gegenwart*, 9. Aufl. Freiburg, 976, S.606.

在这里，我想特别指出以下几点，以显示哈特曼哲学形象的若干主要特征。

首先，哈特曼与20世纪的"哥白尼式转向"。

我们知道，康德哲学认识论上的贡献在于，认识与主体的思维形式相关，认识的过程也是现实认识对象的构成过程，对象的存在离不开思维的建构作用。这一由康德实现的19世纪的"哥白尼式转向"，深刻地持久地影响了现代西方哲学。但在20世纪的哈特曼那里又被反向地转了过来：并非存在者相对于思维（作为一种思维建构）存在，而是思维（作为用来理解的设定）相对于存在者内在。康德的哥白尼式转向思想上的出发点是，范畴只有作为思维形式在认识过程中被接受才有效，这里，范畴是认识论意义上的。这同时表明，康德以来的哲学都以单纯的认识为前提，都试图以认识论来解决世界的存在及其认识问题。康德哲学本身实际上也从对象中提取了存在学的基本规定，但他的认识论赢得的声誉和优势掩蔽了这一事实。哈特曼的反康德方向的转向，则把范畴抽离认识过程，理解为存在者的规定性，它们虽然部分地与认识范畴同一，但属于存在学意义上的。在哈特曼那里，存在范畴是第一位的，认识范畴只具有从属的地位与效用；时间被作为区分实在与非实在的典型范畴，由此给出了实在性概念的全新理解；同时，他对这种存在学意义上的范畴作了前所未有的系统细致的分析。据说，伽达默尔听过他的课并称他为"感觉敏锐的雕镂艺术家"。可以说，由关于世界存在层次和范畴分析两方面内容构成的新存在学，通过问题史来寻找通达古代巨大的存在问题之入口，同时也不回避由近代认识批判所产生的认识形而上学奠基的难题，并提供了建立在整个经验世界基础上的批判实在论的论证，确立了通向存在学的新道路。由此，存在学不需要靠认识论来支撑了，它是一门比主体、意识和认识的学说更为根本的基础哲学。有人将这种转变称为"20世纪哲学中的康德式哥白尼转向"。[1]

其次,哈特曼与现象学的关系。[2]

按照新康德主义的观点,没有独立于主体之外的超越意识的存在者。哈特曼则主张存在者在意识之外先于意识而存在着,认识的本质不是构成作为对象的存在者,而是理解独立存在的存在者。哈特曼这种从新康德主义向批判实在论的转变显然受到现象学的影响。这种影响主要在于,反对以某种确定的东西或命题作为研究的根据和出发点,而要面向实事本身,以尽可能广泛的经验为哲学讨论的基础。"这种经验既不是通过归纳也不是通过演绎出现,也未遭到纯经验或纯先验认识的否定。它以所有经验为前提,既有日常的和实际生活的经验,也有科学的

---

1 Josef Stallmach, *Kopernikkanische Wende in der Philosophie des 20. Jahrhunderts.* in: *Nicolai Hartmann* 1882–1982. hrsg. v. Alois Joh. Buch, Bonn, 1982. S. 9–27.

2 这里不可能详细讨论哈特曼与现象学的关系问题,但得提一下他与海德格尔和舍勒的关系。有哲学家认为:"哈特曼与同时代两个水平相当但本质特征和思维方式却十分不同的思想家有着精神的交流和紧张关系:进入马堡大学后的工作职位受到海德格尔的支持,进入科隆大学后的工作职位则受到了舍勒的支持。"(参见 Robert Heiß: *Nicolai Hartmann*, in: *Nicolai Hartmann. Der Denker und sein Werk*, S.18, hrsg. v. Heinz Heimsoeth u. Robert Heiß, Göttingen, 1952.)

海德格尔离开胡塞尔先验现象学的方向而转向存在论分析,显然对哈特曼抛弃新康德主义并从现象学的反思态度返回自然态度,转向独立于主体的对象、存在,起了某种引导与启发作用;而当时同在马堡大学的海德格尔哲学迅速扩大的影响与光环,也无形中掩蔽着哈特曼哲学影响的进一步扩展。

舍勒被认为是新的人类学思想运动的开创者。哈特曼的哲学特别是他的伦理学,深受舍勒的现象学和价值哲学基础的影响。正如舍勒在《伦理学中的形式主义与质料的价值伦理学》的第三版前言中所说的:"至于真正的伦理学,令笔者感到最大满足的是,一位享有声望、具有独立性和科学的严格性的哲学研究者尼古拉·哈特曼撰写了一本规模宏大的《伦理学》(瓦尔特·德古意特出版社,1926 年),正如哈特曼自己在他的前言中所清楚强调的那样,它是建立在质料的价值伦理学基础之上,这门质料的价值伦理学是自康德以来新近伦理学的'开创性明察'。"(舍勒:《伦理学中的形式主义与质料的价值伦理学》,上册,第 15 页,倪梁康译,生活·读书·新知三联书店,2004 年。)但是哈特曼重新以巨大的思想传统为起点,以自在之物、真实的和观念的实在,打开了通向新本体论之路;伦理学上则主张存在着完全独立于人和人的意识、独立于活生生的精神活动的自在的价值观念,从而在自己的理论和阐述中逐步抛弃了自己的精神来源。舍勒因此而批评他的伦理学缺少人格性的伦常生活的分析,不重视所有生命伦理的历史本性和社群本性及其特殊价值秩序。(参见同上书,第 18—19 页)这样,不仅使哈特曼脱离了马堡学派的唯心主义,同时也导致他离开海德格尔和舍勒所体现的现象学方向。

经验。还可以补充一点，它也以哲学的经验为前提，即以那些在人类思维活动的历史进程中所曾作过和出现过的各种探索、挫折及自我修正的内容为前提。所获得的一切经验的总体构成了现实的起点，对经验自身不确定因素的批判性认识的特征也应一并包括进这个经验总体之中，从某种角度说，它们是最重要的一部分经验。"（原书第18页）显然，哈特曼走的是一条不同于传统理性演绎和抽象分析的经验的道路。

然而，正如对康德成就的高度尊敬并没有妨碍他摈弃康德的先验唯心主义一样，遵循现象原则来确定研究的出发点和解决问题的途径，也并不意味着哈特曼采取胡塞尔现象学的本质分析方法。新存在学只是将现象学视为一种批判方式，现象学也只在起点提供方法论原则上的支持，并不导致绝对的终极答案。对哈特曼来说，所有形而上学问题都存在着一种先验的残余，既不能依据本质联系也不能求助于意识功效来克服。因此，新存在学与现象学间的差别是很明显的。总的来说，它们主张不同的思维态度，循着不同的道路方向。现象学主张反思的态度，将认识的方向指向主体及其活动、思维和认识关系及其条件，从而离开独立于主体的存在者，转向呈现出来的与主体不可分离的现象，即被给予的存在（Gegebensein）。"这虽然对于它们的特殊研究来说是必要的，但这种态度陷入了忽视超越于多样性现存事物的存在者之危险。"[1] 新存在学改变了这个方向，从反思态度重返自然态度。指向独立于意识、超越于现象的对象——存在者。这种方向的改变同时也使新存在学采取了不同于现象学的本质直观和先验分析的方法，走上了一条范畴分析的道路，即经验的道路。哈特曼本人不无自豪地说："光是这种方向的改变就已经是一种值得重视的结果了。"[2]

---

[1] N. Hartmann, *Neue Ontologie in Deutschland*, in: *Kleinere Schriften*, Bd.1: *Abhandlungen zur systematischen Philosophie*. Berlin, 1955. S.59.

[2] N. Hartmann, *Neue Ontologie in Deutschland*, in: *Kleinere Schriften*, Bd.1: *Abhandlungen zur systematischen Philosophie*. Berlin, 1955. S.59.

最后，哈特曼与人类学的转折。

除了晚年少数几篇文章有所论及外，[1] 哈特曼没有写过专门的人类学著作，但这并不意味他没有看到或意识到这个同时代的哲学家们普遍关注的问题。对哈特曼思想有专门研究的 R. 海斯教授曾报道过与哈特曼的一次谈话。他说："当我在他去世前几年最后一次见他时，我们谈论起哲学的发展问题。他没有一句提到自己的贡献，也没有说起其事业的延续。他暗示了某些新的愿望，这是指走向人类学的方向。"[2]

哈特曼要走的人类学方向依然是以新存在学为基础，在某种意义上，这也是对当时新康德主义等以主体意识为中心的人类学的转向。按照实在世界的层次结构，精神属于最高的存在层次，精神对自然界、有机界处于既依赖又独立的紧张关系，精神哲学在系统上必定是在自然哲学之后，二者处于同样的紧张关系中。作为物体性、有机体和精神三者统一的人，在实在世界的结构中有其特殊地位，因为人是有许多层次的，各个层次间又彼此联系着，从低级到高级，直到精神层次。这里应略加说明的是，对哈特曼来说重要的是，用素朴经验领域内的精神概念代替黑格尔式的对冥想和辩证精神的想象。他强调精神理解对生命活动的依赖性，每个人都以一种特殊的体验方式来理解权利、德行、语言、政治、信仰、道德、知识、艺术等精神，任何单独的个人及其意识都是无法掌握客观精神的整体内容的。所以，对人不能单纯从实在世界的层次结构来理解，而是要在其与"观念世界的"特殊关系中来理解。这观念世界包括精神与价值，人既是物质的有机的实在存在，又是精神和价值的观念存在，二者在人身上合而为一。从存在层次来说，人与实在维度相联系，从其价值特征来说，人又很容易

---

1 例如，1941 年对 Arnold Gehlen 的 *Der Mensch, seine Natur und seine Stellung in der Welt* 一书的评论（见《哲学论文集》第 III 卷），1944 年的 *Naturphilosophie und Anthropologie* 和 1949 年的 *Das Ethos der Persönlichkeit*（二文均见《哲学论文集》第 I 卷）。

2 Robert Heiß, Nicolai Hartmann. In: Nicolai Hartmann. *Der Denker und sein Werk*, S.28, hrsg.v.Heinz Heimsoeth u. Robert Heiß, Göttingen, 1952.

受到观念的价值维度的影响。这两个异质维度的结合，人就成为"实在世界中价值的合适中介"，人也由此获得了一种独特的地位：他显然是承载着生命伦理、责任和有目的之创造力存在。人的精神存在问题从这个角度转向伦理学的问题范围。哈特曼从伦理现象的分析中探讨性地导出了人的哲学中一些特殊的问题，诸如人的自由及其危害，人对价值的趋向，以及个体与社团、自然与精神、活生生的和客观化的精神之间的关系与状态，等等。在伦理学中，哈特曼突出了人在各种存在者中的特殊地位。对他来说，伦理学是"使人向生命的各个自由形态移动。它是人们关于善恶的知识。这种知识的力量和结构参与世界的形成，在现实的形成中共同发挥作用"。[1] 哈特曼在柏林时期的学生海斯特曼（Walter Heistermann）称他的《伦理学》是"最深刻最美妙的著作"，[2] 但这种伦理学也是奠基于一种价值存在学的，由于这种奠基，同时也确定了作为价值主体的人的形象：人不是建立世界的主体，正如人不赋予自然以规律一样，人也不给自己设置伦理道德法则。道德要求依赖于人的意识之发展与变化，但人依然服从"客观的"规律，虽然这种服从不是像自然事物那样，是盲目的，而是以一种对个人意志的自我规定的形式来服从。因此，道德要求虽然具有主体性特征，但并非植根于主体。这就是哈特曼的伦理学中所体现和包含着的所谓"人的形而上学"。

哈特曼的新存在学对经验科学有很强的依赖性。这一方面有接近现实和科学的优点，从而使他的哲学和自然科学之间有可能进行较好的思想交流；另一方面也导致他的哲学基础必须随着科学的发展而持续地修正，现代分子生物学的最新成就便说明他关于实在世界的分层学说是有问题的。同时，哈特曼哲学涉及的范围极其广泛，这一方面

---

[1] N. Hartmann, *Ethik*, 4. Aufl. Berlin, 1962. S.199.
[2] 转引自 Josef Stallmach, *Kopernikkanische Wende in der Philosophie des 20. Jahrhunderts*. in: *Nicolai Hartmann* 1882–1982. hrsg. v. Alois Joh. Buch, Bonn, 1982. S.22，注 60。

使他讨论的所有内容并不具有同等的价值,另一方面也使他的一些观点和论证显示出与当时科学间的某种差距。

第二次世界大战后,现代哲学中人类学的转向、存在论的分析和存在主义哲学影响的进一步加强,对具有客观主义特征的实在论哲学思想,即一种新存在学的传播和发生影响,造成了某种不利与阻碍。加之海德格尔思想影响的迅速扩大,在一定程度上遮蔽了哈特曼哲学所散发出来的光芒。即便如此,西方哲学界也一直重视并持续地进行着哈特曼的研究。

哈特曼,一位值得重视的现代德国哲学家,应该成为我们现代西方哲学的一个重要研究对象。

本书中的《存在学的新道路》由本人和沈国琴合译,《德国的新存在学》和《存在学视野中的认识论》二文由本人翻译,其中后一篇文章的第二节由本人和李媛合译,并以《认识论的现象学奠基与本体论奠基》为题发表于倪梁康先生主编的《面对实事本身——现象学经典文选》一书中。感谢在翻译和本文的写作过程中提供过帮助的朱更生先生和高靖生、冯芳两位研究生。感谢孙周兴先生对"Ontologie"一词翻译的建议,国内西方哲学研究界对此词语的翻译有较多的讨论和不同的理解,本书按他的建议译为"存在学"。哈特曼的文本在国内译介尚缺,本书的出版或可稍作弥补,但因笔者对哈氏著作及思想尚未及整体把握,更缺乏深入研究,译文粗疏或词不达意之处肯定不少,祈望得到学界专家同仁的指正。

2005 年 9 月于西子湖畔浙大

存在学的新道路[1]

一、旧存在学的终结

哲学具有实践的任务,这一点比以往任何时候都更成为严肃的思者之信念。个人与团体的生活不只是循其需要与命运而形成,同时也据可以对其起主导作用的观念之力量而发展,无论何时,均不例外。观念是精神力量,属思想领域。思想有其特有的原理与判断力——哲学,因而哲学的职责是把握一些当今与现实之事,着手研究一些亟待解决的问题。

许多赞同这一观点的人从事哲学研究的条件是,在尽可能平坦的道路上被引向解决自身当前境况中紧迫的问题。假若这条道路并不平坦,而是充满坎坷,他们就会退避三舍,且认为哲学只不过是玩弄一种脱离现实的思维游戏罢了。这种在求知过程中表现出的不耐烦情绪使他们不可能专心致志地研究问题,而认识的获得正是开始于此种专心致志;他们想从结果开始,殊不知在迈出这第一步时就已脱离了哲学。

德意志精神的优点始终在于能控制不耐烦情绪,找到思考之路,不惧漫长的探索之途。在要求很现实,任务非常紧迫的情况下亦是如此,如库萨纳尔(Cusaner)、莱布尼茨、康德和黑格尔等人那样。总的说来,这种情况维持至今,尽管我们曾一度有过偏离,陷入表面化和片面化的险境之中。真正的哲学,其最紧迫的任务就是进行基础性研究,除此之外,没有更好的途径让新世界获得新的思想财富。

---

[1] 译自 N. Hartmann, *Neue Wege der Ontologie*, Dritte Auflage, W. Kohlhammer Verlag, Stuttgart, 1949。——译者注

在不了解存在者（das Seiende）的情况下，哲学难以面对实践的任务，因为实践任务本身正是源于各种实在关系。我们必须理解这些实在的关系，并对它们作深入的探究，只有这样，才能按我们自己的目的来安排它们。因此，所有技术都建立在对自然规律精确认识的基础上：医学建立在生物学的知识基础上，政治学建立在历史知识的基础上。哲学也不例外，只不过其对象更普遍，更广泛，涉及整个人类及其生活于其中的世界。由于哲学中存在者的起点不能那么直接地理解，因而历史上一再有人认为哲学没有存在学的基础也能走自己的路。

事实上，没有对存在者的一些基础直观，哲学就不能存在，这一点，适用于任何观点、倾向和世界观。不是每一种哲学都以探讨存在者开始的，其原因在于它们能轻易地接受对这一问题域的直观，并且不加探讨地以此为基础。人们没有注意也没料到这些直观，在何种程度上对所有其他的东西是具有决定性的意义。把所有事物理解为变动不居的特征和关系之实体性载体，这种自然的世界观便是存在学的一种先行判决，从更高的程度上讲，这适合于那些受某种观点所限制的哲学世界观。

在以往的哲学体系中，存在一直是一根本性的领域。哲学家中那些严肃的思者在各个时代都曾提出了存在问题（Seinsfrage），并试图根据他们的知识面作出相应的回答。的确，在没有对观点和特殊的学说倾向进行区分的情况下，人们可以依据是否提出与探讨存在问题，把哲学的理论体系分为有奠基的和无奠基的两类。各个时代中一些较有意义的理论贡献，都无例外地是有奠基的哲学体系，这一点，只要粗略看一下它们所发挥的广泛作用便可得知。

这决不意味着这些哲学体系就是从存在学上建立起来，或者就完全是实在论的体系了。最好的例证便是德国唯心论的那些伟大的学术体系。当费希特在其早期的科学理论中把事物的存在归因于自我（Ich）的创造性活动之时，便是对"什么是事物的存在"这个问题的一种回答了。这也是一个存在理论的基本论点，它为所有其他的论点作了奠基，甚至也为真正的实在问题作了奠基。哲学这一科学体系所要做的，正是对人、人的欲望和自由等现实问题的研究。

这一点同样适用于在细节上已作了必要修正的谢林和黑格尔哲学的各个阶段，不论他们是在无意识的理智和主体与客体的同一中，还是在绝对的理性中寻找最终的存在基础。康德，乃至贝克莱亦是如此。（贝克莱的）非物质论（Immaterialismus[1]）与（康德的）先验唯心论有着根本区别，但"存在就是被感知"这一命题如同康德深思熟虑的判断一样，亦是一种存在论的判决，康德认为以空间和时间形式反映的事物只不过是现象罢了。

从存在学上说，唯心论体系与实在论体系一样，都是建立在一些基本命题的基础之上的，主要的不同之处只在于，实在论体系的存在概念自身也是推导出来的。这样它们便自然处于与旧的存在学传统相对立的状态，这种对立是无法消除的，是一种被意识到的、有着认识论和伦理学缘由的对立。由于19世纪的追随者们不再涉及一些基础问题，从而导致了旧存在学的解体。

现在看来，这种解体意味着在哲学理论史上迈出了关键的一步。它不只是始于唯心论，同时也酝酿着在近代普遍出现的一种哲学转变：从认识论上奠定哲学的批判基础。在17世纪末的莱布尼茨哲学那里，这种解体首次达到了高峰。莱布尼茨本人以自己的方式创立了存在学思想，但在重要问题上他已经离开了旧的存在学的轨道。

问题是，究竟什么是旧的存在学？旧存在学指的是一种有关存在的学说，该学说从亚里士多德至经院哲学结束期间相当盛行。尽管它搞一些自相矛盾的游戏，最终导致了无法弥合的各种流派的分裂，但在一些基本特征上却是一致的。在近代哲学家们从各个方面对它集中

---

[1] 即主观唯心论。——译者注

发起进攻面前，它依旧作为唯一一个敌对营垒而出现。

旧的存在学说坚持这样的命题：本质（essentia）是形式实体（Formsubstanz），且能以概念的形式被理解，属于普遍性的东西；普遍的东西则是内在的，它规定并决定着事物的形态。除了包括人在内的物质世界之外，还存在着本质（Wesenheit）的世界，它是永恒的非物质的，构成了一个完美的、较高存在的王国。该学说的一些极端的代表人物甚至赋予这些一般的本质以真正的、真实的现实性，由此贬低非永恒的物质的世界。19世纪那些只以概念形式认识普遍性东西的后继者们，把这一派别称为"概念实在论"（Begriffsrealismus）。这种表述具有误导性，因为"共相"恰好不应当被化为概念，把上述派别称为共相实在论或许更恰当些。

经院哲学的存在学不局限于这种极端的观点。它所体现的共相学说具有各不相同的层次。没有必要把一种"先于事物"及"超越事物"的存在赋予本质。人们可以按照亚里士多德学派的方式把本质理解为"在事物中"存在着的基质性的形式，这样便可以在不背弃基本思想的情况下，避免世界的双重化这一难题。当然，在中世纪人们还无法做到这一点，因为当时有一种思辨的神学的兴趣，它驱使人们把共相理解为理智中事先存在的神圣的东西。

此外，这种存在学的本质并不存在于基本命题的分层中，也不存在于与基本命题相联系的思辨的形而上学倾向中，而只是存在于对普遍性东西本身的本质之直观中。就是说，这种存在学的本质是事物的运动着的和受目的支配的原理。这里涉及了神话思想的一种古老动机，即按照对人类行为的类比，从目的论的角度去解释尘世所发生的事情。亚里士多德赋予了这种神话思想以一种哲学的形式，并把它与形式（Eidos）的学说紧密联系在一起，而且主要是按照有机界的秩序规则进行阐述的。据此，本质即为形式实体，它作为一种发展的最终目的规定着有机体的变化过程。由此而把同样的解释模式套用于整个世界，从而无机界的所有演化进程就都按照类似于有机界的解释，被理解为是有目的的了。

这种解释模式的优点在于以极其简单的方式解开了世界体系之谜。一旦掌握了事物的形式实体，就意味着同时掌握了形式实体的所有变化的秘诀。形式实体可以从概念上得到理解，理解的方法则是定义，而定义又是知性之事，其作用在于从自然变化过程的最后阶段中获得形式的本质，并按秩序把它们排列起来。

当然，人们不能以一种愚蠢的经验论的方法设想这种按秩序的排列。各种类型的事物共同具有的最普遍特征必定是从事物那里获得的。亚里士多德的知识论没有在这方面提供充分的理由；经院哲学早早地采纳了柏拉图的直接的内在直观（intuitio visio）之思想。人们越来越习惯于将一种认识的较高一级主管机关置于理智之上，并让直接与一些最高的决定存在的形式要素发生联系。

这样，这种旧的存在学便同时具有一种演绎的特征。因为，倘若人的理性具有至高无上的共相，便很容易作出如下推论，即人的理性也完全能从这种共相中"推导"出它不知道从经验中提取的东西，于是，便导致对经验方面知识的忽视，以及一种纯粹从概念推论而成的形而上学的迅速发展。后来唯名论的产生才中断了此种形而上学的发展，并最终由于近代自然科学的出现而得以消除。

人们用一种如此表面的观察法无法正确评价中世纪的形而上学也是可以理解的。这里涉及的不是中世纪的形而上学，而是现今之事。为此就非常有必要清楚地了解有关存在学观点的基本特征，因为那种形而上学正是建立在这些特征之上的。现在正是从这种旧的存在学错误中吸取教训的时候了。新存在学的每一种尝试首先都应明确而有意识地将自己与旧存在学区别开来。

近代从笛卡儿到康德的批判认识论尽管未能用某种新学说整个地取代旧存在学，但这种批判认识论毕竟很大程度上消除了旧存在学的一些假设，使得形而上学无法再立足于其基础之上。这种清除工作终止于《纯粹理性批判》。《纯粹理性批判》确立了一条历史界线，自此开始旧存在学思想几乎消失殆尽。不管怎样，这是异乎寻常之事，因为康德的批判本来并不是针对旧存在学基础的，而是针对人们建立在旧存在学基础之上的思辨——理性的形而上学。

在康德那里主要是居于优先地位的演绎模式不再适用了。推论活动只能来自某些先验原理，而先验论恰恰受到了康德的猛烈抨击，它只限于两个直观形式和少数范畴，就是这些形式和范畴也仅适用于现象，不适用于自在之物，于是一些形式实体本身就是不可能的。与此同时，本质理论也就不攻自破了。更为重要的是，康德在其《判断力批判》一书中抨击了目的论之极为奇特的定位领域，即有机界，否认了目的论的根本意义。

也许最后这一点是最重要的，至少它击中了与亚里士多德一脉相承的旧存在学最薄弱的方面。这一点无疑最不被同时代的人及后继者所理解和赞赏。谢林及黑格尔的自然哲学把目的论的判断力批判当作耳边风，继续循着经院哲学的榜样行事。判断力批判是一种超验的批判，即一种对假设的认识论的批判。理性唯心论又自认为拥有颠扑不破的普遍确定性。依据这种确定性，生物的神秘的合目的性安排，乃至整个自然自下而上的安排，都可以从目的论角度得到解释。

二、对存在范畴的理解

一旦了解了这种实际情况，我们便会明白，新存在学绝不能是旧存在学的复活。不仅目的论的思维模式已证明是站不住脚的，尽管它进行了各种新的尝试，更主要的是得消除所有作为旧形而上学幌子的任何论点。这事似乎不像初看上去那样简单。传统的思维习惯在当今人们的思维中依然未被完全克服。常见的情况是，探索着的人们甚至不知道，这种思维习惯中究竟是什么吸引了他？因而不久前本质学说在现象学中又复苏了。这看上去没有任何形而上学倾向，但事实上还是出现了很陈旧的和一再被克服过的困难，这同样会引导人们犯老的及一再受斥责的错误。

这里涉及的并不是把新的存在学说当作"本质存在学（Wesensontologie）"来对待，而是人们必须与本质学说保持距离，这不仅因为本质学说使人又接近了实体性的形式，而且因为，无论如何"普遍性东西"的独立化与本质学说是有关联的。于是，便会出现这样一种倾向，即纯粹为了普遍性东西自身的缘故，而把它称为原理性和基础性的东西。在这种倾向后面，始终有意识或无意识地存在着演绎论的假说：只能从普遍原理中"作出推论"，于是普遍原理便成为存在原理的表述。

这里面显然包含着一种错误。确实所有原理都具有普遍性，但不可由此推出所有普遍性的东西都具有原理性，也有一些相当不重要的普遍性的东西，如在一些分散的个别情况下一再出现的外部特征，这些外部特征首先所呈现出的恰好是经验知识。倘若人们想依据这些普遍性的东西对事物或生物进行分类，那么，这种分类就会完全脱离事物或生物的存在学意义上的存在。存在者的原理在何处？这一点不能任意由事物的外部现象所概括出的普遍特征来决定，而应该有别的观点。旧存在学的缺陷之一在于它不具有这些观点。

紧接着的第二点是，如果这一说法，即只能从普遍性原理中"推导"（推论）出某些东西，是无懈可击的话，也不能认为能推导出某些东西的普遍性原理就意味着"存在学"意义上的普遍性东西。倘若如此，则普遍性原理便是不真实的，用康德的语言来说，这样的普遍性原理就是不具"客观有效性"的先验综合判断。尽管从逻辑上看，犹如可从真实的原理中作出推论一样，人们也完全能从这样的普遍性原理中推论出某些东西。然而，其结论如同前提一样，是不真的，甚至连思维方面最起码的要求都无法满足。

显然，纯粹理性批判讨论的核心便是针对这个错误的。这种讨论把所有这样的演绎性——也可称之为存在学意义上的推论——同"超验的推论"作对比，后者涉及的正好是这样一些先验原理的"客观有效性"。在这些先验原理中，先验综合判断是真的。众所周知，康德是何等看重这种推论。倘若人们思考一下，这种推论完全建立在范畴不受经验知识束缚的基础之上——如同此种推论的客观有效性仅仅适用于"可能的经验知识"的界限内——那么就马上会明白，它只是有限地抛弃了一种关于事物本质的纯先验科学，尽管这种批判的成果是消极的，但其结果却完全是积极的，具有深远意义。

所有存在学涉及的都是关于存在者本身的基本论断，它们都属于存在范畴，和康德的范畴——从内容上观察，同样不外乎是关于存在的基本论断——分享着普遍的根本性原理的特征，而所有关于存在的特殊论断都以此为基础。因而，人们期望新的存在学也能作出关于这些根本性原理的特征的超验推论。否则，新存在学便不能保证它们的"客观有效性"。这将意味着存在学自身需要一个认识论基础。从更广泛的意义上说，这里涉及的依然是先验原理的合法性问题。

这样，便为新存在学规定了一条道路，这条道路遵循旧的推论模式，但正是在这里成了新旧存在学的分水岭。现今的存在问题不再涉及实体性的形式，以及由实体性形式所决定的实在变化过程之目的论限定，也不再是随后论证先验原理的合法性。新存在学涉及的范畴既无法从普遍的定义中也不能通过形式的判断推论出来，而是从实在关系中一步步得出的。由于在这种获得范畴的过程中，如同在其他任何认识领域一样，很少有一个绝对的真理准则，因此得补充说明，这种获得和检验范畴的程序既庞大又相当烦琐。它表明人在从事受限制的研究工作中会走许多弯路，如同所有真正的学术性工作那样，它需要不断修正，永远不会终结。

这里可以真实地、从字面的本意上来谈存在学的新道路了。可这样来表述这个基本命题：存在范畴不是先验原理。先验只能涉及理解、认识与判断，而与先验和后验完全相反的道路则只是一条认识论的道路。存在学讨论的不是认识，更说不上是判断，而是认识对象，只要这种对象本身同时又是超对象的，即不依赖于存在者事实上是否或在多大程度上通过认识而成为对象。如同不可认识之物的多样性特点在几乎所有的哲学基本问题中所充分证实的那样，存在者的对象之原理当然也绝不是认识原理，在有些领域中它们是不同的。单凭这一点便可得出，存在者的对象之原理不可能就是我们知性的先验原理，它们如存在者那样，对可认识和不可认识的界线规定漠不关心，它们是存在者的原理。

在这一点上有必要彻底转变观念，不论是信奉旧存在学者，还是信奉超验——哲学的认识论者均应如此。当然，存在范畴有时也会在内容上与认识范畴相关联。当凭借先验特征获得对象的客观有效的认识之时，在一定范围内，肯定会出现存在范畴在内容上与认识范畴相关联的情况。但人们不能由此假定，到处存在这种情况，并且是没有限制的。我们认识中的先验论恰恰是相当受限制的，这是因为我们的知性范畴在最好情况下也只能部分地与存在原理有关，至多只能与一些实践中重要的、在生活中必不可少的认识，即知性最能适应的那些对象领域有关。与此相应，当我们面临一般的理论问题、总的世界观问题以及须用哲学解释的问题时，便往往不存在这种相关性了。因为很显然，我们用关于实在世界的知性原理只能先验地理解那些在实在世界本身中按照同样的知性原理建立起来的东西。

的确，在此人们必须再前进一步。存在范畴不是先验原理，这句话的最简单含义是：存在范畴不能直接地先验地被认识。倘若它们能够被人认识，那也必须通过其他的途径。由此，看来已形成了一种认识范畴与存在范畴之间关系的假设。它表明，二者之间的关系出于何种原因至少必须形成部分的同一性。人们可以做出如下推断：倘若存在范畴与认识范畴一样，那么，存在范畴便肯定有可能从认识范畴中吸取一些东西，人们也就至少能以这种方式先验地理解认识范畴中的一部分内容。

然而，这种希望证明也是虚假的。首先，我们没有那种衡量范畴同一性作用范围的准则。正好在那些依据实际原因我们对它有某种程度的把握之处，如在日常生活和自然的世界领域，范畴的同一性没有哲学价值，因为这种同一性未涉及哲学问题。在涉及哲学问题之处，范畴的同一性便变得相当成问题，对我们马上就变得整个地不适用了。其次，在我们的感官内部也缺乏分析范畴同一性的基本条件，即缺乏关于我们自身的认识范畴的直接知识。

认识的本质不是针对认识自身，而是针对认识的对象。认识在其作用中所能意识到的，往往只是对象的特征，而非自身行为的特征。认识极少会意识到其活动的内在前提。认识范畴便属后者。事实上，哲学得经历漫长的历史道路才能意识到若干认识范畴。为此需要从自然的认识倾向中转向，如从认识对象转回到认识本身，这样确实会产生第二层次的认识。在该层次中，认识本身会变成认识对象。这种认识论的反思也是第二性的，并且必须在与自然观点的"对抗（gegen）"中得以实现。一旦实现，它也不会直接导入知性范畴，而是必须以一种特殊的方式才会转入知性范畴。

为何不仅存在范畴，而且所有知识都先验地以之为基础的我们自身的认识范畴，都无法被先验地认识？其原因就在这里。在此还须补充一点：认识范畴在对象的认识中通常完全不能被认识。尽管它在我们的认识中发挥作用，但就其本身而言，不会成为认识的对象。只有通过认识论的反思，它才会进入意识的光明之中。但这已是历史上较晚的一个认识阶段了。倘若这种范畴的作用在认识中不依赖于人们对它的了解，则所有人类之认识，最朴素的认识也不例外，就都得等待使它们成为有意识的那种哲学了。但由于哲学是以朴素的认识为前提的，因而以这种方式永远也不会获得有关对象的简单认识。

相反的情况则是真实的：尽管认识范畴是我们认识的首要条件——甚至是认识中特殊的先验要素，在对世界的朴素理解中也不缺少，但它不是我们认识中最先被认识的东西，虽然它是可被认识的，或许只是间接地可被认识，即通过对建立在其作用基础之上的对象的简单认识而间接地被认识。可以这样说：倘若它是可以被认识的，则它在最后才能被认识。这种先后次序不容颠倒。与此相关的一点是，它是最难被认识的。认识论为获得这种认识所曾走过的许多弯路及曾陷入的错误境地足以说明这一点。

由此看来，经过认识范畴这一拐弯来把握存在范畴这一前景极为渺茫。可以设想的是，到最后还是经过存在范畴这一拐弯来把握认识范畴。存在范畴至少处于自然的认识方向中——处于对象的背景中，虽然简单的对象认识没有探究存在范畴。但鉴于所有的对象认识都具有前进的趋势，因而对象认识在进一步的深化过程中很有可能直接导向存在范畴。

最古老和最简单的哲学研究流派至少在原则上证实了这一点。他们早在出现认识论反思之前，便相当明确地在探寻存在者的原理。这方面较为典型的是一批前苏格拉底的出色哲学家。不容否认，经过他们的努力，确实找到了这个或那个存在原理，这些原理在后来的批评性研究中得到了证实。

但是，人们在这里无须追溯得那么远。康德究竟从何处获得了他的范畴？自然不是来自那些判断，而是为了获得范畴他才必须补充判断。真相在对一些原理的分析中显露了出来，即康德的范畴是取自认识内容的，如同他在整个科学领域所澄清的那样。这意味着这些范畴来自我们对对象的认识。换言之，它们是取自对象本身的，这里是就这种对象包括了当时的科学所达到的范围而言的。这点在"经验类比"中体现得特别清楚。从对过程及变化的分析中得出实体范畴；通过对客观决定的序列的探讨使得因果关系的存在变得明白易懂。人们以这种方式只能直接地到达对象范畴，而绝不可能获得"纯知性概念"（也不可能获得起决定作用的判断力的基本原理），这一点，唯心论的思维自然是无法察觉的。使人易于察觉的是这样的模仿者，即他们在自己的思想中竭力模仿康德的结论，并对此作批评性阐述。

显然，诸如此类的做法在更高的程度上适用于费希特和谢林从一个原理推论出范畴的那些尝试。对此，人们常批判性地指出：这里所有的一切事实上都取自经验，尽管人们把它归结为自我、无意识的心智和理性。这种形式的责难无疑是太粗暴了。事实是，在所有这些表面推论的后面却有着对对象世界的详细认识，这种认识在推论中处处参与决定，并提供了所有的内容。

从上述这一切可以得出一个基本观点：倘若我们要获得关于范畴的知识，就不能通过先验的途径，也不能通过内心意识到知性原理的途径，而是必须通过分析对象，只要这些对象是可以被理解的。通过这个途径我们首先获得的往往只是存在范畴，而非认识范畴本身，后者只能从已被理解的存在范畴倒回去（通过对认识作用的反思）来认识。

这点具有非常重要的意义。从中可以首先得出：范畴问题中的认识论并非是独立的，而是以对认识的全部对象展开存在学的探究为前提。的确，单纯认识论本身不能成为基础哲学，如同超验的推论方式时常悄悄地以此为前提一样。认识论自身方面需要存在学的准备工作。其次，在这种关系的基础之上，现在得回答这样的问题：为了理解存在范畴，哲学得选择走哪一条道路。

这个问题比其他问题更为急迫，倘若人们意识到这里既没有纯先验之路，也没有导向目的的（根据认识条件的）"超验反思"之路。人们应充分认识到，一条纯经验之路是根本行不通的。但是尽管如此，所涉及的那条道路也并非是个谜团。在历史上，它也是广为人知的，在揭示存在原理时，它是一条非走不可的道路。这是一条分析论早已尝试过的道路，一条先辈们在方法论上所熟悉的道路。近代自笛卡儿以来，它成了哲学研究的一种主要方法。

新存在学的道路表现为范畴分析，即一条经验的道路。这种经验既不是通过归纳也不是通过演绎出现，也未遭到纯经验或纯先验认识的否定。它以所有经验为前提，既有日常的和实际生活的经验，也有科学的经验。还可以补充一点，它也以哲学的经验为前提，即以那些在人类思维活动的历史进程中所曾作过和出现过的各种探索、挫折及自我修正的内容为前提。所获得的一切经验的总体构成了现实的起点，对经验自身不确定因素的批判性认识的特征也应一并包括进这个经验总体中，从某种角度说，它们是最重要的一部分经验。

这个现实的起点不像现象学所曾试图理解的那样，只是由朴素的世界意识所构成的，否则，它将是内容上非常贫乏的意识。事实也早已表明，朴素的世界意识从来不能未经解释地被理解，因为它不是哲学探究者的意识，不能从其所处的环境中很好地被推论出来。但对朴素意识的推论——如对儿童意识的推论——会产生很多错觉，因而把这个结果作为起点就相当成问题了。朴素意识取决于现实，恰好没有推论。

哲学探究者的意识在开始其分析时事实上所带来的东西，可以单独作为现实的起点。对良知和疑惑的反省已经是哲学思维的事情了。不能错误地把科学成果排斥在哲学思维的事情之外，因为虽然科学是解释物质现象的，但它们也打开了一系列新的内容领域的视野，这些领域同属于分析起点。尽管不应当孤立地对待它们，把它们当作唯一的"指向领域（Orientierungsgebiet）"，如同新康德主义那样，但也不能忽略它们。

分析本身是一种纯粹内容上的推论方法。它建立在如下基础之上：

存在原理一定以某种方式包含在存在者之中。换言之，从一个足够宽广的现实存在的基础出发，也一定能够发现存在原理。当然，存在原理在存在现实中并不是显而易见的，只有通过探究方能被发现。通过探究的方式被发现的存在原理，在内容上必然是超越现实存在的——因为这是与更高的普遍性要求一起出现的——因而自身往往包含某种假设的特征。倘若从现实存在的大量材料中所发现的东西事后能得到证实，这种假设的特征便会大大减少。在对存在范畴的探讨中有一条历史路线，就许多范畴而言，它被最古老的直至我们现在的思想家所延续着。这条历史路线明显地表明了，我们应该对假设推论不断地进行新的批判，以使它日趋完善，唯如此，单个的存在范畴才能获得某种稳定性。直到今天，对绝大多数范畴的理解还在深化之中。

范畴分析以这种方式表明本身是一门科学。尽管它早已存在，但仍处于发展之中。20世纪，由于集中进行认识论的研究，范畴分析未取得多大进展，因而当今这方面的研究落后于其他知识领域。这种落后状况究竟能在多大程度上得到扭转，只有将来才能证明。

在这里，重要的是存在学以这样一种行为方式重又接近了许多专门学科的研究方法。在共相实在论的时代，存在学曾一度错误地背离了这些方法。所谓实证科学，就是首先用假设培养起这种分析方法，再加以批判性的细致的研究，但实证科学不能把这种方法运用到一些最后的基本问题上，这个任务落到了哲学的身上。哲学当然要改善这种方法，首先评估这种方法的实际能力。

三、实在性的新概念

旧存在学抽象推论的形而上学特征表现在探讨存在范畴的整个历

史路线中。存在问题局限于一些有限的，但是明显的，而且是不带任何浪漫色彩的问题。这样的限制只是针对世界观方面富于幻想的思维，这种思维超越所有的经验界限虚构了一个超验的世界，而不是针对心灵和精神生活中的问题，更不是针对引发人们思考的不可消除的意义和价值问题。

倘若人们由此出发回顾一下由费希特和黑格尔所描画的精神与自由的形而上学，那么，新存在学就只能限制而绝不可能从根本上否定他们的论点。新存在学不能合理地证明所有存在者都建立在自我（尽管也可能是一种绝对的自我）或精神的基础之上。但在精神真正出现之时，是自由的、积极的——而且它包含存在者，有力量改变存在者，这一点新存在学丝毫也不怀疑。人们可以期待的是，新存在学通过与世界其他的存在相比较之方式，尝试着去决定精神及它的积极性的存在，以此途径让权力与精神独立性成为一种新型意义上的问题。

旧存在学几乎不可能做到这一点。它针对的主要是事物的存在以及有机体的存在。它从器官学的角度理解心灵方面的东西，把精神归入本质领域，这样便不能把精神纳入实在世界。它的"实在性"与事物的实在性迥然不同，是一个没有变化、没有个体性的永恒存在。在这一点上，新存在学与旧存在学有着明显区别。新存在学取消了所有这些限制，因为它以之为基础的现存的起点与自然的存在一样，也包括心灵和精神方面的存在。精神不是处在实在世界之外，而是整个地属于实在世界，与事物和生物一样，也有时间性，也会产生和消亡。总之，它们具有同样的实在性。唯其如此，精神才能够在这个世界上产生影响，发挥自身的作用，有着自身的命运和活动范围。

与此相对，出现了一系列十分陈旧的及因其传统而几乎变得令人敬畏的偏见：有形物质的存在方式应不同于思想、行为、情绪状态及观念之存在方式。正是在这里，一条巨大的分界线贯穿了世界和人类自身，这便是笛卡儿的两种实体学说。在分界线的一边是空间的广延性、扩展性、可量度性和机械性；在分界线的另一边则是非空间性、非广延的和与外部世界完全不同的内心世界。

在这种对立中，真实的东西与非真实的东西有害地混在了一起。当然，空间性与物质性区分了存在者的两个领域，但关于人是由两种异质的实体结合而成的观念，被证明是错误的。人作为一个整体是不可分割的浑然一体，主动性、痛苦、状态显然同时既是身体的又是灵魂的。各个人的生命首先是以内部与外部世界不可分离地结合的形式存在的。唯有一种富于幻想的永生的信念才能从那种"实体"的分离中获得好处，而用两种实体分离的方式是无法理解内部和外部世界两个领域不可分离地相互交织着的现实、具体的生命的。

这种观点的错误根源在于混淆了实在性与物质性，认为这两者是局限于空间事物，而人的命运、历史状况和事件都是非真实的，这样便把那种在生活中最具重要性的，能被最强烈感受到的实在性当作是非真实的。这一切当然并非是因为片面以及显然错误地理解了哲学的现实概念，即出于对某种世界观的偏爱。在这里，起作用而未被认识到的世界观其实应是一种唯物论的世界观，由此可见，有必要进行更好的思考，尤其是当人们想认真地探讨精神存在及其历史形态时，更应如此。

实在性的真实特征并不是常常取决于空间和物质的范畴，而是取决于时间和个体性的范畴。空间与时间从存在学上说不是等值的范畴：时间比空间更为基础。只有事物和生物及其存在所经历的过程才具有空间性，而具有时间性的除了上述情形之外，尚有灵魂及精神的进程。在时间中一切都是实在的，而在空间中则只有部分东西才是实在的。人们可以这样说，仅仅是实在世界的一半，即其较低的形态具有空间性。

个体性与时间性紧密联系在一起。个体不过是一次性和单个性地存在。实在的个体是非永恒的，不可再生的。尽管会一再产生同样种类的东西，但从未产生过完全同一的东西。这一点既适用于历史事件，也适用于宇宙运动；既适用于人，也适用于物。唯有普遍的东西才一再重现，其本身是永恒的、常在的、"永远"的。这种永恒性在旧存在学中被理解为一种较高等级的存在，一种唯一的真实存在。但事实上毋宁说它是一种非独立的纯"理想化"的存在。普遍东西的实在性不在别处，恰恰是在具有时间性的、个别的真实存在之中。先前被认为完美的领域、本质性的领域，其微弱的塑造者应当是事物，而被认为是完美的本质性领域的普遍性却表明是不完美的存在，它只有在抽象中才会独立。这一点也许就是新存在学与旧存在学最容易把握的对立。

这也是为何新存在学敢于与德意志唯心论中的一些深奥的问题较量，为何它能够如同对待宇宙和有机体那样，对精神和自由、集体生活和历史性进行很好的探究的原因所在，因而在实际中，人们可以期待新存在学对这样一种关系作出新的解释，这种关系能决定有思想的人及其主动性在一个无思想和受法则规定的世界中的地位。

这些思考已经属于范畴分析一章中的一小部分内容了。当然，这里只是简略地提一下。按理说，对空间、时间、过程、心灵活动和实在性等还需作更多的探讨，特别是实在性，现实事物的纯粹存在方式及构成世界的进程，本身就是一种较为复杂的分析对象。为理解"实在性"，人们必须追溯到可能性与现实性之间的关系，这一关系自古以来就是存在学的基本问题。存在问题的整个变迁都涉及这些基础。鉴于实在性问题的不断增多，旧存在学提出的关于潜能和现实间的关系——所有现实都是预先存在着的质料的实现，所有"规定性"都会有根据其质料而形成的存在者——已远远不够了，因此有必要引入"实在可能性（Realmöglichkeit）"这一新概念。这一概念不再等同于纯粹的本质可能性（Wesensmöglichkeit），而是在实在关系的具体情况中显示总体条件。与"实在可能性"的概念相适应的必须是实在现实性的新概念，这一概念不再建构一种从人类学上所设想的奋斗目标——

仿佛宇宙的变化过程与一种理智活动相关联，而是在任何情况下，复杂的结果是由相当多的决定性关系所构成的。对这种作为存在方式的"实在性"的内部关系进行研究，是一门完整的学科。它构成了新存在学的核心内容，与进行内容——结构的范畴分析不同，它可以被称为"样态分析（Modalanalyse）"。

可是，人们还必须追溯得更远些，因为对存在问题的传统偏见还在进一步发展。当今还有为数不少的具有真正哲学头脑的研究者，他们对任何一种强调存在问题的研究都深恶痛绝。他们把存在理解为一成不变、静止、敌视生命、妨碍人的主动性以及剥夺人的独立性和自由的东西。在他们看来，费希特式的能动主义才是理想，它使得世界依赖于人，意识的活动先于存在的事物。这种观点的意思是说，这样看待意识才能恰当评价人的本质。

尽管人们非常想肯定以上述观点为基础的实际观念，但他们希望实现其目标的方式却是完全错误的，因而也无法实现其所追求的倾向中的合理部分，因为这些前提是不正确的。在实在世界中，我们并非与一个僵化的系统打交道，并非与一个在任何方面都已"完成"的世界——这样的世界我们只要作为一种事实去接受即可，没有必要再去做什么了——发生关系。认为存在就意味着与运动和生成相对立，这是一个古老的错误，它在哲学的开端阶段由爱利亚学派首先提出，并且一再遭到人们的反驳。19世纪某些落后的世界观中还保留着这种错误的某些内容，它们至今还隐蔽地存在于一些没有从哲学史上学到什么的哲学研究者的思想中。

生成并非是存在的对立面，生成本身就是一种存在方式。所有实在的东西都在运动，处于不断的产生与消亡之中。运动与生成恰好构成了实在世界一般的存在方式，事物、生物和人无一例外。静止与僵化只出现于旧存在学那种观念的本质状态中。倘若确定实在世界的存在方式是新存在学说的首要任务，那么，这就意味着，其首要任务是确定生成的存在方式。这一任务就其自身而言，是多样性的，因为从实在世界的等级和层次看，生成具有各种不同形式。如活力，可理解为有机物自身复杂的生命过程，有别于简单的空间的物理的运动；同样，心灵的活动过程有别于机体的进化过程；精神史的演变过程有别于心灵的发展过程。但所有这些都具有与实在世界相同的存在方式，是真实发生的事件、真实的生命，等等。存在问题涉及的并非是一个设想出来的静止世界，恰恰是一种生成的存在。

这是一个相当简单的例子，无须多加陈述：若非存在着的运动就不可能是现实的运动，探讨这种运动便毫无意义。这点同样适用于现实的生活、意愿、行为、决定和现实的积极性。像自然界的能量交换一样，现实存在的这种要素在人类生活中也是一种存在模式，否认这一点也毫无意义。没有这种要素，世界现象将会变得无足轻重，变得没有意义。存在学要探讨的正是这一要素，它理所当然地显现在我们的生活中。哲学就是以揭示不言而喻之事中未被理解的、充满谜团的东西开始的。

即使忽视这点，为了人类及其行动，我们也不能忽略其余世界。人类是置身于世界之中的，他与世界有着千丝万缕的联系。极端的行为主义否认这种依赖性，它在这种依赖性后面察觉到一种普遍的决定论，决定论扭曲了所有独立性与自由。否认人对世界的依赖性，是它的权利；而假设依赖性在某方面会对人类自由构成威胁，则是它的偏见。没有依赖性的自由等同于没有限制的专制；没有约束和未遭遇抵抗的行为就会是一场没有争斗和没有认真投入的不费劲的游戏。

费希特清楚地看到了这一点，并把它表达了出来：通过对现存事物——（用他的话来说）"我所探讨的一个世界"——的抵抗，自我才会有自己的活动。我们还可以补充道：所有活动必须寻找一种实现其目的之方法。但方法不会自行出现，它靠人们去选择，且只能在一个提供多样性的存在的世界中找到。

最终也许没人会相信，生活中的一切仅取决于人。不然的话，人们得相信"神秘的唯心论者"诺瓦利斯（Novalis）了，只有他才能举起魔杖，创造一个他想要的世界。这是一个富有诗意的梦想，人的力量无论如何达不到这一步。谁想用一种人的形而上学阐明这一点，他在哲学研究过程中便会完全脱离人的真实本质。费希特也远离这一点。世界上的一些东西由人的意志所决定，但绝非所有的东西都是如此，这正是人在实在世界中所处的一种真实位置。为了在这个世界上实现自身的目的，人们必须学会认识和理解世界。在自身目的领域，人们才能支配世界，人的好奇心也只能局限于遵守世界规律的范围之内。

这就是一切技术能力，一切对自然的统治，但同时也是一切对人自身的控制和驾驭的奥秘，因为这些也有其自身的规律性，只能在可能的范围内得到改造。这一点同样适用于使人们具有更大活动空间的集体生活。在集体生活中，恰恰由于有组织的活动，出现一些人们不愿意看到和事先未曾料到的情形、困难与紧迫情况，而人们对这些又不得不予以接受。正是这种强制性才促使人们发挥能动性，创造性地去探索和寻找解决的办法，要求人们具有预见性和冒险的力量。

在世界中，自由只有通过抵制世界的决定性和努力争取才能获得。凡在世界面前蒙上了眼睛、不知道它是怎样的人，也不会发现自身的创造性和能力。原因在于精神不具有无限的力量，而是一种有限的力量。同样，人的自由也有其界限，它处处受到现实条件的限制，这种现实条件不是由精神创造，但又为精神自身的能动性留出了活动余地。在现有存在者的规律性的限制之中找出这种活动余地，便是独立的精神探究的工作。这需要个体在自己的生活和学习领域以及在不断地积累观念、发现和发明的历史过程中，持续不断地投入理智的力量。

在涉及自由问题上，哲学的真正任务主要体现在：正确地界定自由之界限。为此，哲学必须被理解为是一门以多方面依赖性为条件的，并且面对这些条件而使自身得以实现的学说。用其他任何方式，哲学就只能探讨一种纯粹虚构的，而非真实的自由，从而也不能论及现实的精神和人。

四、新存在学与新人类学

有一种学说与前文所驳斥的偏见密切相关，它在新康德主义及生命哲学中占主导地位。这一学说涉及的是有机生命和精神生命之关系，认为人们已掌握了精神生命的自身规律，在某些基本特征上作出了规定，并且认为必须通过身体的生命过程来否定精神的受制约性。医学方面广为人知的事实对此提出了质疑，生理学及当时主要运用于自然科学领域的心理学也对此提出了异议。尽管如此，有人还是坚持已提出的论点，因为他们不懂得把经过各种斗争所揭示的精神的自身规律与它对世界的依赖性协调起来。

在这种思维方向中出现了"理解"这一概念，它看上去像是处于所有正在认识的概念之上。它受到人文科学，尤其是历史学的工作方式的制约。历史行为和历史事件须从其内在含义与"意义（Sinn）"上来理解。人们把"意义"这一概念扩展到所有想要从内部来作出解释的现象。但人们认为概念涉及的仅是外部现象，唯有理解涉及意义。因此，对物质性的自然可以概念化，因为自然不具有内在的意义。

显而易见，这种"意义"概念包含着古老的目的观念。这种古老的目的观念在解释人的行为时必定是合理的。行为本身就是一个充满目的之活动。世界相互联系着的事件也具有同样的性质吗？人们可以要求获得对这些事件意义的理解吗？历史事件也都是有意义的吗？在历史进程中是否有无意义之事？人在历史进程中的活动是否恰好与无意义之事进行着不断的斗争？

此种学说所探讨的意义及意义理解显然是一种形而上学的事先决定。在实在世界中，不是所有的一切，也许只是极小一部分，是有意义的。理解并不就是对所有对象之适当的把握方式。一种内在的东西也很可能有不具目的指向的事件，如宇宙空间中的质量运动。内在的东西也可能是这样的情况，诸如存在于规律性中，存在于它的限定形式中，存在于它的由多样性结合起来的统一性中，或存在于一致与对立的相互作用中。当人们想证明自然结构的内在本质时，就会跃跃欲试地强加上存在学的基本范畴，这一点决非偶然。事实上，存在范畴在相当确定和完全可靠的意义上构成了"事物内在的东西"。而通向这种内在东西的方法依然是最初由康德规定的"观察与分析"，在一些最一般的原则性问题上，也用范畴分析的方法。

比这种想法更重要的是这样一种事实，即人的行为、精神生活与历史现实绝不是通过"理解"其意义便能被充分领会的。倘若如此，那人就如同飘在空中，没有牢固的立足基础。人们最终必须重新回到对规律性基础的把握上来，因为精神以之为根据的牢固基础并非精神本身，也不是属于精神一类的东西，而恰恰是与精神相对抗、相异的东西，即自然的广阔领域，并且首先是有机界的广阔领域，间接地也是无机界的领域。

在这一点上，唯心论没有证明自己是正确的，就连抛弃了所有充满幻想的理性形而上学、已成为相当朴素的生命哲学的唯心论也未能证明自己是正确的。后者依然坚持针对自身精神生活的陈旧观点，仿佛有个精神在世界某处飘荡着，否认身体生命这一基础，不知道这一基础应与实在世界的整个结构相适应。现实生活所表明的却与此全然不同。实证科学在涉及研究人的问题时，也向大家证明了这一点：不存在飘荡着的精神，所有真实的精神都是有载体的，且受整个世界不同的层次领域直至物质所承载。

人是一种有精神的生物，这点毋庸置疑。正因为如此，人比其他生物处于更优先的位置。但人不仅仅是精神生物，他不能不理会他生存于其中的空间关系，尽管他可以这样去想，但在现实中，他却不能同时以真实地——共同生活和活动——出现在另一个地方。他可以去另一个地方，但只能整个身心一起去，因为精神与肉体是相连的。精神只能出现在有机生物体中，以有机生命为基础，靠有机生命的力量生存。由于有机生命属于物质世界，共同参与其能量代谢活动，因而精神也间接由物质世界所承载。

这里谈论的是新存在学所要承担的一项非常严肃的任务。倘若人——也作为精神生物——去理解他所处身的世界，那么他也会从人与世界整体相联系的角度去认识人，也就是从这一角度去重新规定人的本质。而旧存在学恰好持相反倾向，它从人的角度来理解整个世界，着眼于人来观察世界层次领域中的所有形式与关系，仿佛是人构成了世界秩序的最终目的。倘若人们着眼于有机生命的一些真实奇迹，着眼于亲属遗传的关联性以及有机体的作用是不断适应周围世界的生活条件这种情形，那么得到的则是一幅全然不同的图景。这里说明了一种相反的情况：不是世界去适应人，而是人去适应世界，要从世界的角度理解人的所有一切，把人的所有一切理解为对普遍的世界总体状况的适应，人必须在这种总体状况中得以实现。

既已讲到这里，很有必要顺着这一思考再深入下去。撇开人对世界的所有适应不谈，人也在很大程度上受到实在世界的所有层次序列的制约。人在世界上的此在是以这世界的存在为前提的。没有实在世界，人便不可能生存。而没有人，实在世界照样可以很好地存在。有机界——不是单个的有机体，而是有机界的总体——是人生存的前提。由于有机界同样以无机世界为前提，因而可进一步作出如下推论：整个世界，从下到上，直至与人有亲缘关系的动物，是人生存的条件。

这一关系显然不容倒置。它可以推导出一个相当简单的观点：人其实是世界构成物的遗传序列中后来出现的一种现象。因此，人类的出现当然不是什么预先决定的，从某种角度上讲，这倒依然是个问题，存在学是完全没有必要探讨这一问题的。唯有其中包含的基本原理对存在学而言是重要的，也即是说，在这里存在着一种不可逆的条件关系：较低层次的存在者对于较高层次的存在者来说是独立的，前者的存在不需要以后者为前提，而后者却依赖前者而存在。

这种结论不是随便得出的。这也与唯物论毫不相干。这种依赖性并不是说一切有机物必须从物理学意义上的物质的角度才能得到解释，所有灵魂与精神方面的东西也必须从有机体关系的角度予以解释。这种"自下而上"的依赖性究竟达到何种程度？它涉及的是什么？对此能作出怎样的解释？所有这一切都是另一个问题。这种制约性决不排斥独立性。只是对较高层次的存在形式之不可缺少的前提必须作这样的理解：它始终存在于低一层次的存在形式之中，甚至存在于整个低级层次的存在系列之中。

在这一方面，当今有关人的新学说具有开创性的意义，只要该学说领会到种族精神生活仍然受到遗传生物因素的制约。虽然种族间存在着的一些差异现象至今在某些方面还可能会使人产生动摇不定的感觉，生物学片面地想用这种现象来解决文化问题很可能是不切实际的，但人类可分成若干个相当确定和比较固定的、具有典型能力和倾向的遗传类型的种族，这一点却是毋庸置疑的。这方面的主要因素是人的肉体—心灵的统一性，因为这里涉及的不是两种不同的遗传，而是一种遗传，它表明，在人的所有多样性和肉体与心灵特征的表面独立性中，显而易见地体现着一种封闭式的整体。

于是，生物学便面临着一些目前它尚不能解决的任务。这里所说的并不纯粹是遗传结构这一事实，而是其内在规律性、遗传稳定性的原因及其界限，变异性的扩散范围，其可塑性和可改变性以及遗传与经常起作用的外部因素之间的关系。后者在心灵领域会起到无可估量的作用，这点没有人会作出错误判断。重要的是获得一种对此进行判断的基础，即从生物学角度易于理解的遗传组成部分能在多大程度上延伸到精神生活之中，以及延伸至精神生活的哪些要素之中。

为能着手解决这一问题，生物学首先必须充分搞清楚遗传的纯有机过程。这方面尚有许多事情可做。人们知道生殖细胞中遗传结构的一些显而易见的承载者，但这仅仅是笼统的了解，根本不是对其单个结构的了解。即便是人们能微观地确定这承载者，也不知道承载者在形式确定作用中起作用的方式。由于这种决定性作用与许多无法统观的其他作用存在着独特的交互关系，所以在这种作用中，环境作用总体看来也许是最重要的，但在不断的发展进程中，别的作用会变得更重要。

这方面的困难不在于遗传结构的承载者之结构的微小，也不在于部分遗传过程的难以企及，还在于一些基本原理性的东西，即在于各种很不相同的决定性方式之间的相互间渗透。若有机体生成的总体过程由素质系统的一些因素来规定，则其规定就是有预见的自主性的；若整个进程总体说来依赖环境的各种作用，则其规定就是因果性的。我们对这两种规定形式中的后者了解得较多，因为它与所有实在进程相同，并且在无生命的自然中是独自起支配作用的一种规定形式。另一种规定则与此相反。它在有机体的生成过程中形成了独特的器官学特征。形式的再形成也依赖于有机体的生成过程。这种规定，我们是通过其发挥的作用来认识的。其内在的作用方式以及规定本身的范畴结构，我们是根本不知晓的。就现在的研究手段而言，这点也许还不能得到透彻的了解。

在有机生命过程的结构中，这种不可认识的因素还有许多。物质交换中相适应的和生成的作用，例如所谓对所接受物质的同化作用，也同样令人难以捉摸。这里和那里都是总体过程——这种难以捉摸性与此相关——中那种形式构成（形态生成）的要素在起作用。生物的调节与恢复现象亦是如此，甚至一些引起每个人注意的适应与合目的性现象也不例外。

在这些事物上研究得越深入，产生的疑团就会越大。人们自然会自问，问题究竟出在哪里？倘若人们顾及人自身的情况，便会找到答案。在人的外部和人自身中都有一个有机世界。人本身就是生物，但他在能达到的一小部分世界中又把生物作为对象。甚至人自己的身体也以双重方式"被给予"：一方面作为人自己的一种存在状态，能从主观上直接感知它；另一方面，与其他具有空间的物质对象一样，又是客观上看得见，摸得着的。

倘若更仔细地观察一下人的现实性的这两种形式，便会发现它们并未涉及人自身的有机生命。外部的现实性虽然被构成为对象，但所给予的只是外部现象。内部的现实性却是主观的、无差别的、模糊的。这两种形式都不能形成通向有机作用的通道，唯有科学主要依靠客观方面向着这一通道摸索前进。但其进展缓慢，在一些基本问题上不得不承认某些假设。

我们没有理解生活本身的独特的认识器官，但有一个训练有素的理解事物的器官，因而对事物能获得精确的科学认识，对自身心灵的内在状态也有某种程度的理解。这样，我们至少对内心发生的一些事件有直接把握。心理学利用了这一点。对有机生命来说，不存在相类似的情形，它只有探索，从相近存在层次作探索，从较低级或较高级的存在层次作探索，从无机界或灵魂作探索。

这两条弯路带来了有关正在获得的存在领域之观点，并尝试着用有机物的范畴理解有机物。客观的观点主张按精确的科学方式解释所有这一切，主观的观点则主张按心灵生活的方式来解释。前者的解释是因果关系的决定模式，后者则是按目的关系的决定模式，因而直至今日，依然存在着对有机体作用的机械认识和目的论的认识。与此相应，有在两个方面形成的关于有机物的哲学理论。但这两个方面都错误地认为，在有机体中还存在着一种独特的规定形式，这就是上面已指出过的，由于素质系统所致的对形式构成过程的规定。一种特殊的事实情况适用于这种规定，即我们不必纯粹假设性地接受这种规定，而是在有生命的自然界的所有问题领域中以极其明确和坚决的方式指出这种规定，但依然不能认识其范畴结构。

人们若要解释精神素质遗传这一问题的状况，就必须正视上述事实。在这当中，科学只能在经验上接受这种遗传事实，而无法用精确的方法对此进行深究。从存在学上说，有决定性意义的不是科学水平对此能在多大程度上作出解释，而是在现象学基础上最终必须接受与考虑什么？可是，认识之界限并非就是存在者之界限。

这一观点对范畴分析极为重要。范畴分析必须在经验科学有缺陷之处寻找其范畴，当然不是凭着虚荣心，用大胆的假设确定地安排范畴，而是采取相反的态度，即承认范畴的非理性特征，并有意识地把这种特征纳入范畴的全貌之中。没有非理性的特征也许就根本没有存在范畴。就是著名的实体性和因果性原理在其内在本质方面也并不是可以完全认识的：实体（Substanz）究竟是什么？它在不间断的变化中是如何保持的？原因是怎样导致作用的？这些都是无法进一步说明的事情，但这并不妨碍人们依据这些范畴解释许多现象。素质系统特有的有机体的规定亦是如此：在这种规定中，人们不可能理解所有一切，但这并不妨碍人们能依据这种决定对有机体生命的某些基本现象追本溯源。世代交替中有机体特性的遗传就属于这种现象。与这种遗传同时的还有心灵和精神素质的遗传。

精神方面的一些陈旧理论使得人们不敢把一些非精神性因素纳入精神世界的结构之中。他们担心这样会陷入唯物论的泥潭。但倘若人们不是错误地在这里建立起一种偏激的非此即彼的关系，仿佛凭着一些有机体的组成要素，精神世界的所有一切就必定会依赖有机体似的，那么人们根本没有必要产生上述担忧。在精神生活不失去其特性和特有的独立性的情形下，各种不同的非精神性因素完全可以在精神生活中发挥作用。因为所有精神都存在于较广泛的世界联系中，并且以这种联系为基础。精神自身也包含着许多并非由它创造的、构成且又隶属于世界关系的决定性联系。然而，这并不妨碍它除此之外仍然具有自己的规定，并以相当明确的独立性抵抗低级的自然力量。

新人类学再次认清了这种联系。它为独立的精神生活留出了空间，又懂得把人类有机的存在层次与之结合起来。这点只有以某些存在学观点为基础才能做到。像那些唯心主义所维护的理论那样，绝对的自身建构的精神在这方面是做不到的。精神的独立性不取决于这类观点，因为它们是与现象相冲突的。我们在精神方面认识的所有独立性是在依赖性——并且是非常重要的、多方面的依赖性——中的独立性。否认这种依赖性就意味着在事实面前蒙上了双眼。只有从存在学的角度解释实在世界中不同层次间的基本关系，才能把这种依赖性与独立性联系起来。

五、世界的等级序列与层次结构

由此可见，人类学需要一种新的存在学，因为人类学已经以一种有机的哲学之前提为基础。但这种哲学若没有一种普遍性的存在学说便无法成立，它是知识体系的组成部分，如同其对象有机体是世界结构的组成部分一样。

在这方面进行探索，需要有一种关于世界结构的总体观点。当证实了实在的同一种存在方式包含着从物质到精神的所有一切时，这个总体观点的基础就已存在了。剩下来该做的就是，让范畴分析去弄清存在者的多样性形式，明确依赖性与独立性的相互交错关系。

形式的多样性显然构成了一个有等级梯次的领域，其排列顺序总体说来是众所周知的：事物、植物、动物、人类、共同体——也许更多，如包括了所有彼此共处、互相交替的民众团体的历史，就可紧接着排列于后。若对此进行更仔细的观察，便会发现其中的每一个存在等级自身又包括了一个完整的等级梯次序列，这一点在植物界与动物界最为明显。人们要是留心观察一下从原子往上直至宇宙系统的动力学结构的庞大序列，就会发现无机的自然界亦是如此。在人及各种形式的团体中，高度的分层变化显得更为隐蔽，同时也更无规律可循，但这种分层变化也确实存在着。

如果人们不想进一步以构成物的这种等级序列为基础，并且只是去寻找现存事物的范畴上的差异，那么马上就会发现，这种等级序列对于揭示现存事物的差异而言，并非是最基础的。现存事物具有异质性：人虽然也是动物，但不是植物；动物与植物都有物质性的一面。团体也不是人，但它包含人，并且从别的方面改变人，而团体本身却全然不同于人。这一点也完全适用于历史。因而人们有另外一种观念，它使人们能明确并合乎现象地理解各个存在者层次的范畴差异。

为此，人们可以不假思索地以笛卡儿的我思和存在者的二元论为出发点。这种二元论的目的在于区分范畴的领域。在这里不仅"心灵与身体"被置于对立之中，而且一个无空间的、在意识内容和意识行为的多样性中可把握的内心世界，也被置于与具有空间的外部世界相对立之中。这两个领域从其整个存在方式来看是全然迥异的，相互间也不会经常发生转变，它们的现存方式也表明了这种同样的异质性。正因为如此，笛卡儿能依据当时的概念术语，把这两个领域解释为具有"实体上的"差异。

事实上，这里所划定的关于两个领域差异的明显界线，并不表明这种差异具有"实体"的性质，而是表现了完全不同的范畴的基本规定，但这是次要的。重要的是，这些存在领域的对立并不是与上面列举的等级序列同时发生的。相反，这种对立贯穿于人之中，在一些高级动物身上，它看起来甚至像是打破了其存在的统一性。尽管人的心灵生活已高度展开了，但他仍很难单独拥有心灵生活。这条分界线实际上刻画出了人的两个异质的存在层次。在这个问题上，重要的恰恰是，这种层次的两重性绝不会取消人的统一性和整体性。

这仅仅是第一种考虑。两个存在领域还可以进一步划分。具有空间的外部世界本身划分成两个层次：一是事物与物理过程的层次；二是生命活动的层次。无空间的领域起先只被理解为意识的内在性，它自身含有一种别的层次对立，即心灵与精神的对立，这种对立当然并不是那么容易理解，事实上也是到了很晚的时候才被人们理解的。

后一种区别最好是从精神内容的共性方面加以理解，如语言、知识、评价及权利等内容的共性那样。这类内容超越个体意识，也永远不会在总体上转化为一种人的意识，因为不存在一种包含所有个体的总体意识。由此可见，精神内容的特征也不同于心灵现象，它属于另一个领域，具有另一种存在方式。这种差异并不是因为精神的实际交流、传递或概念上具有的客观特征才开始的，毋宁说是在个体意识中形成的思想转化成了这种客观性，并且由于它对各种思维的独特的普遍适用性而能为人所意识到。

当今的人们从青少年开始便在一个共同的精神领域中成长，在他们的意识中，几乎所有的内容都已构成并已转化为客观性，因而意识便摆脱了生命的束缚状态，自身成为精神意识。这样形成的意识与原始意识处于某种对立之中。原始意识由本能生活所决定，且仅限于为本能生活服务的范围。人们可以将它称为无精神的意识，它在成人那里中并未泯灭，而是在精神意识的背景中继续存在着。有时它会像火山爆发似地发泄出来，打乱精神的客观秩序。在孩子成长的早期阶段，无精神的意识占主导地位，高级动物亦是如此。毫无疑问，人的意识在其漫长的史前发展时期主要也是一种无精神的意识。

以这种方式，人们弄清楚了四个主要层次，它们涵盖了实在世界中全部存在的多样性。这些层次的差异性与根据异质对象领域一些最重要的区别而显示出来的现象领域的差异性相适应。与此相一致的是，科学也由此分化出属于相关现象领域的若干分支：生物学通过一条清晰的界线与无机界的精密知识领域[1]区别开来；紧接着，真正的人文科学（历史学、语言学、文学、艺术及法学等）又以其对象及方法等的不同，与心理学以及它的各个分支区别了开来。

正如科学知识的各个分支之间相互发生各式各样的关系，必要时还相互交错那样，其对象领域相互之间也具有关联性，其界线并非是不可逾越的。这点尤其适用于心灵与精神存在的边缘领域。就无生命和有生命的自然之间的关系而言，人们也不应采取一刀切的方法，教条式地划出一条界线，更不用说由这一界线而形成一条无法跨越的鸿沟。人们极易认为，在感觉器官与心灵之间还存在一条深深的鸿沟，这点至少可以从有空间的物质性与无空间的非物质性的巨大差异中得到证实。但是我们不能忘记，这条鸿沟只依赖于范畴的对立，而在人身上所具有的则是心理—生理的统一性，这种统一性表现在人的所有活动和经历中。

此外，从存在学角度说，划界不像特殊的层次类型本身那么重要。就是说，试图探寻对这些层次的任何一种理解都必然导向范畴。同时还可以得出：其中的每一个层次也都有一些独特的存在范畴，它们绝不会恰好与别的层次的范畴相合。正是一些占主导地位的存在范畴的差别将各个层次相互区分开来。所以，新陈代谢、同化作用和个体的自动调节及再生产，使有机物的存在层次明确地与物理—能量过程以及动力学结构的存在层次区别开来，因为后者自身不会再生产，只是以围绕着一个已形成的平衡状态而摆动的方式进行再生产，其暂时稳定并不是建立在持续不断的更新之上的，而是物质载体的惰性所使然。

---

[1] 指物理学。——译者注

此外，表现实在世界的这四种主要层次特征的还有，它们不仅不与存在物（物体、有机体、人等）的层次相合，而是正好与它们重叠；它们不仅是一个整体之实在世界的各个层次，而且本身也是存在物的层次。例如人，他不仅有精神，还有无精神的灵魂生活，也是有机体，而且是一种物体性的物质性的存在物；他会像动物那样无意识地对某些刺激做出反应，像动物那样繁殖，还像物体那样，会受到撞击与反撞击。再如有机体，它本身除了有活力外，还具有一般的物理方面的物质性，正因为如此，有机体的生命本质上存在于新陈代谢的过程中。从存在学的视角看，有机体毕竟只有两个存在层次，而人却包含所有四个存在层次。只要意识的出现为有机生命增添了另一个层次，动物王国的较高等级中便自然会出现三个层次。

并非只是人才包含所有四个存在层次，人的团体与历史同样具有四个存在层次。一个民族的统一性扎根于互相关联的不可分割的种族统一性中。人种混合的民族也不完全缺乏这种统一性。种族统一性在代际更替中往往建立在人种的遗传保护的基础上。在代际更替过程中，通过素质的不断混合从整体上保持了平衡。这种种族生命就其自身方面来说，是由完全充分的物质条件所承载的，也只存在于这些物质条件下，它才能获得延续。个体意识是建立在种族生命之上的，而意识又是共同的精神生活的载体，一切创造性、各种团体的组织和所有的历史活动都以共同的精神生活为基础。存在层次的这种重叠并没有破坏人类的共同性，也没有使它处于异质状态。其实种族的统一性本身就是一个复杂的有层次的整体，只能从各层次的关系中加以理解。

历史的过程也是如此。围绕历史已有许多争论，特别是关于"历史是由何种决定性支配的"这个问题的争论。一些理论几乎总是陷入极端化。它们不是用因果性的观点解释人类历史的发展，就是将历史的发展归因于由人们提出并积极地使之成为现实的观念的决定性作用。两者都可列举出事实，但它们都是片面的。人们或者陷入历史自然主义，或者陷入历史目的论之中。事实是，决定性的两种形式在历史进程中是遮盖着的，经常交错的。但这也不够，因为除了它们之外，有机的决定性也在其中发挥作用，且在许多问题中起着相当主要的参与作用：所有力量的展开、扩大，所有才能以及所有堕落都取决于它们，因此，人们应习惯于把所有历史进程中的决定性力量归属于各种不同的层次。在这里，所有的一切都取决于对其相互交错的正确理解。

实在世界的各个层次不仅在世界的统一性中相互交错着，在较高层次的存在物中也相互交错着，也即是较高层次的存在物总是包含着一些较低的层次，这种关系显然不能颠倒。没有原子与分子，有机体无法存在，但原子与分子没有有机体却能存在。人身上有各种存在层次，把人片面地理解为只是一种精神性的生物，就成了一种空洞的概念。在实在世界的一些最高存在物那里，世界的整个层次结构以缩小的形式再现着。正因为如此，它们起着如同小世界那样的作用，并且也被某些哲学理论理解为微观宇宙。顺便提一下，得小心对待这种类比，它会导致相反地按照人的类比去理解世界，结果导致人神同形同性论。应当恰如其分地运用类比，对此当然还得另作思考。

至此，我们已成功地把存在各层次的特性与按层次秩序排列的各种存在物明确地区分了开来。不作这样的区分便不能理解范畴结构的差异，不然的话，便总是无法搞清楚，为何事物、植物、动物和人等，其中一部分具有相同的结构，另一部分的结构却全然不同——不是纯粹的存在等级上的差异，而是根本的异质性和不可比性。世界是由极其多样的实在存在物构成的，为使这种多样性的实在存在物服从一种理智的统一性假设，而否认上述这一令人惊讶的事实，是愚蠢之举。这些现象是无法改变的，理论只有"正视"这些现象才能站得住脚，不然便成了歪理。

这里，有待于理解的恰恰是这种情形：最深刻的异质性也不排除否认内部联系的统一性，这点不仅表现在实在存在物的各个层次中，也表现在世界的整体之中；反之亦然，即统一性的各种形式会随着多样性和异质性的提高而提高，较高级的存在物（诸如人及其集体）具有较高统一性的形式。统一性的"高度"恰好在于把较大的、根据层次高度日趋复杂的多样性结合到一种总体结构的整体之中，所谓总体结构也就是较高秩序的结构。

倘若实在存在物的各个存在层次不具有共同基础，上述情形是不可能的。但如果有这样的存在层次，它们与存在物的各个层次相互交错，而且如果存在物的层次越多，它也越高级，则上述情形就是非常可能的。最低的那个层次是单个层次，紧接着的那个层次是两个层次，最高的层次包含所有层次。所有存在物，不论属于哪种层次等级，都是"自下而上"分层排列的。因而，当它们都包含有同样的基本层次时，即最高的层次也与所有较低的层次一起分有其内部结构中的其他层次时，它们是均质的。

由此，世界结构的重点便由存在物的等级转到层次。对此有必要从存在学上作进一步的探讨。在这方面有两个任务最重要：首先是说明单个层次的基本规定，即层次的范畴；其次是确定它们相互间的关系。前者涉及的是较为狭窄的范畴分析，主要与各层次范畴的不同点有关；后者涉及的则是层次分析，主要探讨各层次之间的关联性。由于存在层次在所有较高的存在物中是重叠的，因此有必要揭示这种重叠的模式。与此同时，还得找出各层次的界限关系，因为这种关系绝不是到处都相同的。

从程序上说，这两项任务在研究过程中绝不能截然分开，而必须同时进行。事实上，无论层次的关联性还是层次的界限关系，都依赖于范畴，后者对它们起决定作用。由于单个范畴决不是轻而易举就能揭示出来的，所以蔓延于层次界限中的各范畴间的关联性便成了揭示范畴的一个主导性指南。因而，人们必须首先设法寻找那些所有层次都共同分有的范畴。这些范畴具有一般的存在基础之意义，它们同时构成了世界层次结构中持续不断的连接线。这些连接线应当被看作基础范畴。

由于存在学担负起了这样的任务,它就必须避免产生一些错误做法。哲学自古以来就在探究存在范畴,尽管哲学一再给它们下了不同的定义。在哲学中,关于世界的分层并非是新思想。事实上,有些范畴较早已被发现了,后来的研究在丰富经验的基础上证实了所发现的范畴。尽管如此,若人们问,为什么仍有许多先前认为是有把握的东西,后来被证实是错误的,以至于现在只具有引以为鉴的作用了?对这个问题不能简单地用一个原因作答。原因是多方面的,因为有许多错误的根源,这些根源也有待于揭示出来。不然的话,人们还会重蹈覆辙,这点是不言而喻的。

这样一种预备性工作就是批判的任务。于是便出现了新存在学的另一个基本特征:它不同于旧的、教条主义的存在学,必须成为批判的存在学。假如它仅能部分地证明这种要求是正确的,也必须至少为这种要求开辟道路,并且走这条路,以便在随后的工作中进一步对其进行修正。

在这里,人们会不由自主地想到康德在批判方面的开拓作用。起到这一作用的正是他的《未来形而上学》。但是,康德的批判是一项纯粹认识论的工作,他所划的界限也是普遍性的;他指出了奠基于现象之上的"客观有效"的认识之局限性。这一点是不利于存在学的。这并不是说,存在学不满足于康德称之为现象的东西(康德把现象等同于"经验的实在性"),只不过是说,脱离所有经验的东西是无法认识的——新存在学不是一种思辨的形而上学。康德哲学划定的可认识性界限就像适用于任何一门严肃科学一样,是完全适用于思辨形而上学的,但存在学并不满足于这种界限。纯粹认识论的批判对存在学来说,是远远不够的。除纯粹认识论的批判之外,存在学还需要另一种批判。

这另一种批判是从对象出发的。它涉及的是获得与保证这样一种关于范畴的观点，即认为范畴实际上是与世界的层次系统相适应的。然而，这不是轻而易举就能达到的，因为这种批判涉及内容方面的东西，所以它必须对每一个范畴单独划定界线。这自然只能在内容的范畴分析本身中进行，这本应是一项预备性的工作，但被卷入真正的主要研究之中了。

不管怎么说，必须首先确定这另一种批判的一些准则。根据这些准则，我们可以在这条存在学新道路的困难与可能性之中，明显地看到它的特征。

六、旧的错误与新的批判

这里暂且不对有关范畴的错误百出的理解和使用作深入的探究，而是要以一个非常古老却一再出现的偏见为例来揭示这究竟是怎样一种错误。

古代原子论最先提出了物体的物质结构及其特性与变化的理论。它是以两个相互补充的原理为基础发展而成的，这就是"原子和空间"的原理。它们被证明是经得起考验的，在后来的许多理论中一再出现，稍加改造，甚至还保留在当今的物理学中。但就是古代原子论也不只局限于这两个原理，而是把所发现的扩展到其他对象领域，如有机生命和"灵魂"之中。正因为如此，古代原子论陷入错误，变成了唯物论。[1]

当然，说灵魂由原子组成，与一些物体在同一空间中运动，仅仅是一种断言罢了。心灵生活中的任何现象，无论是最简单的感情、激动或设想都不能用原子论来解释。"原子与空间"这两个原理适用的领

---

[1] 指简单地用原子和空间原理解释各种现象的朴素的、机械的唯物论。——译者注

域是有界限的，超越了这一界限，它们就被证明是无能为力的了。人们用这两个原理无法解释不同于物质的现象。令人惊讶的是，尽管如此，唯物论居然作为一种理论保持了下来。在18世纪启蒙运动时期，它还发挥了广泛的作用；甚至19世纪时，在"物质与引力"等学说中它仍然发挥着作用。[1]

在亚里士多德哲学及直至近代所有追随者的理论中，我们都能发现这种超越界限的现象，只不过这些现象的征兆恰好相反。表征人的行为的目的关系扩展到世界的所有过程之中，当然也包括延伸物理变化的过程，其结果就是一般的目的论。如同在唯物论中最低级存在层次的范畴会转到较高的存在层次一样，在这里是最高存在层次的范畴转到较低的存在层次。这种情况下，转换的作用当然恰好相反。倘若人们相信在自然过程中有一个合目的性活动的原理，则很容易用该原理"解释"许多无法理解的关联性。糟糕的是，这种解释是随意的，经不起批评。合目的性活动以一种设置目标的并积极按照目标行事的知性为前提。人们必须假定这种知性或者是置于事物之中，或者是控制着事物的。事实上，这种解释方法也一再通向有神论的——或者至少是泛神论的——观念。

这种"往下"方向的划界——为有别于唯物论的"往上"方向的划界而这样称呼——绝不是仅与目的范畴有关，而与精神的所有范畴（心智、理性、意志及评价等）相关，它是一系列形而上学体系的东西。形而上学体系把"精神"当作整个世界之基础，并试着用这些范畴解释所有一切。在这方面，谢林、黑格尔和一些著名的经院哲学家们非常接近，尽管他们在别的方面是对立的。形而上学的这种解释方式的作用也是到处相同的，它很容易获得一个统一的世界图景，只不过并非是实在世界的图景。这或多或少表明是与现象相矛盾的；因为

---

1 这主要指19世纪牛顿物理学的成就和方法在天文学和天体力学方面产生的深刻影响。——译者注

现象不容抹杀，这便意味着一些世界图景的毁灭。

此外，这里所涉及的错误还具有普遍性。范畴不仅从最低或从最高层次随意地移用到别的层次，也从中间层次移用到别的层次，因而便有生物学主义，它从器官学角度解释所有存在者（如人类团体，甚至宇宙系统）；此外，还有心理学主义，它想从心灵状态与变化过程出发解释整个精神世界。人们也可把心灵东西的移用放在"往下"的方向。莱布尼茨的形而上学就是如此。其单子论的原则就是取自心灵统一性的现象，然后以分层形式将它转到其他较低级的层次。

在这类错误的例子中，值得关注的是，它们往往以一个被完全合乎实际地理解的原理为基础，也就是说，在那个发现原理的对象领域是合乎实际的，这个原理的表达从起源上说也适合于该领域。这个错误的原因在于普遍化。从认识理论角度甚至可以这样说，错误的根源在于原理的运用不当，原理被运用到与发现它的领域不相干的一些领域，甚至被运用于一些根本没有发现原理的领域。人们在运用原理时往往超越存在者的层次界限。

除这类错误外，也许没有其他更具有人为性的错误了。历史上一些最有成就的人恰恰也无力对付这种错误，这是可以理解的，因为他们是伟大的发现者，似乎是发现者的运气把他们从其发现的有效范围中拽开了，于是便觉得自己在某个存在层次中所发现的东西似乎也适用于所有别的层次。这里肯定也是一种可理解的倾向在起作用，这个倾向就是尽可能统一地去看整个世界，仿佛允许人们从一些相同的原理出发去理解所有存在的层次。我们可以把这种倾向称为一元论，它意味着一种有利于简单化的偏见。

然而，实在世界并不是这样的，它的多样性不应当被忽视。如果人们不作任何较为充分的核对，就把某一存在层次的范畴转移到一些较高或较低的层次上，就在思想中把世界简单化了，并由此而混淆了世界图景。这种错误是不难理解的，特别是在尚未从范畴上搞清楚相邻层次，并且通过相邻层次某些现象的相似性导致人们去适应它的时候。然而，这种范畴转移是一种危险的想法，它很容易导致歪曲整个存在层次。在有机规定性的情况中便是如此，它已说明了为什么它形成了如此令人捉摸不透的谜团：理论总是准备很快地填补不为人所知的空白之处，填补的方式是"自上"或"自下"借用一个原理，且不假思索地填补上去。"机械论"把因果关系移用到有机体中；"活力论"把目的关系移用到有机体中。两者都认为由此便解决了问题。

但是，这并不意味着每一个范畴只能局限于唯一的一个层次。这一点在最后一个例子中能很清楚地看出来。毫无疑问，在有机变化过程中，都存在着一种简单的因果关系，因而在此运用因果原理也是合适的，尽管这一原理出自较低的存在层次（无机的存在层次）。但是倘若原理的移用要求从素质系统出发，用这种因果关系研究一种生成过程的规定性特征，则这种移用就是错误的。这是不可能的，因为素质的可能性特征要求一种不同于因果关系的规定形式。

因而这里得谨慎处置。就所有范畴而言，人们不能一概而论地将其适用范围局限于那个它们的被发现的存在者层次，那些它们在现象上最可把握的存在物。还存在着从一个层次到另一个层次的真正存在意义上的范畴扩展。但这种扩展并不是任意的，而是与某些确定的层次关系相关联的，毕竟它在每一个范畴或一些较为密切的范畴群中是不同的。人们没法轻而易举地从外表看出在某一领域发现的范畴是否应该局限于这一领域，或能否扩展至相邻的层次，必须首先对各种情形进行研究。这意味着必须分析相邻的存在层次，搞清楚它们是否也包含同一种范畴。只有这样，才能有效地避免超越界限和由于人为的简单化导致对世界的歪曲这一根深蒂固的错误。

人们可以看到，由此提出了一种新的批判要求。如同康德的批判那样，这种批判也是一种对"客观有效性"的界限确定，在批判中有待限定的有效性也是那些所发现的范畴之一。所不同的只是，所确定的界限不能一般地延伸到所有范畴，而必须单独为每个范畴确定界限。另一点不同是这种批判不是针对认识，而是针对存在的。存在层次的特性及其彼此间跨范畴的关系决定一个范畴的作用范围。就此而言，新批判的要求其实从方法上说也不是一种认识论的需要，而是一种存在学的需要。

对于世界的层次结构来说，这种批判意味着为存在于其中的一致性与多样性关系获得了一种客观标准。一些形而上学体系对这种关系作了过于简单的理解。在它们那里，因为各个存在层次的异质性表现为某种混乱的和无理的东西，因而便无限制地服从理性的统一性要求，把在一个局部领域获得理解的东西不加批判地一般化了。从精神层次到较低层次以及从物质层次到较高层次的范畴移用，乃至偏面的世界图景的所有中间层次的范畴移用，都是如此。人们甚至可以这样断言，这种情形适用于曾经出现过的所有形而上学，因为实际上思辨体系无例外地分成两种类型："自上"的和"自下"的形而上学。借助于一般化，世界变得一目了然了，同时也变得合理性了。人们能够把一度发现的东西作为普遍有效之基础，并由此进行演绎，形而上学因而成了演绎系统。

正是这种演绎系统使哲学失去了科学行为的牢固基础。所有这些系统都不堪一击，只有短暂的生命，其基础也证明是站不住脚的，那些被一般化的范畴承载着超过其能力的过重负荷。新存在学倾向于消除所有这类演绎。要达到这一步，必须同时消除这类演绎的前提及范畴被一般化的起因。这是一种分析的方法。这里所说的分析方法还有一种新的含义：必须对范畴本身进行推论。所以存在学的新道路并非从范畴出发往下分析，而常常首先是往上对范畴作分析，且往上分析的基础始终是那些被显示出来的东西，即非假设性的东西，假设本身首先就需经存在物证实。

那种把整个世界理解为自身统一和均质的一元论的理性需要，用这种方法当然是得不到满足的。但实在世界真的如理性要求所希望的那样均质吗？实在世界难道真是那么合乎理性，以致人的理性在其理解世界的意向中得信任它自身的需要？只要人们相信，一种可比较的、仅被提升到绝对的理性创造了世界，那么这种信任至少是有意义的，尽管这样说要冒一定的风险。失去信念会变得完全无意义。理性的统一性需要本身证明只不过是一种幻想罢了。

此外，倘若人们反其道而行之，否认世界具有的所有统一性，这同样是荒谬和武断的，也根本没有理由这样做。世界如其所是的那样，当然有其统一性的特征。只不过是这种特征不像世界所具有的多样性那么明显罢了，它自然也不同于理性所倾向于去建构起来的那种特征；人们不能根据单个对象的类似性，更不能通过否定多样性去理解它，因为无论这种特征可能具有何种性质，它也必定存在于多样性的统一性中。所以可以想到，把个别范畴群普遍化去理解世界统一性特征，是最糟糕的方法。各层次范畴的异质性肯定会在寻找世界统一性时的各种情况下保持着。

在这里，重要的是要搞清楚，统一性可以存在于异质性的存在层次中，它无须成为一种原理或一种起源的统一性——如柏罗丁（Plotin）所想的那样，也无须成为几个原理的统一性。它可以存在于某种结构的统一性中，或者存在于某个不间断的秩序中。这样的统一性可以与更广泛的异质性相一致，当然人们不可以先验地建构它，不能将它置于范畴分析这项工作之前。相反，这种统一性恰恰是从范畴分析中得出来的。

在这方面，存在学有着良好的前景。人们可以这样说，存在范畴的建构从最初的步骤开始就明显地无意识地导向这样一个世界统一性的图景了，仿佛是导向它的建筑设计图。这是因为，认为世界是一个层次的王国，在其中的较高层次的存在物中能重新找到所有较低层次的存在物，这种观点便清楚地预示了如同有法定秩序的整体那样的统一性。

倘若人们想进一步确定这种秩序的特殊方式，也是有办法的。为此必须设法搞清楚各层次间的相互关系，尤其是其叠加形式，因为只凭单纯层次的相互交叠说明不了什么问题，而是应该涉及各层次间是否以及在何种程度上相互依赖，依赖的方式如何。显然，若能成功地证明这里的关联性，由此也就会了解实在世界的一些统一性特征。

但人们不能采用不同于确定范畴关系的方式来确定层次间的关系。尽管人们在确定层次间的关系时反思的并非是范畴本身，但倘若要对相邻的两个存在层次相互进行比较，那就需要使用这些范畴。比较正是在一个及另一个层次的具有典型性的基本特征之间进行的。若要评判两个层次叠加本身的关系，或者两个层次的独立性的界限，仅这样一般地意识到它们的基本特征是不够的，有必要在其本质特征中理解基本特征本身，这意味着得进入两个存在层次的范畴分析。

新存在学的所有关系就是这样导向范畴学说的。扩展的批判之任务和在本体论对象的范围内对可认识界限的新的确定、存在者多样性中同质性与异质性的关系、存在各层次的特征、其边界关系与条件性、实在世界的结构与统一性，所有这些都与存在范畴及其跨范畴的联系有关。因而，建构起这些范畴，并尽可能地把它们作为一个相互联系的整体来理解，这不是存在学的部分任务，而是它的全面的总任务。

七、基础范畴的变换

对范畴本身的分析不能在一个简要概括的框架中进行，必须深入到个别范畴，这样便构成了一门完整的科学。人们还可以补充说，这门科学今天仍处于开端阶段，特别是就往上发展而言。在一些较高层次上，暂时还几乎没有取得有价值的结果——如果忽略一些基本原理的东西，这些原理当然是重要的，但它们更多的只具有程序化的特征。

尽管自古以来，所有体系化的哲学都致力于建构范畴，因为在所有这些哲学的形式中，都有突破一切达到一般的和尽可能根本的基础这样一种倾向，但是，它们所发现的，大多是真正范畴方面的素材。从某种意义上说，哲学史表现的是想把世界纳入范畴的各种尝试。但这些尝试并非为了范畴本身而进行，因而在通常情况下缺乏确定的精确性。但不管怎么说，在多样性的哲学经验以及一再进行的批判中，存在着所做工作的某种基础，至少在最初的确定方向时，人们可从中获取许多东西，如可以联系这种历史素材，挑选出许多在当今人们的思想中已相当熟悉的例子，并借助它们开展基础性的探讨。

倘若认为一些单个的存在层次具有其特殊的范畴系统，它们的一部分可以在未做仔细研究的情况下被移用至其他的存在层次，这点人们在历史上至少能找到部分证据，同样也能在历史上找到事先构成的一系列基本范畴，这些范畴普遍适用于所有层次。最为人们熟知的是那些作为物体世界的范畴，如空间与时间、过程与状态、实体性与因果性。不太为人知晓的是在同时性中各种过程的相互影响（康德称之为交互作用）；同样的范畴还有动力结构与动力平衡。生命世界的范畴明显地从上述这些范畴中显突出来：有机结构、适应性与合目的性、新陈代谢、自我控制、自我再塑造、物种的生命力、物种的稳定性与蜕变。这两组范畴并不是持续不断地相互转变的，它们相应于所属的两个存在层次，明显地构成了两个不同的范畴层次。下述这些范畴在心灵中起着相似作用：行为与内容、意识与无意识、兴趣与无兴趣。在精神领域起作用的范畴大致为：思想、认识、意愿、自由、评价及个性。属于后者的尚有历史上超越个体精神生活的一些基本准则，这些准则不易把握，也无法用上面的一些概念来表达。

这都是一些例子，单凭它们自然不能提供一幅各层次的图像。但从这些例子中能看出两点：第一，范畴的层次明确地归入存在层次；第二，每个层次的范畴具有内在的同质性与关联性。显然，并不是单个范畴规定现实中的某些特殊类型，别的范畴又规定别的类型，而是某一层次的所有范畴共同起规定作用，共同参与对所有特殊类型的规定。例如在现实的精神生活中，思想、认识、意愿及评价并不是分开出现，而是一起出现的，尽管在一些行为中已分成多种层次了。层次联合体构成了一种不可分的统一性。因此，根本不可能理解某一单个的范畴。当孤立地看待范畴时，就只能获得一种片面的乃至歪曲的理解。许多从这种孤立观点出发的哲学探究都有过这种经历，而所有成功的探究都取决于整个存在层次内出发点的广度。

第一点所涉及的，即存在层次与范畴层次的归属，尚未由此把最终的意思表达出来：如前面所说的，不仅存在着某些范畴向别的层次蔓延的情况，在范畴的层次序列中还存在着"向下"延续的情况，即向着再也没有可规定的存在层次与范畴相适应方向延续。这种延续构成了基础范畴。基础范畴的这种特殊地位并不包含矛盾，因为它显然也有一个它所涉及的存在领域，这种领域不仅存在于单个的存在层次之中，而且存在于整个层次序列之中。它们是所有层次共同的范畴。

从各方面来说，这些基础范畴具有特别的重要性。首先，存在层次的关联性与它们彼此相连——也就是说，不是通过连续性或相邻接，而是通过某些贯穿于其中的基本特征的同类性从内部彼此相连。在这些基本特征中，借助所有层次的多样性，同质性的特点在基础范畴中通过所有层次多样性而成为可理解的了。与此同时，某些世界统一性的特征也变成可理解的了。不仅如此，就连某一层次的范畴是怎样的以及在何种条件下延伸至其他层次的方式，也最容易在这些基础范畴中显示出来，因为基础范畴是贯穿于所有层次的范畴。就此而言，批判的问题也取决于基础范畴的构建。

但就内容而言，这些基础范畴仅表现了很小一部分的规定性，这是由其较高的普遍性所致。因而，只有当人们追寻其经由所有层次的整个变化过程时，它们才会被具体地理解。初看上去，它们起的作用似乎不言而喻，相当平常。事实上，在我们的生活中，我们对它们所起的作用并不陌生，只不过我们没有注意它们罢了。哲学的思考正是始于在习以为常的事情中揭示神秘的东西。

属于范畴的是这样一类东西：统一性与多样性、一致与冲突、对立与单向、断裂与连续、基质与关系、要素与结构；此外还有：形式与质料、内部与外部、决定与依存。就连同一与差异、普遍与个别这些质的对立也属于范畴。同样还有一些情态范畴：可能性、现实性、必要性及其否定的对立面。

其中的每一个范畴都经历了整个层次序列，并且在从某一层次到另一层次的过程中发生变化。有机体的统一性有别于物理实体的统一性；生命过程的统一性不同于能量过程的统一性。不同的统一性还有：在状态与内容变化过程中意识的统一性，个人在其行为的多样性与命运中的统一性，一个民族、一个国家或其他集体形式的统一性。多样性的变化也与此相适应。此外，随着统一性的提升，多样性不会减少，而较高层次间的差异反而增大。因而较高类型的统一性得包容更大的、更为丰富的多样性。总体说来，较高类型的统一性包容多样性，不像较低类型的统一性那样从整体上完全包容多样性。

其他的成对范畴也有着类似变化，绝大多数成对范畴在较高的层次中得到了增强。例如冲突（不是被理解为仅存在于思想中的矛盾，而应被理解为与现实不相容）和摆脱冲突的一致性的形式（和谐、均衡）就是如此。在物理过程的层面上，冲突只是一种力量的对抗；在那些相对稳定的东西（如原子、太阳系等）中，这些对抗的力量被带入了这样一种关系之中，在其中它们相互保持均衡的状态，一种简单的那些对抗力量起作用方式的法则已足以维持这种均衡。但在有机体中，依靠法则就不足以维持均衡，在这里是过程的所有类型彼此对抗

（同化与异化），而均衡需要来自内部的积极调节，且这种均衡也不是无限地稳定的，在个体的年龄与死亡中可以找到它的极限。然而，在较高级的层次中又会出现均衡，新个体的再生抵抗了旧个体的死亡，这样，某一类的生命总体经过个体之变更得以延续。在精神生活中则会出现最剧烈的对抗形式。我们可以在利益冲突、社会阶层的斗争、民族的权力要求以及个人的道德冲突中认识这种对抗。在这样的对抗中维持和谐的既不是自然法则，也不是来自内部的自行调节，而是在人的自由中得到调整的。人首先得寻找均衡的方式。

人们可以用同样的方式追寻贯穿所有层次的基础范畴。只有通过这种观察方式，才能了解基础范畴的完整意义，因为只有通过一系列变化，基础范畴自身的内容才能充分显露出来。为了能更充分地了解这个问题，这里再举两个关于这种变化的例子，其中每个例子都以它的方式对各层次的关系问题富有启发。

第一个例子涉及的是我们早已熟知的形式与质料之对立。这里指的并非是按照最古老的形而上学的质料原理所理解的那种绝对、最终和不可分解的质料，同样也不是亚里士多德所认为的那种处于起统一作用的形式。作为范畴，形式与质料的区分是完全相对的，甚至是这样的情形：每种形式本身又是较高形式之质料，每种质料又可能是较低层次质料之形式。这样出现的顺序是一种形式的逐步递升，每种形式又是高于它的形式之质料。自然界就相当明确地依照这种逐步递升的原理构成。原子是分子的质料，其本身又是一种被形式化的东西；分子是细胞的质料，细胞本身又是多细胞生物的质料。但这种形式递升的秩序并不是持续地进行的，也不是畅通无阻地达到实在世界的整个层次结构，而是会出现停顿，从而中止形式的递升。例如在有机体与心灵的交界处的情形就是如此：当有机体吸纳原子和分子，并从中形成新形式时，意识却排斥各种有机的形式，同时让它们处于自己后面。心灵生活本身虽然也是一种被形式化的整体，且完全是一种较高的形式,但它不会成为超越有机体(或其部分)的形式,而是与有机体一起开始形成一系列新形式。对这些新形式而言,带有物质形式和过程的身体生命便不再是质料了。更高一个层次,即心灵与精神的交界处的情形亦相似:心灵活动不会作为建筑材料[1]进入客观的精神内容之中。客观精神内容是脱离心灵活动的,并且具有一种历史地超越个体的存在方式。

由此可见,构成世界的形式之巨大的多样性不会形成一种形式递升的简单系列。这对于理解世界统一性中包含的异质性特征大有益处。从范畴角度可这样表述:在所谓(两个范畴)的交界处而不是在较低层次的形式中,会出现作为质料的新基质。在这里,基质范畴——不是意味着某种纯粹相对的东西,而是意味着一种绝对终极的、不可分解的东西——在某种程度上代替了物质范畴。

另一个特殊变化的例子是成对的范畴:决定性与依存性。两者尽管只构成一种唯一的关系,但在这一关系中却有两个不同的方面,这是可以证明的:与决定性相比,我们对依存性知道得更多,对它的不同类型也了解得更多。决定是主动规定的要素,是关系中被遮蔽起来的内部的东西,而依存却在现象中表现出来,具有更多外部的对立部分。

在这里,人们不能匆忙地联想到因果关系。原因与结果只构成许多决定形式中的一种,可以用理性原理来精确地表达这种普遍的基本关系之特征:世上若无原因,就什么也不会发生。在思想领域(作为认识根据)以及数学关系中(如在欧几里得证明程序中)都有这种关系,但在这两种情况中都不是因果关系。事实上,决定性的一般法则仅仅说明世界绝没有偶然存在之事,所有一切都与条件相关。只有在条件成熟时,事情才能发生。满足了所有条件,也就构成了充足理由,于是事物的发生便不可避免了。

---

[1] 即质料。——译者注

决定与依存在各层次中的转变对存在学具有重要意义，因为在每一个较高层次这种基本关系便具有新形式。决定性关系的特殊形式或类型构成了各范畴层次的最重要部分。从最低层次开始，在层次的递升中存在着后一层次对前一层次的依赖性。递升过程中的每一阶段同时既是前一阶段原因作用的结果，又是对随后出现的阶段起作用的原因。这种阶段系列构成了所谓因果系列。原则上说，这种因果系列是无始无终进行着的，因而导致了"第一环节"的二律背反。

除这种因果关系之外，在同一层次还有同时性的交互作用。其含义是：因果系列的推进并不是互不相干的，而是相互间存在着某种交叉联系。在推进过程中，单个过程汇入总过程的整体之中。在这个总过程的整体中，各部分的作用任何时候都由各个交叉环节的所有要素共同决定。

就较高的一个层次而言，即在有机界中，还会出现一种新的决定形式。它表现在部分作用彼此间的合目的性上，表现在整体的自我调节以及个体的自我再塑上，这样的进程受一种素质系统的控制。在这里，部分的产生是由整体规定的，我们不知道这种规定的内部结构，暂时还无法认识有机体间的关联特征，因此，人们试图把它理解为复杂的因果性或合目的性，但两者都缺乏有力的证明。

心灵活动的决定形式的内在本质同样也未被认识，在这里，人们也想把所有一切都归于因果性，但这是不够的。也许在心灵行为的发生和进行过程中存在着起因，但一些最简单的心灵反应特点不是由此产生的，更不用说心灵生活自发的固有倾向了。在此，我们也仅认识一种特殊的依存性特征，而无法说明所附属的决定性的形式。

对高级的精神存在层次我们了解得较多。在此，我们至少认识一种决定形式，即合目的性。这种决定形式涉及包括道德意愿与行为在内的整个意识领域。目的关系并非是因果关系的简单颠倒，其结构显然要复杂得多。我们可以将它分成三个阶段：确定目的、选择方法及通过方法使目的成为现实。前两个阶段是在意识中进行的，第三个阶段是在外部世界中进行的实在过程，选择方法实际上是一个特殊的环节，因为方法的选择是从所确定的目的出发往后倒退到第一个环节，由此开始目的的现实化过程。这种方法的倒退决定之特点使得目的过程由终点（目的）所决定。

在精神生活中还有一些其他的决定形式，其中之一为价值决定。价值不是以一种必要性，而只是作为一种要求决定意志。意志无须服从要求，但又无法消除要求本身。还有另一种决定形式用以补充要求，这就是意志的自我决定。借助于这种自我决定，意志能决定赞成还是反对要求。我们习惯于把意志的自我决定理解为意志自由，并借此想指出一种条件，在这种条件下，人与人之间只存在可归责性（Zurechenbarkeit）与责任性。但在日常生活中，我们通常把一种不确定的观念与意志的自我决定相结合。自由看起来就是一种可供选择的、开放的东西。但这对意志与行为这一伦理学问题恰恰是远远不够的。自由意志并非是无足轻重的，而是"决定性的"，是意志中一种积极决定的要素，而这正好是最关键之处。从本体论上说，所谓的意志自由中包含的恰好是一种新的、独特的并且显然是较高形式的决定。意志自由是一个巨大的问题，围绕这个问题的理论与观点争论不休，它所涉及的并非是这样的问题：意志是否可以有一个不受限定的活动空间；而是另一个完全不同的问题：意志的独特决定怎样能够与较低类型的决定性共存。

八、实在世界的层次规则

所举的例子在这里只能简略提及，但通过这些例子，人们对基础范畴在世界结构中起何种作用有了较为明确的了解。人们一旦接触到了基础范畴无法估量的多种变化，并发现它们在存在者的层次序列中同样起着一种既有联系又有差异的作用，发现它们规定着整体的统一性与联系性，同时也规定着不同层次的异质性，那么，认为基础范畴是不言而喻的事这种最初印象就会顷刻消失。

此外，从这些例子中还可看出，之所以产生存在层次间的联系，主要是由于基础范畴贯通于一些较高结构的领域；这种贯通又是与存在层次自身不断的变化联系在一起的。当每一个基础范畴在层次的变更过程中再现时，它是吸纳了该层次之特点的，因为很显然，每一个存在层次都有其自身的范畴系统，其组成部分相互间极其紧密地联系在一起。某个层次的范畴在决定其具体内容时不是各自进行，而是共同进行的。当基础范畴进入这种共同决定的层次范畴之联合体时，便吸取了该联合体的总的特征，并发生与之相应的变化。在一个新陈代谢、自我调节、自我再生和调适起支配作用的存在领域中，与在一个过程、状态、实体和数学规则起主要作用的领域，统一性的形式和对立、和谐、持续性与决定性的类型是不同的。层次的特性影响到连贯性的要素。

情况若果然如此，那么，一个独立性的要素就必定会与单个层次中的连贯性要素相遇。人们若要确切地理解层次间的关系，就必须如那些要素的贯通那样，一般地规定这一其他要素，并力图借助层次范畴的一些例子来揭示它。在这方面，基础范畴的变化也提供了许多材料。在统一性的上升系列以及与之相应地增加的多样性种类中，人们可以清楚地看到如何逐个层次地出现全新之事，即如何出现一种范畴的创新，以及它是如何超越较低级的多样性类型的。在决定性类型的系列中，可以特别明显地看到，较高类型的决定性绝不可能在较低类型的决定性中出现。在有机体的发展过程中，素质系统的预见功能并不是在因果关系中出现的。目的之确定及在有目的之行为中对方法的循环选择构成了一种对于目的和有目的之行为来说是全新的事情，即范畴的更新，直至形成意志的自我确定。在形式不断超越递升的过程中，这种范畴的更新通过形式间的相互改变最明显地表现出来，在不能进行形式改变（Überformung）时，则往往通过"越界构造"（überbauen）表现出来。较高的形式类型——与之相对的较低形式类型就成为质料，或者甚至降低为支撑性的基础——的出现本身，正是体现了这种更新。

层次范畴间的关系更清晰地表明了这同一图景。对于物理变化过程及其数学—量的规则，自我调节与自我重构表现了一种显而易见的更新；同样，对于有机体的发展过程，心灵生活的行为与内容表现了一种显而易见的更新；而对于心灵生活的行为与内容而言，摆脱了个体心灵行为而存在的和历史上延续下来的共同精神生活的内容，如语言、知识、权利与道德等，又是一种更新。

基于这种理解，人们可以毫无困难地把这种决定层次内容的关系之规则概括成几个要点。由于这里涉及存在层次中的一些原理，这些规则本身只与范畴相关，并且首先与范畴的分层规则相关。由于范畴除了具体内容外不具有一种特殊的存在，因而其规则正好以这种方式最明显地与存在层次关系本身有关。

（1）在层次的所有重叠中，始终存在着一些再现于较高层次范畴中的较低层次的范畴，却从来没有再现于较低层次范畴中的较高层次的范畴。范畴从一个层次延伸到另一个层次，始终是往上而不是往下的。

（2）各范畴的再现始终是一种有限制的再现。这种再现不适用于较低层次的所有范畴，也不是条件地延伸至所有较高层次，在一定的层次会中止再现。

（3）在向高层次的延伸过程中，再现的范畴会发生变化。它们会受到较高层次的特征的改变，唯有范畴的基本要素始终保持不变。

（4）较低层次范畴的再现不会形成较高层次的特性。较高层次的特性始终以一种范畴的更新为基础。这种范畴更新不依赖于那种较低层次的范畴，而是存在于新范畴的出现。再现元素的变化正是取决于这种更新。

（5）存在形式的上升过程并不具有连续性。在这个过程的某一停顿处，许多范畴同时开始了范畴的更新，于是存在层次相互间便明显地衬托出来了。这种衬托状态就是代表存在层次顺序的层次间隔之独特现象。

上述之批判性探讨表明，一般地说，范畴是不能逐个层次传递的，但这并不意味着不存在一种对许多层次来说是共同的东西，基础范畴的特殊地位当然在于它们涉及所有层次。某种与基础范畴相似的东西也适用于许多层次范畴，但不是所有层次范畴。为能延伸到别的层次，一个范畴须具有哪种性质，这点不能一概而论。唯一可以规则的形式来表述的是范畴的再现规则已经说明的东西：只存在着一种"向上"的延伸，而没有"往下"的延伸。贯穿其他层次是单向的，而不是可逆的。只有较低层次的范畴贯穿较高层次的范畴，而不是相反。

时间、过程和因果性就是这样贯穿所有较高层次的。有机生命也是一种非永恒进行的过程。在这个过程中，后来的状态也是由先前状态所引发的，这一点同样适用于心灵过程。从历史上看，精神生活也是在同样的实在时间中发生的，它是一种总的变化过程，其中的每一个阶段都具有其因果顺序。但这一点不适用于物理上的物质世界的所有范畴。数学规则与实体性虽然也贯穿有机界，但它们在那儿只起次要作用。有机体具有其他规则。在这些规则可及的范围内，有机体的维持不是取决于惯性（既不是物质惯性，也不是能量惯性），而是取决于积极的自我更新。在这里，空间性的作用更为重要：它不像时间性那样贯穿心灵和精神领域，而是在有机体和心灵的分界处便中止了。

这便是第二条规则所阐述的：在某一层次会中止再现。空间范畴为此提供了典型的例子。我们通常习惯于把空间与时间看作实在世界中同等重要的基本要素。从存在学上看，这是错误的。时间在存在学上具有更大的范畴厚度，它一直贯穿到最高层次：有生命的精神（人的精神以及历史—客观的精神）也只存在于变化的形式之中，它也有其产生、延续及消亡的过程。空间却与此相反，它只具有两种最低的层次。意识尽管处于最低层次，也是非空间的。

单个范畴表现出来的差异性使得范畴再现不具有普遍的规律性。再现仅局限于所选的范畴，不过也不是毫无规律可循。层次序列表明，有一定高度的层次，在这里，整个范畴的贯穿中止了。这一高度的层次就是有机体和心灵的分界处。这里所发生的不同于在无生命的自然和有机体的较低分界处所发生的。无机界的所有范畴都贯穿于有机领域，尽管其中的一些范畴在有机领域只起次要作用。之所以如此，原因在于有机体把无机界某一等级的动力结构作为组成部分吸收进来，并借助自身所具有的较高级特征来改变它们的形式；与此同时，有机体也吸收了无机界的范畴。但有机体只能在相同的空间和相同的因果性过程中改变它们，倘若有机体本身不像它们那样具有空间性与物质性，也不像它们那样是过程结构，便无法吸收它们。

这种形式改变的关系对所有层次间隔来说并不是至关重要的。心灵生活不是身体生活的形式改变，它不会在自身中吸收有机过程，也不会把有机过程当作组成部分；心灵生活也无须由有机过程来承载并受其影响，有机过程本身是在心灵生活的下面。也许存在着一种物质代谢或生长的意识，但这只是在如下的意义上说的：就如有一种对事物及其变化过程的意识那样，事物及其变化过程成为意识的客体，处于意识之外；它们既不会作为行为也不会作为内容进入意识之中。

行为与内容属于另一类范畴，它们本身既不具有空间性、物质性，也根本不具有实体性。由行为和内容所组成的"内心世界"，如经历、感受、知觉与思维，尽管是一种"超越"有机体结构的存在领域，但它们仅仅是"在（有机体结构）之上"，就如在一种存在基础之上那样，而不是"由（有机体结构）构成"，就如由某一物质构成那样。这种叠加的关系不同于形式改变的关系，可以称之为越界构造关系。

这里证实了前面已指明的东西：实在世界的构成并不是同质的形式改变的结果。我们不能仅仅通过形式和质料这对基础范畴的相对性关系来描述这种构成，所有试图这样做的理论，必定会在心理物理学的分界处受阻。世界的统一性类型并非如此简单。形而上学所担忧之事，即存在学可能会借其再现原理，抹平心灵存在和精神存在的差异，有可能会以这种方式为一种伪装的唯物论说话，事实证明这种担心是无根据的。相反的担忧，即存在学使异质性的东西依然处于异质状态，而未考虑其统一性。新存在学涉及的恰恰是通过仔细考虑，阐明多样性存在层次中的同质性与异质性间的关系，而不被这样那样的偏见所迷惑。

前面三条规则的含义表达了这样的观点：范畴的再现仅存在于有限的范围内，并且范畴的内容也会有所改变。再现的显而易见之界限，即那些直接在现象本身中显示出来的界限，是在形式改变的关系受阻、由越界构造关系替代之处。有机体与心灵的分界处只不过此种界限的最易理解的例子罢了。继续往上推，还有类似的第二个分界处，它也不是在形式改变中出现的。这一分界处直接贯穿精神领域，把个人精神与客观精神区分开来。因为客观精神的历史生活不是由心灵行为构成的，而只是以心灵行为为基础。语言、权利、习俗、道德与科学不是在意识中产生的；个体是从他所熟悉的共同精神领域中吸取并进一步传播它们。个体为这个共同精神领域历史变化的总过程作出了贡献，但没有创造自己特有的语言、道德或科学。与此相应，这个精神世界不是如某些形而上学理论所认为的那样，是一种超越个体意识的内容形式，只有作为个体意识的意识，但这种个体意识与作为客观精神的意识是不同的。个体除了与其有机体的种族共同体相联系外，还通过共同的精神世界而联系起来。每个人都有其无法消除的心灵生活，任何人都不能为他实现其行为，为他忍受其状况。意识是分离的，精神是相连的。

同时，我们还看到，某些范畴在一定的层次界限上中断，这还不足以充分理解上述这些关系。对某一较高存在层次的肯定显然不纯粹在于取消较低存在层次，而是在于新出现了一些较高层次的范畴，这正是第四条层次规则，即更新规则所表述的。"自下而上"贯穿层次的元素不符合层次特性，它仅仅构成了较高层次特性的先决条件，本质的东西还是取决于较高层次特有的范畴，取决于那些使较高存在层次区别于较低存在层次的东西。

这种更新表现在自行进行新陈代谢——一种产生与消失过程的重复作用——的有机体中，就是主动的形象形成、自我调节、通过生育与遗传忽略个体死亡而获得的生命延续。在这种现存事物的形式面前，物质实体及物理过程实际上只是一些低层次的元素。尽管因果联系本身在生命演进过程中可能起着至关重要的作用，但它们不能构成形态形成过程的特点。使形态形成过程的特点发生改变的是来自素质系统的有机体的决定作用。这适用于自行构成过程中的所有形式和阶段，从被接受的材料的简单同化，到合目的的反作用和对现象的适应。

范畴的再现与更新规则共同构成了范畴分层的形式类型。孤立地对待它们，就会使它们变成片面。无论是再现还是更新，都表达了层次关系的一个方面：层次的联系与再现有关；层次的差异与更新有关。就连再现的较低层次范畴的变化也是较高层次范畴的更新的作用。的确，存在层次间的相互区别，较高等级的存在者的存在以及在其中明显表现出来的层次间隔，所有这些都与新范畴的出现有关。若没有范畴的更新，我们在实在世界的结构中就只有形式唯一而巨大的连续体。存在层次的所有差异就只是这种组合状态的连续体的差异，这样，这个连续体便从根本上排除了其他范畴存在的余地。

就此而言，我们可以用另一种眼光来看形式改变的关系在较高层次间隔上的中止。较低层次范畴的再现在这里处于次要地位——它虽然没有完全中止，但仅限于少数几个基础部分——由许多较高等级的范畴组成的丰富的范畴更新占据了停留在这里的较低等级范畴的位置。由此看来，在层次间隔中范畴再现的优势与范畴更新的优势是相互补位的。显然，当新范畴出现时，较低层次的范畴中一些变化了的范畴恰恰不能贯穿较高层次的范畴。与此相反，较简单的范畴中总有一些范畴能贯穿较高层次的范畴，其中基础范畴则是畅通无阻的。

也许对这一关系作相反的表达更为正确些：一个较大的新范畴团组在这样一些高级存在层次中能找到存在的余地，即相应大的较低级范畴团组已"中止"，同时又失去了构成力量。但这仅是比喻性的设想而已，因为我们暂时还完全缺乏对可以由其来决定这个或那个范畴的范畴动力的估计。现在只能作出如下不冒风险的表述：层次序列中越界构造关系的出现意味大量范畴再现的中止及与此同时同样多的范畴更新的开始。较高与较低层次中有差别的特殊范畴显然是无法共存的。

与上述相一致，除基础范畴外，最低范畴层次中只有为数不多的几个范畴（时间、过程、原因）能不受阻碍地贯穿所有层次。有一个事实也与此相符，即在整个层次序列中，实际上只有一个真正的形式改变关系，它处在最低的层次间隔中，即在有机界超越无机世界之处，在这里，低级层次的范畴差别不大。显然，较高层次的范畴更新也受到较低层次范畴的限制。人们也许可以这样解释，正好在存在的这一高度，一些新形式和规则与所有较低形式和规则相一致，尽管后者处于从属地位，但它们还是一起贯穿于生命领域，没有一个留在无机界。

九、层次领域中的依存与独立

在层次规则中，已经包含着对许多相当陈旧而根深蒂固之偏见的拒绝。关于世界是由精神还是物质支配这种两个极端的争论，用这些规则得到了解决：世界既不由精神也不由物质支配，因为世界在每一层次体现出一种范畴的更新；另一方面，世界也不可能仅限于一些彼此对立的规定之间的二元冲突，因为有一些基本要素贯穿于精神领域。此外，中间层次都是具有自身力量的存在领域，它们绝不容忍那种机械地到处套用的两个极端的对立。

从这些层次规则中还不能轻而易举地推断出层次序列中独立性与依存性间的准确关系，对此还需要其他规则，这些规则虽然依据于上述的层次规则，但二者并不相同。

倘若存在层次的所有叠加具有形式改变的特征，依存规则也许就能完全溯源于层次规则。这样，在每一个层次间隔中所有较低层次的范畴都贯穿于较高层次。正如已经指出的那样，这绝没有排除范畴的更新，而仅仅是限制了新范畴的数量。较低层次的存在者于是成了较高层次存在者的质料，其结构成为后者结构的组成部分，其规则成为后者规则的基本构成部分。在一个这样建构而成的世界中，较高层次的依存性和独立性往往是可以共存的，但依存性，且只是那种"从下而来"的依存性，必须占优势。

我们生活于其中的世界却并不就是这个样子的，所描绘的图景也许在某些特征上与之接近。很可能在这个世界中存在着贯穿始终的较高存在层次对较低层次的依赖性，但这种依赖性并不是以贯穿始终的形式改变为基础的：精神不是原子的形式改变，意识也不是细胞的形式改变。并非所有较低层次的范畴都是这种依赖性的载体。越界构造关系在这之间拼命地往前挤，明显地限制了较高层次的依赖性。

但这种限制只是对某种特定的依赖性而言，人们可以称之为内容的依赖性或结构的依赖性。但是，还有另一种依赖性，即依据此在（Dasein）的依赖性。这种依赖性究竟是怎样的？这一点，人们可以从自古以来形而上学所探讨的某些问题中获知：若无有机的生命，能有心灵生活吗？若无物理的自然界，能有有机生命吗？若无意识的承载，能有精神存在吗？间接地说，没有身体承载，没有物理世界，精神能够存在吗？

尽管这种思辨形而上学经常进行这样一些可能性的研究，但人们若严格遵循经验界限的话，就一定会很明确地予以拒绝。我们所了解的精神生活完全是被活生生的个体意识所承载并与之相连的。倘若这种精神生活不是与个体意识密切相关，而是作为客观精神远远超越其界限，它也还是与当时的载体相连，并以之为基础；一旦这些载体崩溃了，它会继续由别的个体所承载。同样，若无有机载体和有机生命，我们也不能认识意识。有机生命并非就是与无生命自然界的某一相当确定的部分——在其中可以发现光、空气、水及各种各样的构造材料——相连的。这不纯粹是经验之事。因为人们一旦理解了同化作用究竟是什么，也就会意识到同化作用必然是与这些物理条件相连的。倘若人们了解到原始意识是怎样适应有机体功能的循环，以及它是如何在其发挥作用的过程中获得发展的，也便知道原始意识不是作为一种虚无飘渺的东西存在着，而只能依存于一种高度发展的身体生命之中。

显然，这种依存和被承载存在的关系是贯穿始终的。它不依赖于个别的范畴，因而在越界构造关系中不存在界限。显然，较高存在对较低存在的依赖有两种：一种是（较低存在）具有质料功能的形态，在形式改变关系中发挥作用；另一种是承载者和被承载存在之关系，同时也包括越界构造之关系，具有基础——功能的形。在这种形态中，依赖者就是依存者。显然，这两种依赖关系绝不会与较高形式的独立性相冲突，两者的差异仅在于基础——功能在世界的构造中更为普遍。

倘若人们想刻画出范畴的依存规则，必须把握住这一点。较低范畴之优势不仅仅表现在赋予较高范畴以质料，因为这只是它所做的一部分。此外，较低范畴还以其他方式，且不受其贯穿于较高层次的影响，规定了较高层次的存在基础。这一点在较高级的现存物那里，在人身上、在社会共同体以及在历史上，显得尤为突出。这些本身就是分层的现存物。在它们内部，物理学的力承载着有机生命，有机体承载着意识，意识承载着精神——犹如处在世界的整体之中。

基于这种定位，现在可概括出如下一些依存规则。

（1）范畴的依赖性只存在于从较低范畴到较高范畴的更新过程中，而不是相反。较低范畴也具有较强的决定作用。在层次序列中，范畴作用的强度与范畴层次的高度成反关系。

（2）尽管较低层次的范畴是较高层次范畴的存在基础，但它们在较高范畴面前却是"中立的"。它们可以被进行形式改变和越界构造，但并不要求这样被改变和构造。没有较低的存在层次，较高层次就无法存在，但是没有较高存在层次，较低存在层次却依然可以存在。

（3）较低范畴或作为"质料"或作为存在基础决定着较高存在层次。但它们只能限制较高范畴的活动余地，而不能决定其较高的形式及特性。

（4）较高范畴层次在较低范畴层次面前能够完全"自由"地进行更新，尽管前者依赖于后者，但它们在后者面前是自主的。较高范畴层次的优势结构尽管在较低范畴层次中没有活动余地，但它毕竟处于较低范畴层次的"上面"。

上述的第一和第四条规则，即范畴作用的强度规则和自由规则相互间的关系与层次规则中的再现规则与更新规则相似。较高层次在其与较低层次的关系中拥有的自主，显然是一种存在于较高层次中的较高范畴之作用。较高范畴拥有的"自由"指的则是别的东西，即较低存在层次的"上面"为形成较高级的、在内容上具有优势的新范畴提供了不受限制的活动空间。这并不是那么理所当然的。新形成的范畴不可能让所有较低的范畴再现，也并不是所有范畴都会在较高的层次中再现。越界构造关系就是照管此事的。在越界构造关系中，部分范畴被排除了。

较低范畴的作用强度，并非仅仅与其再现有关，这种作用在范围上也不与其再现相一致。较低存在层次中一些未贯穿始终的范畴在作用强度上依然胜于较高范畴，在其适用范围内进行形式改变不会减弱它们的作用；所有较高的存在形态都只是在其基础所可能的界限内活动，因为其基础依然是所有未被越界构造以及其构成物未作为质料进入较高存在形式的低级存在层次。就是心灵生活也依赖于有机体并间接依赖于无生命的自然，尽管心灵生活并没有接纳无生命自然那具有空间的物质形态；精神依赖于较低层次的整个层次梯级。这种较高层次对较低层次的关系是一种依附性和被承载性的关系。一个人的身体死亡了，意识及依附于身体的个人精神也随之消失；一个民族灭绝了，则其客观——历史的共同体精神也随之泯灭。个人及人类社会的所有精神禀性都有一个承载者。当这种禀性消失时，承载它的各个层次不会必然随之毁灭。

从这个意义上讲，即使没有形式改变，凭着承载者与被承载者的单纯关系便可得知，存在论的依赖性是单方面的、不可逆的。这一点在第二个依存规则，即层次的独立性（或"中立"）规则中表现得尤为明显。在两个层次的叠加关系中，较低那个层次构成了较高那个层次的承载性基础，这显然可以直接从这些现象中看到，即人们不论在何处及以何种方式被提请注意层次关系时，总是承认这种关系的。但人们通常把这一现象与下述观念连在一起，即较低层次本来就着眼于较高层次，因为它只是较高层次的基础。这样便不负责任地把一种承载关系变成了手段与目的之关系，把较低的存在层次理解成为了较高存在层次而存在着。简言之，人们赋予较低存在层次承载较高存在层次之"使命"，因而认为人的身体是为了心灵而存在，物质生活条件是为了人的身体而存在，而所有一切都是为了精神而存在。这样，人们事实上颠倒了各层次的依存性，因为在目的论的关系中，手段是为目的而存在，受制于目的的。

各种形式的目的论——从亚里士多德至黑格尔的各种体系——都

错误地颠倒了（范畴作用的）强度的规则，认为范畴层次越高，作用强度也越大。这是与某种理想图景相一致的，这种理想图景永远是人从世界中制作出来的，因为这样人才能作为有精神的生物把自己看作世界之目的、世界之王。但由此人们不仅误解了世界，也误解了人自身，而且事实上，这完全是人自己的偏见。人的任务应该是去适应这样的世界，它并不着眼于人却赞赏人的自主力量。

"中立规则"设法阻止这些观念的产生，这不是出于人类学的而是出于纯存在学的理由。根据中立规则，较低存在层次虽然是较高存在层次的基础，但它不存在于这种基础存在之中，也就是说，它并不就是作为基础而存在，相反，它只是为自身而不是为较高存在层次而存在。它对较高存在层次的存在与否显得"漠不关心"，无论如何，它并不是着眼于较高存在层次，也不以任何方式与较高存在层次相连。这一点至关重要，因为在较高存在层次方面很显然是与较低存在层次相连的，且只能被较低存在层次所承载而存在。这一点与范畴依存性的不可逆方向相一致，即范畴依存性总是意味着较高层次的存在依赖于较低层次的存在。

这种中立意味着较低层次对于所有较高层次的独立性。较低层次具有一种完全独立（而不是部分独立）的形式。这正是我们从所有经验，而且正好从科学经验中所认识的。无机自然对于生命在其中出现完全漠不关心。它构成了一个巨大的宇宙结构，在这个结构中，生命物体能够存在的那些条件是极为罕见的，仅在狭小的空间中存在着。而生命物体连这种宇宙上偶尔出现的特殊状态也不需要。生命世界以大量无意识的低级种类存在着。而在尚无精神出现的早期人类各个阶段的变化过程中，人类意识就已存在了。

这种思考是如此简单，本来就无须解释。但它听起来是如此奇特，以致在哲学体系中招致许多反对——就是在今天还有某些令人非常赞赏的理论反对它，因而有必要相当谨慎地把它作为范畴规则表述出来。

在这里，（较低层次范畴作用的）"强度"规则也获得了足够重视：它被证明为"范畴的基本规则"，构成了各层次中立性之背景；与再现法则相比，它更为基础，因为它更普遍，其作用范围没有界限；自由规则对它也不加限制，自由规则只是表述了这同一依存关系的反面。

但"质料规则"就不那么简单了。因为不是所有较低层次的存在是较高层次存在的质料。在越界构造关系的情形下，唯有承载性基础才是较高层次存在的质料，并且这种基础在内容上也不进入较高层次的存在形式，因而不是所有较低层次的范畴都在较高层次中再现。

若要恰当地确定范畴依存的程度——质料规则涉及这个问题，那么与依赖性的双重形式相适应，人们在此可以期待得到一种双重规则，因为较高层次的依存或被承载与较低层次的形式改变绝不是一致的。

另一种看法与此相对立。它认为，在质料规则中涉及的只是对于较高存在层次的要素来说，范畴的依存性究竟指什么的问题。也就是说，即使所有较低层次的范畴都在较高存在层次中产生作用，范畴的依存性实际上往往只是与较高存在形式的少数要素相关，仿佛只构成一种依赖性的微弱联系。若较低层次仅仅是较高层次的存在基础，如同在越界构造关系的情形中那样，则较高层次对较低层次的依赖性也不再会涉及内容的东西，而仅限于较高层次的存在对于较低层次的依赖性。这样，这种依赖性就不是指受到较低层次之结构的限制，而是仅仅指受到较低层次之存在的制约。所以，意识和精神都受到所承载的有机体之制约，因为它们不能自由地飘荡着，而必须有所依附地存在着。但从结构上看，意识和精神并不与有机体的形式与变化过程连在一起，因为二者没有把有机体的形式与变化进程作为要素吸收进来，因而不需要一种特殊的"基础"或"依附"的范畴规则。

也许需要一种"质料规则"。因为在形式改变关系中，较高层次的结构本身吸收了较低层次的结构。范畴的依赖性因此变成了一种内容的依赖性。于是，确实有必要在较高存在层次内部更详细地确定依赖性的范围。具有典型意义的是，就在这里——在较低层次的范畴不加限制地贯穿于较高层次的情况下，较高形式仿佛是由下面来规定似的，成了仅仅是次要和消极的东西。"质料"这一表述说明：较高层次结构的依赖性在所有的形式改变中只达到很有限的程度，就如建筑的活动余地受到建筑材料的特性之限制那样。人们不能用所给予的建筑材料随心所欲地建造自己所幻想、所愿望的东西，而只能建造这些材料的硬度和自重所允许建造的东西。所以，在世界的构成中，较高层次的范畴也不能用较低形式的"质料"来构造任意的东西，而只能构造这些质料许可的东西，因为较高层次的范畴无法改变这种质料。这一点，范畴基本规则是这样表述的：较低层次的范畴是（作用）"较强"的范畴，它们不会被任何"较高"的力量取消掉。这意味着，实在世界中较低层次的形式本身也是（作用）较强的形式，但在形式改变关系中它们仅构成质料。

这一结论具有重大意义。质料的决定力量没有超越限制性功能，与此相联系，范畴的依存性也没有超出限制性功能。不能被改变（umgeformt）的东西，可以使它进行形式改变（überformt）。以这种方式新形成的东西，不是由要素来决定的。

在这个意义上，我们可以把质料规则表述为较高层次形式的活动余地之规则。这个规则直接引申出"自由规则"，因为活动余地只是对可能形式的否定，而这种形式本身就是某种另外的东西。

在已存在着的存在层次之上再出现新的形式，这绝非不言而喻之事，因为层次序列也不是无限延续的，如同有一个下限那样，它同样有一个上限。这不是因为缺少活动余地所致。令人费解的是，为什么在精神层次之上不是可能的存在形式之自由领域？对此我们只能这样困难地设想：因为我们不了解比精神更高层次的存在者，并且也有一些理由认为不存在这类更高层次的存在者。我们必须把这一点作为事实来承认，并且是在没有弄清为什么会如此的情况下。这一点同样适用于这一事实：有四个存在层次——不多也不少——完全叠加，从而有三个存在间隔；在这些存在层次中，较高的范畴形式超越较低的范畴形式。

第四个依存规则探讨的不是在世界构成中这些不能低估的基本事实，而是以这些事实为前提，如同整个范畴的规则性都以之为前提那样。依存规则涉及层次之间的依赖性，而"自由规则"便专门与依赖性中的独立要素相关。

除了上述的依存性，也即除了较低层次范畴作用的"强存在（Stärkersein）"外，这种独立性要素在自由规则中极为重要。自由规则指的是在所有的层次叠加中，尽管较高存在层次依赖于较低存在层次，但它在较低存在层次面前仍具有一定的独立性，其原因就在于范畴之间的关系，因为较高层次的范畴最多也只就"质料"而言（或者甚至只就存在要素而言）受到较低层次的范畴之限制，而在其自身结构方面，它们在较低层次的范畴面前必定是"自由的"。这种自由是依赖性中的自由，与其作用的"弱存在（Schwächersein）"并不矛盾，它具有完全有效的自主特征，在内容上与较高层次的范畴更新相一致，其活动余地明显地受到质料规则的限制。这种自由的自主特征是一种弱者在强者面前的活动余地，因而不存在于强者的领域之中，而存在于强者的领域之上。

依赖性中的自由——这并不矛盾。所有真正的自由都是"对于"某种东西的自由，是与某种东西相对立的，而这某种东西必须具有相关联的特点，自由必须"面对"这种关联性特点而得以实现。否则，自由就仅仅是一种无约束性和无抵抗性，即纯粹是一种消极的东西。自由的真正意义是超越于其他某种东西的优越状态。这种优越状态在范畴自由中恰恰是最重要的。它显示了一种相当确定的存在优势，一种"高度"优势。

在这里我们必须弄清，没有这种优势就不可能有层次之间高度的差异。由于层次之间的差异是建立在其高度的差异之上的，所以，正是由于这高度的差异，层次本身的差异也会显示出来。抹平层次之间的对立，由此而否定各个层次的更新与自主，这正是形而上学的统一性理论始终所追求的东西。但它们也因此而未能看到现象的异质性。

倘若人们想一想，如同较高层次的范畴其作用却是较弱的那样，范畴基本规则所说的较低层次范畴作用的"强存在"同样意味着一种存在的优先地位和优越状态，那就会明白，在层次关系中涉及两种存在的优先地位和优势状态的相互交错。两者在同一个层次序列中呈现出层次变化，只是方向相反。范畴层次高度增加时，其作用强度则减弱。它们仿佛就这样互补着，彼此共存于一层次序列中，而没有冲破其统一性。较低层次的范畴只在作用的强度方面占据优势，但在结构内容方面却比较贫乏，它们完全不能决定究竟有什么东西会超越其上，更无法决定是什么东西超越其上。它们面对所有较高层次的范畴显得"漠不关心"，既不推进也不阻碍，若有什么东西超越于其上，则承载之，因为这些东西只能依附于它们而存在。

想弄清依赖性与自由的关系，这要靠两个中间规则，即中立规则和质料规则。人们一再认为，依赖性取消了所有的独立性。这是一种源于旧形而上学的决定论观念方法的诸多错误之一，它在伦理学方面导致了把意志自由理解为取消所有依赖性，这是一种断定所有为实现意志而付出的努力都会失败的观点；在范畴的依存问题上，它同样也会导致错误。相反的观点应是：独立性仅仅存在于依赖性之中，它是另一种存在优先地位，即那种只能在"面对"作为承载的条件的质料时才能实现的存在优先地位。

较低层次范畴的力量也许比所有较高层次范畴都具有优势，因而它们在较高存在层次内往往只能涉及这样的东西，它属于按其本性所属的领域，但就较高存在层次的丰富形态而言，它又总是无关紧要的，仅仅涉及较高存在层次中少数一些基本特征，绝不会构成较高存在形态的特征性的内容。人的思想与行为不是由身体构造的结构决定的，尽管思想与行为及人的整个精神生活是由身体结构所承载的，就如身体构造不是由作为其组成部分的原子所决定的那样。

由此看来，我们不会低估范畴的依赖性，人们可放心地将其理解为一种绝对的依赖性。这仅仅意味着范畴的依赖性是不可取消、保持始终的，而绝不意味着它是一种彻底的依赖性。较低存在结构的"强存在"并不是指它决定较高层次存在中的"一切"，恰恰相反，它在层次序列中越是达到较高层次，那些不能取消的依赖性之联系就变得越微弱、越不显著，就越降低成为纯粹消极的前提。

范畴的依存性不是范畴自主性的障碍，而是自主的一种必要的反支撑。根据其本质，依存性是"绝对的"，但根据其内容，它又只是"部分的"。一种部分的依存性很容易与部分的独立性相协调。较高形式不要求摆脱较低形式提供给它的承载性基础；较低形式也没有提出决定较高形式特性的要求，它是条件性的，同时又是中立的。正是在这个意义上讲，较高形式既受条件的制约，同时又是自主的。

在形而上学历史上，没有什么东西比这种关系更为固执地被颠倒了的，这并非因为它是多么复杂，多么难以理解，而是有一些根深蒂固的偏见与之对立。前面曾谈到这些偏见，这是一些统一性假设和超越界限的偏见：想使世界尽可能地具有统一性，并且想使某一层次的范畴套用于所有层次。对于这两种错误，比起前面我们所采用的揭露的方式，用范畴的依存规则来解释，更能抓住其根源。

思辨形而上学有两类。一类是试图从最高的存在形式去解释一切，另一类则试图从最低的存在形式去解释一切。前者以形式目的论、泛神论及理性唯心论为代表，后者以唯物论及其所有变形的理论为代表。若将依存规则用于这两种形而上学的基本类型，我们很容易看出，第一类违反了范畴的基本规则，第二类违反了范畴的自由规则。如黑格尔的理性唯心论就是把最高层次的范畴看成作用最强的范畴，让它们完全支配所有层次的范畴，直到最低层次的范畴，由此颠倒了范畴的基本法则，取消了所有较低层次范畴的独立性与中立性，同时也否认了较高层次范畴的自主与更新。这样，较高层次范畴在较低层次范畴面前便再也没有了范畴的特征。这样的形而上学体系简直把一切搞得乱七八糟。

与此相反，唯物论形而上学则赋予最低存在形式产生最高存在形式的权力。它不仅对较高存在层次的更新及其自由作了错误判断，而且对范畴再现的界限和范畴依存性对"基础"功能的内容限制，甚至对"质料"功能的内容限制也作了错误估计。当然，与理性唯心论的颠倒相比，有一点唯物论略为好些，这就是它至少原则上承认较低层次范畴贯通于较高层次范畴，而否认有那种反向的贯通。但实际上，较低层次范畴之贯通于较高层次范畴，比起唯物论所要求的要有限得多。一些对解释世界至关重要的范畴，如空间、物质实体、动力过程等范畴恰恰已经在心理物理学的边界处中止了。

反之，在另一方面，唯物论比起相对立的理论来更缺乏正当性，后者用较高层次的范畴解释较低层次的范畴，尽管是错误的，但还是有意义的。事实上，若要赋予这种解释世界的方式一种前提的话，那是轻而易举的事，因为较高层次范畴的丰富内容很容易克服较简单的现象；相反，较低层次范畴的内容则过于贫乏，以致无法恰当地对待较高层次的现象。在一些最简单的有机体的生命现象那里，机械动力原理已经不起作用了，将心灵与精神的存在关系溯源于这类原理，不仅是错误的，而且也毫无意义。

十、异议与展望

从上所述可以得知，有许多问题取决于对依存规则的确切理解。

形而上学的一些最重要问题可以借助依存规则作出某种批判性的裁决，这一点我们没有过多地谈到，将会在这个规则运用于某些特殊问题时进一步得到证实。

针对上述所说，自然而然会产生一种异议，它直接与范畴的中立规则有关，间接也涉及范畴的基础规则。较低存在层次难道真的不受较高层次范畴的任何影响吗？或者说，层次的范畴依存性真的是不可逆吗？较高的存在形式也真的不会在较低存在层次中起决定性的作用吗？人对周围自然的控制力量、人类技术、人的创造与利用的力量，正是这些构成人在实在世界中特殊地位的东西，可是说明了这一点的。这种力量是精神层次的，它是以精神特有的范畴为基础的。

我们不要轻率地对待这一异议。它用来对上述所说内容提出疑问的精神力量并非只与人的"外部"位置相关，因为人在世界上所处的外部位置和作用方式恰恰是完全建立在其最内在特点的基础上的。这里实际上究竟发生了什么呢？人显然在其自身的存在领域中改变着某些自然关系，虽然他只能在最切近的周围这样做，而无法影响遥远的宇宙。但人改变了地球的面貌。精神作为一种认识着、计划着和在实行过程中起主导作用的力量，在这里整体地不可认识地影响了较低存在层次的变化，而且不仅涉及无机的自然界。人种植花草、喂养动物，由此改变了它们的活动方式；人也观察与照管自身的肉体生命，以提高其能力。这同样适用于人自身的心灵生活。人作为教育者负责自己的心灵生活，根据自身的目标改造心灵生活。人对自己本质的塑造恰如对周围世界的改造。一般说来可以这样认为，与对精神的塑造相比，对自然的改造来得容易些，因为他所遇见的最大阻力来自自身，来自精神与精神的最顽固较量。

这看起来岂不是说，最高层次的范畴也必定是作用最强的范畴吗？假如把动物的行为放在人的行为旁边加以比较的话，人们更会产生这种印象。动物也为自身在有限的范围内改变一点周围环境，但它缺乏联系的广泛意识。只有人的精神意识才能对这种广泛意识进行概括，并将它在世界中进行客观定位，用它认识可能性，制定合目的的计划。因而精神范畴在控制自然方面的作用无疑是最强的。

然而情况并非如此。否认事实当然是很愚蠢的。但问题是如何说明事实，事实是否真的与较低层次范畴在作用上的强存在相冲突？

上面所列举的事实以及所有按特性而言与之相仿的东西都表明精神——部分甚至是无精神的意识——对较低存在层次发生影响，但没有证实精神影响较低存在层次的范畴结构和范畴规则。问题恰恰取决于后者。范畴的依存规则并没有否定通过较高层次范畴的力量使较低层次的存在者得到变化，因为这种变化其实是形式改变；形式改变在"质料"（这里指的是较低形式）所允许的范围内始终是可能的。依存规则仅仅否认通过较高层次的范畴改动或改变较低层次的范畴，即改动或改变较低存在层次的基本规则与基本形式。

人的精神能够以多种方式改变自然的个别形态或局部关系，而且这些形态和关系的规则越简单，改变得也就越多。但人的精神不能以任何方式改变自然本身的规则，它没有力量来支配较低层次的范畴结构。

这一点至关重要。倘若我们对列举的事实所援引的这些关系再作深入探究的话，那就正好能在这些关系中极完全、极明确地证实范畴的依存规则。因为，假如精神真的能支配自然的话，那么精神的力量究竟存在于何处呢？精神的力量可不是存在于它对自然力量及自然自身所特有的规律的抗衡之中，存在于与它们的斗争之中。在诸如此类的抗争中，精神力量会迅速被战胜。事实所表明的恰恰相反：精神对自然的支配建立在服从自然的基础上。精神力量能支配其最切近的某些自然力量的秘密在于，它有能力理解这些自然力量所特有的规律，并以其自己的技术创造活动适应它们。精神为自然所确定的，仅仅是它将自然的力量作为给予的手段去追求的目的，人们也可以这样说，这种目的是一种较高的形式，精神借助它实现对自然力量的形式改变。但这种形式改变是在尊重自然力量特性的前提下进行的，精神不能强迫自然力量发挥不同于按其本性所能发挥的其他作用，它只能把自然本身特有的作用方式运用于自己的目的，因为自然力量对目的是中立的，它自身不追求任何目的，因而可以被用作实现他人目的之手段。较低层次的形式对所有的形式改变都是中立的。

在对自然的支配方面，精神同样严格地依赖自然的范畴，如同它没有任何支配力量一样。精神特有的范畴在这里起的作用也是较弱的。精神在自然领域的所有活动都受制于自然法则，它根本无法抵抗自然法则。精神利用自然法则才能创造出惊人之举，精神的界限是通过其创造力而得到延伸的。

这里完全直观地证实了两种不同优势的关系。自然的基础力量不理会脆弱的人类力量。人类最终所以能支配自然，是由于另一种优势。人类的统治手段是作出计划和合目的地活动，自然不具有这些范畴。自然的运行过程对其结果是漠不关心的，它的力量是盲目的。假如人洞察了自然本质，并用它来为人自己的目的服务，自然也无法反抗人类实现自身目的之活动。

形而上学在评价关于精神力量的课题时往往信奉一些极端的命题。它或者仅仅注意到一些较低力量的盲目优势（也包括人内部所拥有的优势），谈论精神的"软弱无能"，或者只看到人在创造性活动方面的优势，相信精神的无限力量。两者都是错误的，既与人类生活现象相矛盾，也与范畴规则相冲突。精神是一种独特的力量，但这种力量是有局限性的，它不同于与之相对立的所有其他力量，建立在一种极具特色的精神范畴更新的基础之上。但精神力量是以较低力量的整个层次为前提的，在生活中它得与它们打交道，因为它同时又是以它们为基础的。对世界整个层次关系来说，精神力量的自主性是典型的依赖性中的独立性。

上面所探讨的这种异议并不是对层次理论提出的唯一异议。在这方面尚有许多偏见，其中绝大多数与统一性假设有关，它们不仅与范畴的依存规则相对立，同时也与层次规则相冲突，因而在这里还得追述一下这些偏见。

如上所述，再现规则不具有贯通性，部分较低范畴在形式改变关系的界限处便中止了。由此看来，被所有形而上学所要求的实在世界的统一性是不成立的。于是在这里便产生了一些看来好像与这种再现中止规则相矛盾的思考：假如较高层次的存在以较低层次的存在为基础，而较低层次的存在又完全从范畴上保留了其特有的持存物，那么再现不就一定是完整的了吗？较高存在层次的具体形态自身的确包含着较低的存在层次，它们不能摆脱这些较低存在层次，因为它们无法"悬空"存在。所以，意识不能摆脱有机体，有机体不能摆脱物理——物质的物质关系；精神生活受整个较低存在层次系列的束缚。这不正是基础范畴作用的强度规则所说明的吗？范畴的依存规则也岂不是与再现中止规则相矛盾了吗？

我们不可仅用越界构造关系这一事实来对付这种异议。越界构造关系也不是范畴再现的边界。意识的内部世界虽然自身不包含有机体的空间变化过程，但其心灵变化过程却是与有机体的空间变化过程同时进行的，并以后者为前提。对此，心理学曾试图借助过程平行论作出解释。但这样一种理论总是回避真正的问题，而没有着手解决它。假如人的肉体与灵魂的统一是直接被给予的，假如对自身状况的体验也像科学论断那样容易理解，那么，为何我们还要从中间划出一条身体与灵魂的界线？严格说来，甚至古老的心理物理学的因果性（常被错误地表达为交互作用）概念也是不容否定的。在有机体及心灵生活中都有着起因，但这不是一种"机械"的因果性，如同宇宙中的物质及其运动的因果性那样。因果性的本质不在于同空间的物质相联系，因果性也不是那种在心理物理的边界处"中止"的范畴，它的作用一直延伸到精神、团体及其历史领域。这并没有妨碍较高的决定性形式的出现。一种原因"如何"产生结果，这一点就是在最低的存在层次上依然是无法认识的。假如我们不能弄清物理心理的变化过程如何能对心灵的变化过程产生作用，以及反过来，心灵的变化过程如何能对物理心理的变化过程产生作用这样的问题，那就没有理由否认这种作用的关联性本身。

事实证明，这里所划定并耗费如此多的精力所建立起来的界限，极有可能只是这样一种思考方法的界限，身体与灵魂这两种存在层次的存在论界限或许会由此而消失。只是存在学上适用的思考方法也许会被精神病学临床医生使用，他们原则上把身体与心灵的一些症状看作一个东西。适用于这种层次界限的，自然也适用于别的层次界限。人们经常断言动力结构连续不断地转化为有机结构，而对精神领域与心灵生活的区别是后来才作出的，直至今天尚未完全明确地解决。

在此基础上，实际上应该谈一下较低层次范畴的一种完全再现。所有较低层次范畴的各种多样性必定也包含在一个较高存在层次的所有范畴之中。依据上面的断言，这种多样性一旦在某一层次高度出现，便不会再消失了。一般地说，这一点肯定适用于任何范畴，这种多样性会退回到较高层次更新的后面，仿佛被其隐藏起来似的。但依据存在，这种多样性在这种表面上的消失之中依然存在着，偶尔还会再显现出来。范畴的再现正是以这种方式表现出一种连续不断的许多行列的集合。这种集合越往上越增多，因为在每个层次都会吸纳新的再现。这种增多无须再三限定，相反，它本来就要与最高层次的丰富范畴相适应的。

在不与这些现象相矛盾的情况下，可以去追寻这幅勾画出来的图像。它既有一种简化了的图像之优点，又有同类图像的缺点，也可能会与实在世界中的某种东西相遇。但这种东西不是物质、生命、心灵及精神这种层次序列，而是现存物的层次阶梯，它们以事物、植物、动物、人及社团等表现出来，它们不与层次序列相重合，而是与之相交。心灵生活自身不包含有机的变化过程，但"人"自身含有这种变化过程。人是一种从下至上被分层次的生物。他与动物及植物分享有机生命，甚至与无生命的自然分享事物——物质的物体状态。我们可以说，空间性与实体是人的范畴，但它们不是人的知觉和欲望的范畴，也不是人的伦理、语言或权利的范畴；它们在人身上不是作为心灵和精神的本质，而只是作为物体状态和有机体的本质再现的。这只不过意味着空间性和实体在人内部的再现，于心灵生活的存在层次便中止了。

由此又完全从自身产生了一些被划定的层次界限。它们不纯粹是一些观察的界限，而是存在的界限；它们不区别表现的方式，而是区别存在的结构，并且对这些结构之间是否始终存在转化过渡持中立态度。当然存在一些恰当的观察方法，它们把人——当然也包括动物、社团及历史——理解为统一的存在物，因为这种存在物实际上也都是一些有特殊规定性的统一体。这些统一体自身不仅在范畴上是均质的，而且也是分层次的，其统一性本身也是有层次的统一性。对这一点，恰当的统一性观察不可不加以考虑。动物学、人类学、社会学和历史哲学都在其总体对象内尽可能地接受关于层次对象的特征，不假思索地加以利用，因为它们也不能缺少这些区别。而存在学恰恰得与这些区别本身打交道，因为存在层次以及其范畴体系就是联结贯通所有较高层次的存在物的存在者等级。

只有当人们把较高层次连同其存在论基础——没有这个基础，较高层次当然永远不会出现——联合成整体，范畴的总体再现才能与现象相称。这样，整个层次序列便包含在较高层次的范畴之中了。但是，假如把作为基础的范畴形式不加考虑地归因于自身就建立在此基础上的较高层次的范畴，便颠倒了事实。人的心理物理的统一性及因果联系的贯通都不能作为反对这一点的论据。而基本问题依然是，在总的存在物内，各层次是如何彼此区别，又是如何互相联系的？只有对层次的范畴特性本身进行研究并避免作出各种草率的混淆，才能回答这个问题。世界的统一性并非是一种贯通性的同类的统一性，而是一种结构的统一性。这种结构的统一性使范畴的异质性有了活动余地。

依据层次的存在学观察方式是支持这一观点的，因为一切有层次的存在物就已经是以层次顺序本身为前提的。在这一顺序中，范畴的再现受到了某种限制。

第三种异议是针对层次间隔规则的。看起来好像存在各层次间的间隔把统一的现象彼此过大地扯开了。每一个层次内存在着形式层次的互相连接，而为何在各层次的边界上升着的层次系列到此中止，这一点人们还没有认识到。我们无法证实各种转化形式，这对上述问题而言并不意味着什么。倘若我们缺乏动物与植物领域的形式链内部众多中间环节的知识，也不会因此而妨碍我们接受有关遗传联系的一些不容拒绝的思想。

倘若这一异议在层次间隔中涉及的是形式系列的中止，那么它也许是有道理的。但在这里涉及的是一些全然不同的东西，是在一定层次高度上新的范畴群的突然出现。"间隔"不能被理解为空隙，而应从质上被理解为在某一特定层次高度之上结构的不同状态。我们不能否认这一点，因为只有这样，新范畴群的出现便与那些现象相一致了。有机生命出现之处，生命范畴也同时出现了：新陈代谢、同化作用、自我调节、自我再生，等等。显而易见，最简单的生命形式若缺少这些基本功能中的任何一个，也是无法维持的。这些基本功能是同时出现的，由此而构成了较高存在层次对于较低存在层次的质的间隔。

一种特殊的范畴规则是以这种关系为基础的，这一规则在层次规则和依存规则之外构成了整个存在秩序的第三种结构的基本要素。我们可以把它称为关联规则，因为它们涉及的是某一层次各范畴间的关联性。它们所说明的，可用两句话加以概括：其一，某一存在层次的诸范畴构成了一个封闭的整体，它们不是单个地规定该层次的存在物，而是集体地相互规定的；其二，它们在内容上也相互包含，因而一种范畴出现，别的范畴也必然牵涉进来。

但这种关联不延伸至层次界限之外。假如一部分范畴贯通于较高层次，它们便进入较高层次的关联性中。它们在新的整体中所经历的变化也与此相应。这也是为什么存在层次相互之间明显地突现出来的原因，但这完全是在范畴意义上的自我突现。

层次间隔规则也许因此而与一种形式的不间断的连续性思想相一致。倘若世界的统一性本该有这样一种连续性的形态，那么，层次规则和依存规则就绝不会与之相冲突。事实是否如此，从目前范畴分析的状况看，还无法定论。

人们也许在这里可以进一步迎合这种抽象思维的统一性需要，甚至无须教条式地献身于它。一种遗传的关联性思想与形式连续性的思想极其密切地结合在一起，它无疑提出了一种与连续性要求相比目前的哲学还不太能够满足的要求。假如一种理论用发生方式的问题对待这种要求，那么，它对这种理论而言始终是危险的，在任何情况下，这种理论都无法将它带出猜测与不可证实的假设。但一个问题无法证实，并不意味着它就是无根据的。在世界形成的事件中，时间上较晚出现的一些较高存在层次甚至是那种明显地自下而上的依据层次依赖性而形成的不容拒绝之结果。此外，科学上得到较好论述的一系列事实也为不可反驳地赞同某些观点提供了依据。从宇宙学上看，地球上的生命无疑是一种晚期产物，只有出现某种降温状态且形成相对稳定的大气关系之后，生命才会出现。同样，意识也是在高度发展与相当晚期出现的动物中才形成的。以人类出现的年龄来衡量，人的精神甚至更为年轻。

在存在层次的等级序列及依赖性中发现起源史痕迹，这显然具有良好的意义。勾画这样一种痕迹，这自然不是存在之任务。不然的话，存在学又会陷入抽象思维的思想体系之中。但是，人们可以期待存在学有关实在世界构造的设想，使一种遗传解释成为可能，因为鉴于上述迹象，存在学是不应该封锁这样一条研究道路的。

现在该怎么办呢？范畴的层次规则和依存规则本身对所有起源问题都持完全中立的态度，它们会允许一种遗传解释吗？

对这个问题，人们可以不假思索地予以肯定。如果把主要困难理解为形式连续性中的裂缝或间隙，那么它就在于层次间隔。但这个观点已被证实是错误的。较低层次范畴的中止或较高层次范畴的更新之出现，都不会打破形式链的联系。为什么形式链随着时间的推移也不能构成一个统一系列，人们对此还无法说明。在这里，人们得防止一种关于起源问题的简单化模式，如认为起源是在"产生"与"发展"之前。一种较低的存在形式该如何在没有包含范畴的情况下产生较高的存在形式，人们对此还根本没有认识。这将导致"自下而上"来解释世界，并接近唯物主义。倘若人们认为较高形式由较低形式"发展"而来，则较高形式一定是已"被包裹着"包含在较低形式之中了。联系到整个层次序列，这将意味着，最高范畴必定已经藏在最低存在物之中了。这一点是与范畴依存的不可逆性相违背的，从而导致了对世界的"自上而下"的解释。

存在学不能用这种模式工作，在任何情况下，它必须遵守自身的一些基本规则；它也不需要这样的模式，因为范畴规则本身为存在学提供了关于起源思想的一种全然不同且易理解的可能性。

例如，在任何一个层次高度，特殊的存在形式是由某一种易变性决定的，这点很容易接受。事实上，我们在所有层次中也认识了这种现象。这不过意味着存在形式中具有不稳定特征。若某种形式接近了较高的层次界限，则它的变形也能超越其层次的形式领域。这可能产生一种否定的意义，即这种形式的变形就不可能再在这一层次的范畴中继续生存，而必定毁灭；但这也可能产生一种积极的意义，即在这种情况下，这种形式的变形在超越层次界限时落入了一个较高层次的范畴之中，于是被这些较高层次的范畴——似乎是"自上而来"——包括进去，并被归入另外一种存在联系之中。这样，在由于不稳定性而导致解体的时候，便出现了一种较高存在秩序的稳定性。由一种纯粹的动力平衡作用所致的作为物理形态出现的东西是不稳定的，但很可能在有机平衡的范畴中变得稳定起来，因为由于有机平衡的作用，出现了积极的自我更新与自我调节。

各种不同存在层次的范畴群将会在这种情况下构成异质的存在秩序的固定系统。这些范畴由于其相互包含的特点，会允许具体存在物的各种变化类型从一个存在秩序进入另一个存在秩序。较低层次的范畴在较高层次中的再现也像在较高范畴中出现更新一样，都与此相吻合。较高层次存在的被承载性、它们对较低层次存在的依存关系，同样，尽管较高层次的范畴具有自主性，但仍然对较低层次有着依赖性，所有这一切都完全与此相一致。对于形式改变的关系来说，曾经提到过的那些关系——在其中，较低的存在形态连同其被改变的形式都成了较高的存在形态的质料——应该是最可行的。在某些变化中，遗传转化的思想也可以运用于越界构造关系，因为在越界构造关系中，较高存在层次对较低存在层次的依赖性是相同的。

下述情形进一步支持了这种观点：在各个存在层次内部，形式的上升是按顺序进行的。在有机自然领域，我们明显看见它们是一个多样性地区分成等级的层次领域。在这种层次领域的界限之下或之上，我们还可以追踪这种等级系列的延续。在这里，层次界限只是通过范畴更新而突显出来的。虽然这首先在存在学上说是极为重要的，但这种重要性不应当在总的观点中被孤立出来。即使有机的层次序列中遗传的联系是显而易见的——尽管关于其内在动力的理论尚处于争论之中，也无法说明为什么这同一种联系不该超越层次界限。只有当人们想用较低层次的范畴来解释较高存在形式时，这种层次界限才能构成形成过程的界限。但层次规则坚决反对这一看法。相反，在超越界限时正好由此出现一种范畴更新，因为存在物本身从此开始得遵循一种较高存在序列的规则了，所以，对不充分的范畴延伸到较高形式提出的异议就变得站不住脚了，遗传解释的障碍亦不复存在了。

人们不该忘记，这一系列观点只不过是一种阐述，也不该忘记，这里绝不是关系到要从这种阐述中提出一种理论，并从存在学角度进行辩护。范畴分析必须紧紧把握住所给予的现象，避免抽象推论的结果，尽管这些抽象推论也会有某种假设价值。我们可以在今天认识的界限内论证范畴的规则，却不能对遗传解释所给予的模式作出论证——这种不能是暂时性的还是根本性的，让我们把它搁置一边。

这种阐述对于存在学具有的重要意义仅在于：它证明范畴规则本身完全认可了从遗传角度理解层次秩序，而并非像初看上去可能显示出来的那样，拒绝这种理解。因为在现今阶段存在的问题中必须有一种理论来满足这样一种要求，即这种理论至少原则上为进一步研究敞开了一条在存在形式的领域中理解事物变化过程的道路。

十一、人的层次构成

证明一种哲学思想是否可靠，部分地取决于它所开启的视野，而主要是看它解决问题的力量。在这一方面，层次思想和范畴规则又起怎样的作用呢？

这里所追问的问题都是形而上学的，都属于理性的本性所要追问的问题，理性对它们既无法拒绝又不能最终解决。人们对那些试图解决这些问题的尝试也不应寄予过高希望。但是，尽管人们不能期待对它们获得真正的"解决"，但还是能够在解决这些问题的道路上有所前进的。人们可以探讨这些问题，不管是否恰当地把握住它们，通过探讨都能获得一些认识，这些认识或者能弄清事实，或者会使这个谜团变得更加捉摸不透，更加含糊不清。

在层次规则和依存规则方面，重要的是，一系列古老的形而上学问题借助于它们而部分地得到了清理，更接近对问题的解决。倘若人们看到，在这种规则之观点的帮助下，所有那些阻挡解决问题的进展道路的传统错误都化为假象，并且为新的探究清理了道路，那么，这一点就变得直接而明显了。

这些形而上学问题中的一个问题在前面的探讨中已到处涉及了，因为它在内容上完全不能与范畴规则分离开来，这就是世界的统一性问题。所有对于某种第一原则、起源或世界基础之统一性的探索，都已证明是不恰当的；按照这一方向，人们不可能恰当地对待存在者的多样性，更不用说恰当地对待这种结构的内容的片面性。但是把统一性理解为整体性，这也是有问题的，因为这没有超脱一种不可捉摸的全体这一假设。唯有用一种层次构造的思想才能更为接近实在世界的统一性模型，因为这种思想已在现象中有所预示。只有对存在于层次序列中的规则结构作更为精确的分析，人们才能获得关于实在世界统一性的真实观念。因为所有存在的统一性——不论其大小——并不是多样性的简化，而是多样性的克服，存在的统一性正是与多样性相关。

适用于世界统一性的东西，作必要的修正后，同样适用于所有较高形态存在物的统一性，首先适用于人的统一性。旧形而上学也往往过于简单地理解人的统一性，它或者看到了理性本质或是意识到自然本质，并且试图从精神或有机生命的角度去理解人这一整体。从精神角度去理解，无疑能更多地把握人的特性，但由此会忽略承载精神生活的存在基础；同样明显的是，若从身体生命角度去理解，能够把握住这种存在基础，却不能理解精神生活。在当今的人类学中，这两个方向依然是对立的，两者之间的争执看起来也不会结束。即使人们顾及到了人的本质的这两个方面，理论也总会偏向其中一方。在这方面，笛卡儿的二元论依然会发挥某些作用，尤其当人们想通过抹去这个或那个对立部分，克服"肉体与灵魂"的二重性时，这种作用便尤为明显。人们正是从对立本身出发，仿佛这样就是可靠的，因而对立一般总是涉及一种有两个部分的关系。

在对立面中探讨哲学问题，这是一种众所周知的思维形式，在旧形而上学中曾是一种主要的思维形式。这在涉及分层次或在两极间的连续过渡时是有意义的。但肉体与灵魂相互之间是不会分层次的，两者之间也不会形成连续统一体。两者之间的层次联系是通过一种独特的、不同于两者的存在层次促成的，这就是心灵存在的层次。

由此，人的构成是多层次的，片面的、极端的对立是无法存在的，一些看上去截然对立的东西实际上是由于不恰当地将各个层次孤立起来的结果。从某种意义上说，对立模式在这里被打破了。人所含有的四个层次自然也显示出相互间的某些对立因素，但在这些对立因素中，相互间的次序却无法被把握，因为它们是以一种连贯的联系为基础的。此外，当关系不具有两个部分的时候，这种对立本身也不能够算是对立模式。

于是，在人的层次构成思想的基础上，旧的思维模式也消解了，被它遮蔽的层次联系变得明显起来。在这方面重要的是，这种层次联系不是作为一种纯粹的模式显示出来的，而是通过范畴规则相当具体地表现为一种连贯的依赖性和自主性的相互作用。这种相互作用在三个层次界限的每一处都表现出特殊的形式，这样便有可能接近于规定人的统一性类型。这是不再借助其他模式，而是通过对相互作用之间内在联系——它将各层次连在一起——的特殊方式进行分析而达到的。

人的精神是如何以某种方式改变人自身的心灵与肉体生活，是如何有计划地发展素质，提高技能的，等等，这些是众所周知的。有一点在上面已经指出过了，即精神的所有这些作用都没有触及有机体与心灵生活特有的规律性，精神只有在与这些规律相适应的情况下才能发挥作用。精神在发挥作用的同时，在内容上仍有广阔的为实现其目的之活动余地。与此相反的问题具有同样的现实意义，即精神自身的特性与倾向——种族的及个人的——是如何受有机体制约的。

这一问题是神秘的遗传现象中的重点问题。这里涉及的显然不是解决存在学的非分要求，也即解决一个我们时代的生物学还不能从科学上提供充分解答的问题。因为事实上，科学只知道素质系统方面的受遗传者和随后的有机体发展阶段之间某些在经验上可证实的联系，但科学却不易理解毫无疑问处于这些联系背后的决定性作用本身。这一事实是与有机体联系的不可认识性相一致的。这种不可认识性在探讨决定性范畴时已有所述及。

总的看来，这整个问题是生物学的内部问题，并且仅仅涉及肉体遗传的特性。当这种遗传也关系到心灵和精神的特性时，它才会成为存在学的问题。这样便会超越有机物的界限，层次关系会在其中起作用。假如出现性格方面的遗传，即爱好和特殊能力在家族遗传中再现，那么人们就不能引用一种纯粹有机体的遗传联系，因为遗传的素质条件只是处于有机体中，而性格方面的影响则属于更高的存在层次。含有生殖细胞的染色体属于具有空间的物质世界，而由染色体产生的心灵特性却是无空间、非物质的。即使肉体遗传特性的再生可以解释清楚了，心灵特性的再现依然会长久地令人捉摸不透。

由于那种肉体遗传特性的再生暂时还无法解释清楚，所以自然也无法对心灵特性的再现作出解释。也许两者的相互关系中存在着一个需通过范畴的探讨得以解决的基本问题，因为心灵特性的遗传不是孤立的，而是与肉体特性一起遗传的，仿佛附着在它们上面一样。这恰恰是所有将肉体与灵魂分开的理论所未能理解的；与此相对的一些理论则完全混淆了层次的区分，犯了相反的错误，因而也不能理解这一问题。在这点上，层次思想可提供解决办法。

层次思想对此所能做的当然只是原则上的，它并不能解开遗传本身的谜团。但就是这种原则上的解决也是有价值的，因为这里涉及的并不是解释所有一切，而只是一种对肉体和灵魂变化过程之间关系的理解，它认为，在不损害二者有着异质性的情况下，完全允许通过肉体共同决定心灵的变化。这里隐藏着的存在论问题在方法上也与层次顺序的遗传解释相类似。这不是偶然的，因为在这里也涉及形成过程的问题，即至少得为所要寻找的、暂时还不能发现的顺序联系模式开辟一条路。

范畴规则为此提供了机会，它们证明了较高存在层次对较低存在层次的依赖性，较低存在层次的承载作用以及部分的共同决定性作用，因为部分较低层次的范畴往往一起进入较高层次，正好也是进入一种越界构造关系，如同处在心理物理学的交界处那样。范畴规则特别说明了较低层次的决定方式在其上面层次的界限中并没有受到限制，肉体与灵魂变化过程的因果关系在相关生命现象的整个过程中证实了这一点。适用于因果关系的东西，至少应同样适用于有机体的联系。

假若出于对心灵生活特性和自主性的担忧而提出某种异议，则可以这样来予以反驳，即心灵的这种依赖性恰恰并不损害自主性，因为有足够多的新产生的心灵存在范畴，尤其是精神存在范畴，它们保证了心灵生活的自主性。在这里，依存性其实只是部分现象。较高层次自身的重要性体现在更新规则与自由规则之中。

在这一基础之上才有可能为解决心灵和精神的遗传问题提供立足点。在每个个体那里，人是从纯粹有机生命开始的，唯有在这个存在层次，人才直接依赖于其家族血统。人的意识不是从父母那里承袭过来的，而是新形成的，但它对发展着的有机体特性构成了相当确定的依赖性，这种依赖性足以承载人的能力及性格素质的遗传。

先前，在新康德主义的一些唯心主义理论中，人们是不允许追问意识起源的。但抑制人们对此所怀有的哲学的追问兴趣，禁止人们提问是无济于事的。意识起源的问题既不是无益的好奇，也不是臆想出来的困难。在其后面是一些任何一个看到过它们的人都无法否认的现象。在这些现象后面是一个如其所是地存在着的包括人在内的世界。人不能够完全改变世界，他只能对世界本身作些不重要的改变，而无法改变其基础。因而人的问题也包括一些难以解决的问题，从内容上看，不是人所创造的，而是人的命运使然。人或许可以忽略这些问题，但无法将它们从世界中清除掉。意识源自无意识的生命体，我们眼睁睁地看着这一事实出现在每个人的发展过程中，无论我们对此是否理解。在有机生命的起源中以巨大的方式和地质的年代跨度所发生的事情，在这里以微小的方式进行，这种方式与个体发育的一般的生物学规律相一致，个体发育则是对系统发育过程的时间上缩短的模仿。

意识的起源以这种方式毫不困难地被包括在每个器官及每种功能都经历过的有机体的形式构成过程之中。这种起源也可从纯生物学角度、适应或选择角度加以理解，因为意识给予有机体在自我维护的斗争中一种决定性的优势，因而它具有明显的选择价值。在这里，重要的是，意识的自主性以这种方式一点都没有受到损害。将意识的起源方式包括在有机体的形态生成形成过程中，这是与事实相符的，但这并不意味着借助有机体的规则来详细说明意识的内容与结构，而是说，在任何新的个体中都发生其形式超越它原先存在层次之界限的现象，同时由此而进入到较高存在层次，并在那里融入其他范畴之中。

在心灵与精神特性的遗传问题上，范畴的更新和自由规则没有受到限制，相反，在这里，层次的范畴依存性十分明显，所以人们能对此进行较为接近的想象。因为这里显现的恰好是这种情形：较低层次的存在形式成为较高层次存在形式的"承载者"，较高层次的存在形式在其生成过程中接受了较低层次的存在形式，而没有把自身的存在模式强加于后者。所以，有机体把心灵功能和谐地包括在自身的功能之中，没有对它们设置隔阂，也无法设置隔阂。相反，整个有机体连同其心灵生活一起融入较高存在等级的一种存在规则之中。这种较高存在等级与有机体是异质的，以便二者能顺利地共存。结果是一种非常神秘的，然而在人类生命中又是那么显而易见的有机体与心灵变化过程的相互交叉。在现实世界的二重性，即内部与外部世界的二重性方面，在人自身的本质方面，我们把这种相互交叉理解为不可分割的统一性。

在此基础上，人类学的优势在于能在任何情况下确信人的统一性，尽管它在研究时片面地从与人统一的存在层次中的某个层次出发；对人进行连续的器官学研究，这必定导致对心理学与精神科学的研究，然后转向对人自身统一性的研究，并以其统一的方式与较高层次相适应。倘若这种研究不知道自己对统一性有何作用，或者由于对合乎逻辑考虑的误解而往往认为自己还处于心理学的层面上并且属于生物学的论题，这时候它也会这样做。这一点反过来同样适用于以心理学或精神科学作为起始领域的研究方式。

只有把人的本质理解为统一的人的层次结构之整体，同样，只有懂得把这样的整体理解为存在于人之外的实在世界的结构之中，这时才能真正认识人的本质。不理解人生活于其中并且是其中一部分的世界，便不可能理解人，就如不理解人便不可能理解世界一样。人是世界的一部分，世界向人展示了它的结构，这就是哲学所勾勒的世界观。

十二、决定与自由

在德国唯心论形而上学中，自由问题一直是哲学研究的最内在推动力。人们首先指的是道德自由，然后才是精神自由，最后几乎把精神与自由合而为一。这种倾向总是针对在17、18世纪哲学体系中占主导地位的普遍的决定论思想。费希特觉得这种决定论是人的一种受奴役形式，因而像获得解放似的欢迎康德的二律背反理论。康德首次揭示了事情的全部重要性：只有自由意志才可能成为道德上的善与恶。道德律便是针对这种意志的。

当时，自由问题的现实状况如何呢？费希特认为，最好是取消人生活于其中的具有空间性与物质性的外部世界之独立性以确保人的自由，使作为"非我"的自然依赖于自我，将所有一切都建立在纯粹自我的主动性的基础上。黑格尔将自然归因于精神，把自由理解为所有应归于精神的东西，只有自由"意识"还可以再加入进来并获得不断提高。

在这样理解自由时，自由的"问题"是被临时规定的，而没有理解它的真正困难。自由"问题"只存在于被限定的与人相关联的世界。这种关系就是道德生活的现象向我们所表明的东西，在唯心主义大师中，唯有康德清楚地看到了这种关系，并把它作为研究对象。因而他以二律背反的形式来表达这个问题，并在理论哲学的基础之上进行探讨，尽管他本身的真正兴趣是"实践的兴趣"。

康德对自由问题的理解是权威性的，尽管其解决问题的尝试只是一种开端，而最终的解决只能在存在学基础上才能达到，因为自由问题涉及意志与决定性力量之间的关系，后者自下而上地支配着实在世界。这里首先需要对不同存在高度的决定因素有总的了解，并且对它们相互间的依赖性与独立性进行分析。由于这个原因，自由问题连同其整个形而上学的重要性就都处于范畴依存规则的更加广泛的问题领域。

一些旧理论的缺点在于，它们不是在这种联系中，而是孤立地对待意志自由。它们没有预料到自由在世界的层次构造中是一种逐个层次再现的关系。凡是在出现一组较高层次的规定因素时，就会产生这种关系。这些旧理论也还不可能懂得，意志自由从存在学上看只是一种较高形式对于较低形式所具有的连贯的自主性之特殊情形。这一点同样从一开始就必定会导致对自由问题的片面性理解，因为人们把道德自由直接与因果性联系在一起，并且只作了与它相反的理解，而对存在于二者之间的决定形式，即有机体存在与心灵存在的决定形式，却一点也没有予以考虑。

有机体对于无生命自然规则的自主本身与意志对于错综复杂心灵动机的自主相比，同样值得注意，因为二者都是针对"由下而来"不容置疑的依赖性的。只要意识的自主是针对作为承载物的有机体之决定作用的，它与前两种自主相比就没有什么区别，因而我们也得与一种上升的自主性系列打交道。考虑到这些自主，有一点是容易理解的，即只有自由一般存在于较高存在层次对较低存在层次的依赖性中时，意志自由才有可能。

由此看来，范畴自由是道德自由的一种先决条件。当然这并不意味着人们借助依存规则就可以解决所有相关问题，但是也许没有这些规则，什么问题都无法解决，至少无法合乎现象地理解这个基本问题，因而旧的理论都几乎无例外地依赖于形而上学的思想体系。借助这些思想体系，它们不仅没有促进问题的解决，反而使自己陷入错误。

决定论像一堵墙那样堵塞着任何一种为意志自由辩护的认真尝试。在决定论的影响下，人们把世界设想成这样一幅图画：一条唯一的相同形式的依赖性之链贯穿所有存在层次，没有为人的精神所特有的主动性留出任何活动余地。人们总是从目的论出发，认为这一条链条是由最终目的决定的，于是喜欢将它与天意连在一起，因此认为所有未来的一切都是超越人的头脑而决定了的，不可能再有别的结果，尽管人可以少量地确定自己的一些特殊目标并追寻它们。较为罕见的，但其要求比目的决定论更少的是因果决定论。因果决定论以自然科学的直观方式为依据，仅接受一种盲目的、对其结果漠不关心的世界事件。在这里，贯穿性的决定仍然是一种无空隙的决定论。根据这样一种理解，有一条因果链条在对人的决定中起作用，对此人们并不知晓，这种不知晓足可以让自由的幻觉来欺骗自己。

面对这种决定论，形而上学一筹莫展。依赖性之所以在其存在之处会不可消除地延续下去，也不能事后借助相反力量解除它们，其原因就在于它的一系列本质，因此人们就采取否定起决定作用的世界联系这一解决办法。这当然是根本行不通的，因为与太多众所周知的现象相违背了，所以人们也就满足于一种部分非决定论的不充分命题。

用这种方式，人们为自由意志赢得了活动空间，但这只是打破了一个结，并没有解开这个结。人们既没有把依赖性之链中的空隙理论与决定性联系的本质完全等同起来，也没有使所赢得的自由意志的活动空间满足于伦理学自由的意义，因为自由意志显然完全不是不确定的意志，而恰恰是一种相当确定的，而且是由自身确定的意志。这种自我确定是不能通过一种部分取消决定性的否定来获得的。

因而，有三种形而上学理论对峙着：两种决定论，另一种是针对这两者的非决定论。直到我们这个时代，有关自由问题的观点都是依据这三者划分的。从存在学上说，这三者的错误是很容易看清的。因果决定论不允许在较高的存在层次中有自身的决定形式，违背了范畴的更新规则；目的决定论把最高存在层次的某个范畴（目的性）延伸到较低层次，违背了范畴再现规则；非决定论则否定了较低范畴具有的较强作用，违背了范畴的基本规则，这同时也意味着，为了意志自由（一种精神活动）就得打破对较低存在层次的一系列依赖性。

在这个问题上，康德是开辟新道路的第一人，他试图不通过非决定论来理解自由。为此，他提出了一个新的自由概念，并将它定义为对较高存在层次作出一种肯定性规定（一种因果系列的"最初开始"，"来自自由的因果性"）。这样的一种自由有别于不确定性，它不是"消极理解的自由"，而是"积极理解的自由"。康德发现，在一个受因果关系决定的世界中，之所以有可能存在这种自由，是因为在这个世界后面还存在着另一个世界，即一个"理智的"世界、自在的世界。在这个世界面前，被给予的可以认识的世界之"经验实在性"成了"现象"，贯穿于所有存在层次的因果联系只有靠它们来维持。只要人作为有道德的生命体具有一种参与意志决定的理智的本质，那么，在不打破因果链条的情况下，也为积极的意志自由保留了活动余地。

这种杰出的解决问题的尝试受到后人的大力推崇，但他们没能成功地运用这种尝试，原因在于人们过分依赖康德用以表达其思想的超验唯心论的思维形式，这是康德毕生事业中受到时代制约的非永恒的东西。康德生前已出现并且一直持续到新康德主义的关于"自在之物"的争论，为此提供了明确的例证。

但在康德的关于自由二律背反的探讨中留下了什么呢？假如人们理解了范畴规则的基本原则，这个问题就不难回答。哪里出现范畴更新，哪里便会出现自由。每一个超越了较低规定性的较高规定都是自由的。在一个单层次的世界中，自由是不可能之事；在这样的世界中，必定有一种作为连续联系的特有的决定性无条件地支配着一切。假如某个较高层次超越了一个已完全被规定的较低层次，则它会带有它自身的规定性，但也不取消较低层次的限定。在康德那里，"理智"世界超越于"知觉"世界，并带有自身的规定性（在道德律中可以理解），这种规定性在知觉世界中所发挥的作用也不是缘于这个世界的因果关系，面对因果关系，它是自由的。

这自然不是新存在学意义上的存在层次。但对自由问题而言，两个层次已完全够了，这样，自主便可与贯穿着的因果之网结合起来，因为这种因果之网并不涉及较高层次的自我规定。于是康德能在不采用非决定论的情况下，成功地证明意志自由的合法性。

这里，在没有真正揭示原理的情况下通过一种独创的工作所达到的东西，可以借助层次思想使之成为严格的规律。关键的是这样一种观点：在实在世界中，有规定性的存在是一种按层次而各不相同的存在，并服从范畴的依存规则，因而必定也存在一种有规定形式的层次。根据范畴的更新规则，在这样一种层次中，较高层次绝不可能由较低层次临时决定，尽管较低层次会在较高层次中再现，但是，根据范畴的依存规则，较低的规定形式对于较高层次的关系是"中性的"。在层次的逐个递升中，在范畴依存中总会出现新的范畴自主。由此看来，意志自由仅仅是范畴自由的一种特殊情形。

旧理论的错误就在于错误的选择。人们认为本来就只有两种选择的可能性：决定论与非决定论。其中的一种与自由不相一致，另一种则与自然规律不相一致；他们忽略了第三种可能性，即有规定性的层次，因而对问题的解决感到绝望。其实，与在思辨理论中所常见的情形一样，这里也存在着一种不完全的对称。存在学循着康德的足迹采取了其他可能的选择：每个层次很有可能以它自己的方式被连续地规定了，但面对所有较低规定性，它仍是自主的。

在此，还有第二点也得引起注意：人们往往认为因果决定论特别危险，因为它不理会意志的目的行为方式，并明显地与之相对立；同时，认为目的决定论更说得通，因为它与意志的目的的行为方式相类似，仿佛属于同一类。这是一种后果严重的错觉。倘若世界自下而上从目的论上得到了规定，那么最高的规定形式对所有存在者来说就都必须是共同的，在它之上不可能有更高的规定形式了。人的意志在事物的变化过程中便不具有决定的优势，其自我决定在自然过程面前也显不出优势，而是与它们处于同一级次，这样，对人来说，便不可能有一种较高规定的自主。这一点可以由此得到证实：在世界事件的有目的活动过程中体现出来的目的，必定作为明显占有优势的力量与人所确立的目的相对抗，不可能再简单地给它留下活动的余地。

与此相反，因果决定论相对地说来是无过错的，因为它赋予意志以决定的优先权。就意志而言，不可理解的只是它在贯穿于各存在层次的因果关系之网中是如何保持自己的。如果我们把这种因果关系的贯穿限制在某个层次上——如同康德所做的那样，那么，马上就为意志的自主决定留出了活动余地。假如人们一方面看清了与自由相对抗的仅仅是较低的规定形式，另一方面又明了这种较低的规定形式原则上很可能由较高的规定形式而实现形式改变，那么，必然与自由的统一这个古老的谜团也就解开了。

当然，这并没有解决所有自由问题，还有其他的先验问题也属于自由问题。或许有关决定论的争论由此而结束了，这样已经收获颇丰了。

另一个问题也可以在层次理论的基础上得到解决。可以证明的是，事实上是可以对因果关系进行形式改变的，而且还可以证明其原因何在。这一点不仅对自由问题很重要，而且对有机体演化过程的决定性结构也同样重要，因为在这里对因果关系进行了形式改变。

在因果系列的每一阶段，决定性因素的多样性是同时出现的，它们构成了一种共同结果的组成部分，其中任何部分都不能被取消，因为它们都依赖于一定的原因。也可以允许增添新的组成部分，因为这些组成部分的整体不是一个封闭的体系，只要这种增添可能为有规定性的整体添加某种参与决定的内容，它便对任何一种这样的增添开放。这一点明显地反映在下述情形中：因果关系对结果的影响是无关紧要的，因为每一种新的组成部分必定会自然地转移总的方向。

由此可见，对因果关系是可以进行形式改变的。目的关系则不行，因为它是与最终目标的方向一起确定的，接纳任何新的组成部分都会对它造成破坏，它的组成部分是严格封闭的。假如这种目的关系强大到足以达到目的——如同目的论世界观对世界事件的整个过程所提出的要求那样，那么，在它旁边及上面任何地方就都不再会出现其他形式的规定性主管机构。

若世界是自下而上有目的地排列的，则人就不能发挥任何主动性，其设定的目的也不能被纳入事件发展的过程中；若世界仅仅是由因果关系决定，而且目的之决定是人的一种优先权，则对人来说，在理解因果关系的界限内可以自由地改变事件过程的方向，因为这种因果关系接纳了由人设定的目的之组成部分，并在整个因果过程中继续带着它们，如同其自身的组成部分所发挥的作用那样。

在这里，人们必须回忆起在其中实施目的关系的那三个阶段。设定目的及反过来选择实现目的之方法，都是在意识领域进行的，因为只有"思想中"的意识才能处于时间之前，并且按逆时针方向进行。第三个阶段是一个现实过程，它是按顺时针方向进行的：通过一系列相同的方法来实现目的，只不过顺序相反。现实过程是一个简单的因果过程，在这个过程中，方法"导致"目的，在这里是方法构成了因果链条，也正是为了这种因果作用挑选出这些方法来。所以因果关系不只是目的过程的条件，也是在目的过程的第三阶段被接纳进来的，前两个阶段在因果关系之前发生，造成了它在目的关系中所经历的形式改变。

这个例子可以让我们很直观地理解，较低范畴由较高范畴所进行的形式改变究竟意味着什么。因果系列以从属关系的形式再现，它被纳入一种更为复杂的决定性联系之中，并被决定性联系的更新掩盖了起来，使得人们在形而上学中通常完全不能再发现它，并将合目的的活动简单地看作它的颠倒。唯有范畴分析才揭示了这种真实关系：因果关系在目的关系本身中再现，并经由较高的决定性模式实现其形式改变。

人们经常这样认为：在一个已被贯穿于其中的因果关系所决定的事物世界中，不再能实现人自己的目的。但事实恰恰相反。因果关系的过程是可以驾驭的，因为它们并非针对最终目的而确定，这个过程对于最终目的来说是无关紧要的。尽管只有当人们认识了因果关系的规律性并适应它之后，才能驾驭它们，但如果满足了这一条件，那么它们就不能有效地对抗人的驾驭。相反，倘若客观世界不是早已被因果关系所规定了,那么,人们就既不可能驾驭它们,也无法实现自己的目的。这样,人们也就无法为其目的选择任何方法,而选择恰恰是根据方法的特殊因果作用而进行的。

这里所简略论述的那些不断递升的决定形式也构成了一种基本关系,精神的独特优势,它在世界中的权力地位,以及它对自然的控制力都以此种关系为基础。尽管这还绝不是意志自由,然而却是意志自由所依赖的一种存在论的基本条件。因为意志是主动的,它所想要的始终是实现目的。倘若这一基本条件原则上不向人开放,那么人的意志也就无法认真地作出决定,这样的意志只能被判为无力的愿望,人也就不能承担起真正的责任,因为他的行为不可能是有力的。

因此,意志自由和德行极明显地取决于决定性形式的范畴层次。没有这些范畴层次,意志自由和德行就不可能存在。

十三、认识问题的新理解

许多形而上学问题可以用类似的方式,根据范畴层次规则和依存规则进行探讨,其中有些问题具有全新的外观,需要采取相应的新方式进行探讨。

其中某些最重要的问题与自由问题一样,处于精神存在的层面,比如对历史性问题及与之相联系的所谓相对主义问题就得重新展开讨论,因为历史过程及其承担者即人类共同体,是多层次的整体。在它们身上表现出来的现象也是以一种内部的层次关系为基础的,它们仿佛构成这种层次关系的表面,因而只能根据这种关系作出判断。在所有的"相对性"中,关键的问题是某种东西"对什么"而言是相对的?倘若真实性与价值对历史时代与民族而言是相对的,那么,历史的现实过程就是所有关联性的基准点,于是这种历史的现实过程就在所有"自下而上"的条件性中消除了成问题的相对性。

在这里,我们不谈关于这些问题和许多其他问题的新取向,而只是用一个独特的问题作为例证来结束全部讨论。对于这个问题,人们也许至少会期待从存在学上做一种事实上的改变。这里所说的就是认识问题。

长久以来,认识问题被看作哲学的基本问题,认识理论被看作哲学的基本学科,哲学本身就是认识,其现实性就体现在认识上,哲学所要做的就是进行认识。因而康德以来的"批判"哲学认为,必须先于所有其他对象来研究认识的本质,但是,如在康德那里已指明的那样,这样的研究是以对其他对象领域的认识为前提的。为了研究认识的本质,人们必须将那种指向对象的认识的自然方向颠倒过来,并使其转回到认识本身。这是一种第二性的反思活动,它本身有时就造成了错误。但无论如何,这种反思活动是以既作为反思对象又作为反思基础之原初的自然的认识为前提的,这也就是已经以存在学的观点为前提了,因为存在学观点如同自然观点那样,是不可反思的,并且表现了其线性的延续。

此外还有第二点。认识不是一种纯粹的意识现象,如观念、思想、想象之类的东西。认识是意识与其对象之间的联系,是超越意识的。从这个意义上说,认识作为反思活动的实施,是超验的,这一点明显地反映在认识将其对象理解为"自在之存在者",并且意味着,这样一种对象的存在,是不依赖于它是否被认识以及在何种程度上被认识的。此种情形无论对于外部对象或是内部对象而言,都是同样适用的,因为各个意识的变化过程是不依赖于它之是否被认识而发生的。这种超验性也同样适用认识对自身的反思。也就是说,这种反思——认识理论存在于其中——不是对自身的反思,而是对对象的自然认识的反思。

第三点十分重要。行为的超验性所依附的认识关系归根到底是一种存在关系，而且是一种实在的存在关系，是许多实在的关系中的一种，意识正是与这些实在关系一道和周围的实在世界相结合。但认识关系绝不是这些关系中的第一个或基本的关系，它与意志和行为、经验和经历、希望、恐惧和焦虑一样，属于超验行为领域；认识关系在生活中与它们紧密相连，并且只有在它们面前才使自己凸现出科学层面上的独立性。只要真实的人类生活是处在一个包含有无限而多样的交互关系的世界中，它就是在这些活动中进行的。

认识按其内涵仍然属于一种独特的内容范围，是一个关于知觉、表象和概念的世界，它封闭性地面对外部世界而存在着，不会转变为外部世界。表象所"体现"的只是意识中的事物，而不能取消其凸现的对立面即真实的"对象性存在"。这里便产生了认识问题中的存在学要素：问题恰恰是，表象与概念如何能在意识中体现不可消除的超验对象？

假如人们从意识（表象、概念等）中的"认识图景"的对立物与认识对象出发，那么，意识与对象之间的鸿沟看起来是无法逾越的。这样，结果就只能是，或者怀疑地放弃对问题的解决，或者采用一种唯心主义的解决办法，即取消认识对象的独立存在，两者代表了对此问题的众多解释。一定要把认识的基本现象之一，即不顾一切理论，始终约束着我们的自然实在论宣布为一种表面现象。这是很困难的，因为所有认识都认为其对象是不依赖于被认识的东西而存在的。批判唯心主义也指出了这个困难。

因此，我们可以在与认识相对立的领域，选择另一种对于所有这类形而上学形式的临时决定来说都是中立的东西作为出发点。倘若人们意识到，认识关系本身归根结底就是一种存在关系，那么，存在学便为这种选择提供了一种理由。认识的主体与客体都是存在的构成物，只是通常所处的存在高度很不相同，因而就是在对简单事物的认识中，二者的异质性就作为不可逾越的鸿沟显示出来了。

于是，在被认为是绝对对立的领域出现了存在层次的级次差别。认识属于精神存在，但其对象却分布在所有存在层次，因为存在者的本质就在于能成为一个认识主体之对象。这存在者究竟能否变成对象，不取决于存在者，而是取决于主体把存在者变成对象的能力，或者如技术术语所表达的，取决于主体能否使存在者"客观化（objizieren）"。

按其存在方式，认识也属于实在世界的最高层次。认识的实在性特征表现在，它在人的生活中是一些实际的、非常有效的东西，在所有生活关系中起着决定性的影响，如同所有实在事物一样，认识在时间上有产生与消逝，在个体以及历史的精神生活中也具有一种过程的形式。但另有一种关系与精神的这种归属（Zugehörigkeit）相并列，这种关系不是与其存在方式有关，而是与其特殊功能即"理解"有关。人们可以把这种与归属相对立的关系称为"归并（Zuordnung）"。

认识也不仅仅被归入最高存在层次，而是被归入所有层次，甚至通常被归入较低的存在层次，因为素朴的认识首先涉及空间性和固体性的事物，涉及可见的事物和生物。若只作存在学上中立意义的理解，归并不过是作为"体现"的功能。思想之于事物是异质的，它属于精神意识，但又"被归入"事物及其关系之中。表象、概念和判断不是被归入自身，而是被归入其他东西，不管它们在世界的层次领域中处于怎样的位置。虽然极有可能在所有认识中也包含了一种对独特的精神本身的伴随性理解，但对事物的认识并不是以这种伴随性理解为内容，也不与之结合在一起。这样一种理解伴随着认识，原因不在于认识，而在于实在关系的联系性，通过实在关系，自我与事物就从存在论上结合了起来。

认识关系之超验性和对确定对象的认识图景之归并就这样极其密切地联系着。通过把表象归入存在者，首先表象本身变成了认识内容，存在者则变成了对象。从趋势看，即使表象不与存在者的现实内容相符合，或只是部分符合，这一点仍然适用，因为就个别表象来说，从内容上是不能看出它是否与存在者的现实内容相贴切。在人的认识范围内，不存在一种划分真理与谬误的直接标准。

另一方面，即使归并的规则适用于"所有"认识，归并的方式也并非因此而在所有认识中都是相同的。这里存在着一种广阔伸展的层次，从简单的知觉开始，一直向上伸展至理解，中间层次是多种多样的，并且实际上总是彼此交错。但是，两端的层次在这一层次系列中起着基本因素的作用，在认识整体中到处存在着它们的相互作用。在这里，我们也可以提及认识归并的两种基本类型，与之相应，也有两种认识归属的类型；因为在精神存在的内部，它们所归属的认识层次彼此离得相当远，在层次结构中处于不同的高度。精神世界本身也划分成许多部分和层次，知觉位于精神底下的边界处，即接近无精神的意识处；理解则位于精神上面的边界处，研究活动和批判性的自我控制包含着理解。

这种对立——作为"认识的两重性"而著名——以归并的基本区分为基础。在知觉领域，单个感觉质被归入某些物理变化过程（光波、某种频率的声波）。感觉强度和刺激强度之间的极端不相似性并不能阻碍这种归并，因为归并与这种相似性并无关系；也因为这里的归并恰恰几乎是彻底的、固定的，所以，在相同条件下，同样的刺激总是产生同样的感觉。归并所涉及的多样性存在的一部分为此被封闭在相当狭窄的界限内，而不能任意扩展。

在理解中进行的归并则全然不同，它与存在者中的普遍性，与存在者的相同性及规律性密切相关，因而最终与范畴密切相关，并且因在认识中起着先验的作用而著名。这种归并在现实认识中从来不是单独出现，而总是处在经验范围内，但它提出的认识是超越经验事物的，因为普遍性本身是无法被感知的。对这种归并来说，重要的是认识范畴是否与存在范畴相适应，因为只有与存在范畴相适应，思想才能与存在者相符合。

一系列重要的、众所周知的事实说明存在着这样一种符合，尽管这不是一种完全的符合。其中最明显的事实是，在普遍性方面基本上被认识到的东西在经验与生活实践中不断地得到了证实。从存在学上说，这意味着较低层次的存在范畴在认识着的精神结构中的再现。量的范畴就是这样在计算着的知性中再现的；空间性、时间性、实体性、因果性、交互作用及其他许多范畴是在自然认识中再现的。更确切地说，这时候较高层次的整个归并、先验的认识和理解同样都是范畴在精神中的再现。

从层次思想的规则出发，这种再现是很容易理解的，它只构成一种较低范畴贯穿于较高层次的特殊情况。但在这里，这一贯穿本身却很独特，就是说，那种自然范畴在精神中不是作为自然的真实范畴，而仅仅是作为其内容范畴而出现的。认识本身作为精神功能与超验行为，是远远地与某些空间性、实体性或量的东西相疏离的，它有自己独特的较低存在层次所不熟悉的范畴，如认识内容与认识活动的可替换性、认识内容之对于个别主体的中立状态、认识活动之意向的对象性和客观性，以及归并范畴本身并不处于最后位置，与归并范畴紧密相连的超验行为之要素等。

较低范畴在认识内容中的再现表示的却完全是另一种意思，它们在再现时形成了认识图景的结构要素（表象、概念等）。若这种认识图景是真正的，即"真实"的认识，那么，这些较低范畴就必然会在其中再现。由于认识图景被归入了认识对象，因而具有体现认识对象的意义。认识图景只有真正在意识中"表现"（体现）了对象的存在结构，才具有认识价值；它也只有建立在与对象相同的范畴基础之上，才能体现对象的存在结构。

这里所发生的，是认识关系中的一种范畴倍加。这些同样的范畴同时存在于客体与主体的对立面中。在客体中是作为实在范畴，在主体中则只是作为内容范畴而存在。显然,这种关系与超验行为和归并一样,也属于认识着的精神本质。

就此而言,这种倍加也是一种最简单的关系,但与纯粹的加倍无关。相反,最简单的分析表明,认识的内容范畴与认识对象的实在范畴绝非完全是同一种范畴。就如层次规则所要求的那样,这里也存在一种再现中的变化。在对事物的理解中,直观的空间和时间并不与事物在其中运动的实在空间与时间绝对同一,它们既不是无限的,也不是严格地连续变化或没有变化,而是在视觉上发生变化,被限定在模糊的界限之内。这种视觉上的变化并不是在所有范畴中都显而易见的,但其迹象却在我们完全能够理解的绝大多数范畴中显现出来。

假如人们思考一下,认识的先验因素是建立在认识范畴与存在范畴的同一性基础之上的,在这种同一性受到限制的时候,先验论也同样受到了限制,所以,这种再现中的变化是相当重要的。因为现在开始就要求从认识论上准确地确定在任何情况下对存在范畴的偏离程度。显然我们不能马虎地为所有范畴做这件事,而只能进行个别分析,因为在每一个认识范畴中,偏离相应的实在范畴的因素是不同的。在质的范畴领域,认识范畴与存在范畴的同一性看起来似乎是最彻底的,几乎可得出这样的结论:数学认识的精确性就是建立在这种同一性的基础之上的。但是,由于这只是涉及实在事物的一个方面,而且仅在无生命的自然科学中起着举足轻重的作用,因而不能由此得出带有普遍性的结论。在其他知识领域,存在范畴与认识范畴之间是明显分离的,甚至如看起来的那样,认识的对象领域在实在世界的层次序列中所处的位置越高,存在范畴与认识范畴间的疏离便越远。

对范畴作这样比较正规的分析,即从认识论角度对范畴内容进行一种有区别的研究,到目前为止尚未很好地进行过。但是,这个问题与认识论中的存在学观点一样已到了可以解决的时候。我们可以期待,一旦哲学认真地着手进行范畴的分析,对这个问题的探讨必定会发展成为一门拥有自己的研究方法和范围的完整科学。

在这种研究道路上所能获得的，是某种对所有认识和科学，尤其对哲学认识来说极为重要的东西。如果我们把康德开辟的纯粹理性批判之路严格地理解为这种批判原初所指的东西，即作为先验认识批判，那么，这种研究至少可以说是康德道路的延续。

新存在学如何在另一方面也延伸到这条道路，上面已作过阐述。那里涉及的是对范畴应用到经验对象的真实限制。康德只是一般地把这种限制扩展到所有范畴，然而事实证明，在任何单个范畴中也存在着一种对确定对象领域的特殊限制。这种限制不是简单地由一个存在层次的界限所确定的，因为的确存在着一种较低范畴在较高层次中的再现，存在学的研究便要求在任何认识范畴中对界限规定的合法运用，即相应的存在范畴可以在多大程度上及何种变化形式延伸到较高的层次。

此外，在不同的范畴分析中出现了第二个要求。在合法运用一种认识范畴的领域内也始终存在着其涉及范围的界限，因为认识范畴在内容上只是部分地与相应的存在范畴相符合。这种符合的界限即"范畴差异"，在日常生活与多数科学中并不起什么实际作用，在科学的最后界限问题与基本问题中则根本不起作用，唯有在哲学中才能起相当重要的作用，因为在哲学中，问题域已超出了认识的范畴系统所适应的经验领域。适应正是存在于范畴的同一性中，但这是一种受限制的同一性。因而哲学认识必须进行一种先验因素的批判，通过对单个范畴的分析，确定存在范畴和认识范畴之间的同一性界限。

人们在这条道路上能走多远，这当然没法预言。但也不排斥某些思辨的界限问题或一些导致了认识范畴与存在范畴间对立尖锐化的问题从这里出发得到清理。前一类问题属于理论物理学所导致的哲学上的范畴问题；后一类则是颇有争议的哲学相对主义之真理性难题。这两种情形涉及的都是相当基本的前提，它们自身还以其正在扬弃的原理为前提。这种不合情理也许可以这样来解决,即认识范畴的扬弃不等于存在范畴的扬弃。

离所有界限问题较远的是双重归并问题。该问题包含在所有实在认识之中,具有更普遍的意义。它涉及关于真假的知识,并由此涉及到真理标准这一古老问题。要是人的认识中只有一种归并形式,那么,在认识关系处于超验状态时,一种确定表象是否合乎存在者的认识,或者根本不会出现,或者仅仅建立在假象基础上。假如人的认识中有两种归并形式,且彼此全然不同,则二者产生的一致性很可能证明了表象是与存在者相符合的。随着认识内容的增加,这种证明也具有重要的意义。

这种思想是古老的,它以所有想通过经验证实先验认识的倾向为基础。只有当人们把认识关系中的超验现象理解为一种存在学的关系,并且在主体与客体对立的后面认识存在层次的叠加现象时,这种思想才会被认为是完全正当的。但是这在超验哲学的基础上是不可能的,因为纯粹认识论思考的反思态度本身在这里就不允许。只有借助于把主体理解为一种存在者的存在论态度,才会以归并的基本区别来理解认识来源的二重性,这样,首先就能为表象与存在者的互相切合赢得力量,以便从原则上证明超验真理要求的合法性。

说明:对本书前面十章内容的更详细研究,可参见作者如下主要著作:《存在学基础》(柏林,第 2 版,1941 年);《可能性与现实性》(柏林,1938 年);《实在世界的结构:一般范畴学说概要》(柏林,1940 年);最后三章参见:《精神存在问题》(柏林,1933 年),《伦理学》(柏林,第 2 版,1935 年)以及《认识形而上学的基本特征》(柏林,第 3 版,1941 年)。这些著作都由瓦尔特·德古意特出版社出版(Walter de Gruyter & Co)。

德国的新存在学[1]

一

人们在建构哲学体系时往往一再探寻某个基础，寻找一种能为所有其他知识奠基的哲学基础知识。这样说的意思是，哲学的各个部分都必须与某一点相联系，必须从某个基础出发；或者说，都必须通向某个目标。这比起始终不渝地致力于建立的体系来说，似乎重要得多。在各种情形中，建构体系是一种冒险，人们为此得随时保护那个基础，而且只要有可能，还得保证由此出发的体系之展开。

我们早就在前人的例子，即体系在遭受批判之后的崩溃中，看到了体系的脆弱。除了批判权威本身之外，什么东西更易被认为应对此情形负责呢？人们也需要一种批判的思想工具，并且合乎逻辑地在揭示体系的错误根源和开辟可通行的道路中寻找它。实际上，希腊哲学已经以其自身所达到的高度显示了这种寻求基础的努力。此种努力很快就证明，哲学开始具有某种科学的特征。

许多个世纪以后，还有第二个动机起了作用，这就是：在几乎所有哲学研究领域中，最基础问题的不可解决性。这都是些形而上学的问题，如追问物质和精神、人和世界、意义和价值。没有任何哲学可以避开这些问题，这不仅仅是人类的问题兴趣，导致这些问题的是某种在其中不可取消的带有宿命意味的东西，人们无法拒绝；但哲学也不能解决它，哲学探究它，并一再地指向这个目标。于是，批判哲学

---

[1] 译自 N. Hartmann, *Neue Ontologie in Deutschland*, 载 *Kleinere Schriften*, Bd.1. *Abhandlungen zur systematischen Philosophie*. Berlin, 1955。原文写于 1940 年，1946 年发表于伊斯坦布尔的 *Felsefe Arkivi* 杂志。——译者注

又玩起了轻松的游戏。

重要的是，批判的权威也出自这个基础，它必须提供一种方法，用以区分人类可能与不可能之事，恰当地确立目标，并与人的能力相适应，为无顾忌的推测设置界限。

这就是为什么人们不在一种天真的思想指望解决所有谜语的地方，即在形而上学中寻找出发点的原因。也许人们会继续探讨形而上学，认为它依然是解决所有问题的典范，但不能以之为出发点。有一条通向形而上学的宽广道路，越是追溯出发点，这条道路也就变得越宽广。人们是在与形而上学距离不断变大的情况下探讨哲学基本原理的，也正是在对哲学基本原理的一系列探讨中，达到对出发点作出历史的系统的描述。

人们首先试图用逻辑学来进行这种探讨。从亚里士多德到新康德主义者一再努力将形而上学发展成一门基础科学，哲学就在判断与推论中运动，哲学的概念构成就已经成为其结论了，清除思想联系的错误也就获得了成功，所以它必须要合乎逻辑。经院哲学家和理性主义者对此寄予极大的希望，因为他们想要直接在概念中把握存在者的本质，黑格尔还把辩证法建立在这一前提的基础上。但人们没有考虑到，仅仅推论的正当性还不能保证推论结果的真实性，相反，为此也必须要确定前提的真实性，而逻辑联系本身从来没有而且也根本不能保证前提的真实性。

人们也必须进一步追溯那个最初被给予的前提之权威性，这种权威性显然不在于思考的方法，而在于认识的真实性。思考可以随意地与存在者相疏离，在完全合乎逻辑的情形下不知不觉地得出不真实的结论，而认识则只允许得出"是"什么的结论，认识就是对存在者的把握。

因此，认识论代替了逻辑学的位置。在柏拉图哲学中，认识论就已起到了承担所有预备性工作的作用；在近代，笛卡儿和康德使认识论完全成为基础科学。什么是不能怀疑的，什么是区分真与不真的依据，人们可以对此作出肯定回答吗？这个问题决定了"批判"的态度，因为并不是所有被看作认识的思考就都是认识，它也可能是错误的。那么，依据什么来识别一种思想是真理还是谬误？

其实，在这个问题上，认识论已达到了满足一些科学所需要的某种结果，它虽然无法指明普遍的准则，但也许能揭示许多传统的错误根源，并使之不再发生有害影响。不过，这对哲学来说是不够的。在这里，理解的问题就具有了根本的意义，它不再只涉及是否合乎实际地理解某些对象，而是关系到是否真正理解某些存在者，以及这种信以为真的理解是否真是一种理解。古代怀疑论对此就已作了否定的回答，而近代唯心主义则从中得出了最令人怀疑的结果。

这便是为何纯粹的认识论也没有获得进一步发展的原因。实际上，人们也确实想用认识来表示意识内容与存在者的某种关系。但这种关系正如由意识来决定的那样，同样是由存在者来决定的，更确切地说，不但由认识对象来决定，而且由认识主体对世界——作为可能的认识对象之整体——的全部存在关系来决定，它完全在存在者的世界中起作用，而且只是世界许多关系之一。在这许多关系中，主体作为自身所处的世界之一部分来看待世界的其余部分。

为了寻找认识关系的基础，也需要对有关存在问题展开讨论，即需要存在学。

这一结论是到后来才得出来的。开始走的是另一条道路，那时，人们认为，认识的源泉就是意识本身，因而很容易重视意识现象，这样，心理学似乎就应当占据哲学的基础科学之位置了。

这种看法所包含的思想很简单：认识在有关的意识活动中，如知觉、回忆、想象、比较等，经历着一个形成变化的过程，要了解所有现存认识和认识的起源，人们就必须分析这些意识活动，二者间似乎存在着直接的通道；在这里活动着的意识是直接存在于自身中的，它无须离开自身就能显现出来，以达到理解对象；意识就是其自身的对象。

然而，这样的看法却是错误的，原因就在于它掩盖了普遍和基本的认识主体之差异，因为主体的情形决定着世界所显现的差异。再者，用这种方法不能理解对象，只能理解认识活动，而认识活动则有另外的规律。意识内容的产生方式，无论它有可能被多么精确地把握，也绝不能用来决定意识内容本身的真与不真，错误和明智也根本不是依据认识的起源来区分的。最后，意识活动本身只能通过对自然的认识方向（那种面向对象而不是面向意识自身的认识方向）的颠倒，即通过面向认识活动而被间接地理解。但在进行这种颠倒时，意识自身则处于变化之中，这种变化干扰着意识活动，同时又形成意识活动的对象。著名的心理学难题就是这样产生的，这个难题在于心理学的自我观察和实验不可避免地包括探讨者个人在内。

20世纪初，现象学家们试图应对这个难题，有意识地批判心理主义。"现象学"想成为一种新的哲学基础科学，它撇开所有遵循自然科学模式的经验科学，用新的本质分析方法代替直接观察。在此种情形下，下述观点便成为基本信念：存在着某些心灵活动的普遍本质，它们从个别事例出发，通过对偶然事件和直接看到的东西"加括号"的方法而被突显出来。

由此，对心灵变化过程的探讨实际上就被置于新的基础上，但并没有产生一门普遍的哲学基础学科，也没有将这种方法转用到意识之外的对象上。尽管所有被给予事物，以及具有现象形式的外部事物，都是真实的，但现象因此还不是对象本身，而只是对象的表现方式。只有当现象分析为区别实在现象和表面现象提供了一种标准时，才能获得一个现实的基础，这个现实基础就是真与不真的尺度。现象学当然是远离了这个尺度的。

正是因为这四种创建一门基础科学的主要尝试，才有了值得进一步重视的开端，即要使一切东西具有共同特征。这些尝试试图将出发点建立在一个非常广阔的基础上，这样，就应当将整个人类生活置于其大量充满变化的关系之中,并从人的生活出发来讨论现实性和真理性。

人是按他生活于其中的共同体形式来区分的,同时也以其认识及其对世界的理解来区分。共同体形式又受到大量当时情形的限制,它使所有当时的情形共同形成唯一的历史状态。于是,人们是重视这种状态的结构上的东西,还是重视它的历史基础,是把社会学还是历史学作为所有哲学思考的基础学问,就都视共同体情况而定。因而在当今的哲学中存在着社会学主义和历史主义两个方向,从后者很快分化出了相对主义,并通过相对主义成为改头换面的怀疑论,而人们曾经认为怀疑论早就被克服了。

改变这两个方向的是生活哲学和实用主义,二者的前提是历史社会学的观点,而且都倾向于相对主义。当德国的生活哲学立足于精神史,并从当时的精神生活中得出教训的时候,美国的实用主义则从人们生活的实际利益出发,并且还在知识和谬误的关系中看到了一种有益和有害于生活的印象。由此观点出发,每个民族在每个时代就有依赖于它"自己的真理"。于是,不再有真正的真理与非真理之分了,前者指独立于时代状况和人类活动,并与之相符合的思想,后者则是指思想之与其对象的不相符合。这样,哲学就不再是一种知识,尤其不再是一种科学,而或者只是一种"生活方式"的表达,或者仅仅成为一种应付某一群人当时现实任务的方法。

人们不难看清这些极端观点是站不住脚的,但要克服它,得同时指出其前提的不充分。所有这些方向都是从某个方面,例如从实际方面、社会方面、历史方面或从精神生活方面,来对待人的,所以获得的印象也一定是片面的,所得出的作为哲学知识的结论同样一定是片面的。

我们是在"人"那里寻找认识的机会和条件的,这一点当然对,此外也得从各方面去理解人,就是说,首先必须从其行为的整体上来理解人本身。这样,我们就会处于一个新的方向,此时人类学便成为基础科学。

造成人及其生活方式差异的原因，不但有时代与生活条件的不同，而且也有出身和素质的不同。精神生活也是在对种族成分的各种依赖性中形成的，这一点对于一个人和一个民族而言甚至是完全相同的。不过，每个特殊的种族生活也都有其特殊的活动方向，有关于幸福、正义、善的特殊观念，有其理想的东西和对世界的认识图景。在这种情况下，人类学当然不应孤立地存在，也许它必须以精神生活的独立力量来综观人类本性的生物学条件，从而试图获得对人的整体之理解。

然而，人类学也不能获得对人的整体之最终理解，因为，人生活于世界中，已经适应了它并且与其力量进行着不断的斗争，假如人类学不是在这样的世界联系中理解人，那么，它将如何从整体性上理解人呢？人并不是孤独地存在的，而是处于一个广泛的、与人相疏离且没有人也存在着的存在关系的结构之中。这些关系构成"世界"，人属于世界的一部分。所以，我们要从人类学回到普遍的存在学说，即回到存在学。

从社会学、生命哲学、实用主义以及历史哲学出发，也可以证明这种情况。假如没有作为历史过程或生活社会形式之基础的世界关系，人们将怎样理解这二者呢？假如没有确定与所有活动、行为、贸易、愿望、希望、恐惧等相联系的那些关系，人们又如何能明白精神的类型或其活动的实际意义呢？

因此，在我们的时代，对一种哲学基础科学的探讨导致了这同一门学科，以前，它在亚里士多德那里就已起到了第一哲学的作用，这就是作为"存在者之存在者"的学说。

二

当今德国体系哲学为何走向一种新存在学，其原因就在这里。这并不是说新存在学已经在那儿了，而是说它处于变化之中。人们从不同的方面，以不同的方法开始研究新存在学，以至于同时代人不易做到在多种多样的征兆中找到其表面上的对象，这种情形其实只是证明了存在学倾向的普遍性和必然性。

新存在学首先得与许多困难作斗争，不仅仅有与之相对立的诸多偏见，有对古代和经院哲学错误道路的回忆，也有真正内在的哲学难题，特别是一些认识论难题。这里只提出一个涉及其作为基础科学的方法论态度的原则性难题，即研究存在学已不需要一种受过训练的认识批判了吗？这里的讨论涉及的不再是古老的无批判的存在学，那种存在学是在没有经验研究基础的情况下从普遍原则得出先验结论的，而是涉及对在不同认识领域中获得的大量科学认识的运用。这里所追求的存在学从一开始就依赖于这些研究结果，因此它本来就已经以其受过精心训练的方法论为前提了。但是，一门那么有依赖性的学科如何能提出成为基础科学的要求呢？

对此，首先得指出，别的绝大多数想要使某一个别学科成为基础科学的探索，也遇到了同样的难题。人类学、社会学和历史哲学都将广泛的知识及其认识方法论的基础建立在经验之上。的确，在更广泛的意义上，这也适用于那些在不以自身为前提的情况下似乎极易理解的探索。逻辑学与认识论显然在最大程度上以所有科学活动的事实为前提，它们不仅以之为依据，而且直接与之相关（虽然不只如此），它们所以能从根本上弄清规律性的东西，主要还得归功于这些丰富的材料。只要心理学和现象学能进一步提出原则性的问题，并且不是停留在它们所要处理的漫无边际的各种材料中，其情况就应当与此类似。事实上，二者也根本不足以为哲学准备道路。

当然，困难并未由此得到消除，而只是作为也不能摆脱以往所有探索的同样的困难而重新被认识。那么，我们据此是否必须放弃一门哲学基础学问的念头呢？或许会有这样的印象。但哲学的统一性究竟会不会由此而被破坏呢？一定存在着某种基础，所有哲学分支的流传都与之相关，且不会只是一个分支而已。

这里有一个问题，就是我们首先必须意识到，是什么东西真正要求一种哲学的基础科学，什么东西并没有这样的要求。事实上，这个问题从来没有弄清过，相反，甚至在未对它们作出清楚区分的情况下，人们就对那些探索抱有极不相同的期待和希望。

由于人们忽视了较细微的区别，因而所有对哲学基础科学的探索都导致三种完全不同的问题方向。首先，能够作为出发点的最初事物存在于何处？这是关于研究的认识前提之方法论的问题。其次，如何在事物的多样性中达到认识的统一性？这个问题指向各种在特殊研究方向中广泛分化的事物之联合和整体状态，最终则是对哲学体系的充满期望和很高要求的探问。再次，哲学研究的整个对象领域的最初客观基础是什么？这个问题不涉及知识的基础，而涉及事物与整个事物领域的基础，最后也涉及世界、生命、人等的基础。虽然第二和第三个问题指向很不同的东西，但二者密切相关。原因很清楚，一种世界图景的统一性，其存在依赖于应被概观之多样性的存在论基础。相反，第一个问题则完全不同，并与这二者对立。当这二者涉及在研究过程中很早就作为最终基础凸现出来的"自在的最初之物"时，第一个问题涉及的则是在认识过程中作为前提的"为我的最初之物"。在这两种提问方式之间出现了认识根据（ratio cognoscendi）和存在根据（ratio essendi）的完全对立。

这种对立自亚里士多德以来就是众所周知的，假如我们没有在探寻哲学基础科学的过程中一再把二者混淆起来，那么对此就无须多说了。人们能在逻辑学或认识论中——最后还在现象学中——探求形而上学的存在论基础，就是这种混淆的结果，而能从方法论上在社会学、历史哲学及人类学中探求所有哲学的最初基础，同样是这种混淆的结果。前者或许能通向存在论上的最初基础，后者或许能通向方法论上的最初基础，但绝不能倒过来。

真理正是在于，不在同一问题中追寻两种要求，不能在同一基本原理中达到两种要求，要么是这个，要么是那个；或者，如果某个要求已与二者有关，那就要分清楚，并且在这个要求的本来的问题方向中追寻它。

由此却出现了第二点。认为哲学按认识过程应当从某个唯一的、不依赖于任何其他学科的学科开始，这是对哲学提出的一个乌托邦的要求。也许有预备着的问题域，认识论和现象学的问题域毫无疑问可以算在其中，但它们既不可在无其他前提的情况下孤立地被讨论，在内容上也不足以作为基础。事实上，哲学往往是同时从许多方面开始的，尽管少数思想家没有对其出发点的范围作一概观；哲学家所处时代的全部知识随时都可供他们使用，并且往往要求在他们开始思考时就让它有发挥作用的余地。没有哲学是从自身开始的，哲学总是以专门的实证科学的工作为前提，即使这种工作本身还处于开创阶段。

哲学学科本身也是彼此相互联系，互为条件的。形而上学、认识论、伦理学和历史哲学的思考有机地相互交错，人们只能为了教授法的目的来区分它们，而教授法的目的也只是在狭隘的范围内。只要问题成熟到足以返回到它的基础问题，人们也就能在伟大思想家的思想成就中重新到处发现这种联系。

存在学在对一种哲学基础科学的逐一探讨中，只应在原则上取消一种方法论上占绝对优先地位的乌托邦要求的范围内，具有一种全新的地位。或许在各种哲学学科中都存在这样的问题：它们需要存在学的帮助，就此而言，存在学也是它们取得进步的前提。但存在学并不要求在它们之前发生并预先确定它们的道路。相反，存在学以各种哲学学科为前提，从中得出自己的结果，而且还极易成为终极哲学。这并不妨碍存在学的研究从最初的存在基础开始，并在这个意义上成为第一哲学。

存在学的地位也正是取决于那种所有哲学研究分支的互为条件性，这种互为条件性不允许其中的某一分支具有方法论的优先权。存在学就是以这种方式解决上面提到的哲学难题的，而没有拒绝追问哲学的出发点，它不只是单纯为了自己而接受出发点的要求。这当然意味着将重点从第一个问题转移到第三个问题，即基础科学主要关心之事已从认知根据转到了存在根据。一切取决于存在基础的问题，因为追问统一性和概观整体也都极容易从最初的存在基础开始，而绝不会从现存的事物开始。

光是这种方向的改变就已经是一种值得重视的结果了。由于这一改变，人们从反思态度重又返回到自然态度。指向对象正是认识的自然态度，心理学、逻辑学和认识论都人为地使这一方向离开对象，将它转向相反的方向，转向主体及其活动、思维（概念和判断）和认识关系及其条件，从而使它离开存在者而转向现存事物。虽然对于它们的特殊研究来说，这是必要的，但这种态度陷入了忽视超越于多样性现存事物的存在者之危险中。这样做竟然使得在新存在学开始时，就到处错误地把现存性看成存在性了。

许多属于这种反思观念的东西直到今天都尚未消除，人们往往还把可感知事物与"现实"混淆起来，这种混淆以前在新康德主义那里曾起支配作用。我们需要极力摆脱这种习惯的思维方式，以便认识到存在着许多不可感知的现实的东西。虽然自然科学往往意识到了这一点，但认识论却提出反驳，认为：自然科学所说的原子、能量及变化都是假设，它与这些东西远离可感知事物一样地远离现实。这一批评完全没有看到，这种（想象中确立的）假设本身与它试图理解的存在关系就是不同一的，它不可能考虑思想的存在关系，因为它根本忽视了所有认识对象，即存在者。

还必须指出，在近几十年的实证主义研究中，反思的态度也蔓延到了实证科学本身。尽可能批判性地行事，本着这种要求，人们在这个实证科学的范围内不再谈论自然规律，而只是谈论自然科学的规律，因为在这里仅仅还涉及纯粹的规律科学，人们由此而处于一种科学的空忙状态，这种状态既无意义又很危险。这样退回到其概念与术语的科学，会成为无对象的科学。

为了判断由于在出现新存在学和重新回到自然态度时发生的自身彻底改变所具有的东西，已经需要这样一些极端的例子了。自然态度指的是，外部对象领域恰恰是最直接地被给予的对象，而内心的活动、思想和认知关系只是对一种在转向外部对象时所获得的东西进行加工。反思态度以自然态度为前提，存在学态度则是自然态度的直接前提。

我们还可以从另一方面来说明。在精神科学中，反思态度导致了相对主义。但人们要问，一种观点的真实性相对地应建立在什么上面？回答是：应建立在当时的生活关系、实际需要和社会生活方式上，最终也许总是建立在历史地变化了的事实上。这里指的意思是，人们绝不因此而以消除相对性为前提，相反，已经假定历史的真实过程是一种消除了相对性的过程，甚至不依赖于人们是否并在多大程度上认清它，是否并在多大程度上理解它的内容。

在相对主义中确实也不可能发生别的东西，一切都应相对地"建立于其上"的那种事物，不可能重又处于同样的相对性中，否则相对事物的相对性就保留了。在历史领域中，所有判断与效用都应当是相对的，这个领域的实在性已消除了相对性。

事实上这里也以一个存在学的命题为基础。这个命题涉及历史的存在，并且正好是承载一切的前提，只是人们缺乏对它的了解。人们默默地以自然的态度无意识地接受它，与此同时没有料到这样一种接受是与相对主义的结果（一致性）相矛盾的。

所有过分注重批判的反思之命运，不知道自己的前提，也不懂得关心它；这个前提使批判的矛头反过来指向现存事物，而不是指向它自己冒险的行为；由于这种无批判性，它本身就成为非批判的。在它不能继续和不知不觉地终止的地方，便显露出与之相关却没有认清的存在学前提。

相反，存在学正是在这个前提下开始的。它有意识地使问题转回到这个前提，由此而使它挣脱对现存事物的已经变得无益的批判；它不把这个前提本身也想象成是被给予的，而是首先去寻找它、阐释它。这意味着还必须根据这个前提来确立与现存事物的联系。要与大多数持续地验证前提与假设的实证科学的经验相一致，这没有原则困难。

于是，我们就可以理解，为何在哲学中对出发点的追问不能导致一种统一的基础学科，而对存在根据的追问也许能够做到这一点。我们最终可以从任何现象和现存事物出发，只要它们是真的现象和现实事物——这大多数当然只有依据后来的结果才能区分，极少数则在开始时就可以区分开来。应当清楚地看到，什么是被给予的，什么不是被给予，不仅仅取决于存在者的状态，更取决于人的认识工具，这种认识工具只有一种选择适合于对象某些方面的感受性的器官。认识首先是对存在者的"表面"感兴趣，知觉就是这种关系的典型。

想要创立一种从现存事物到基础科学的科学，就必须依据一个大量异质的、彼此松散存在的现象领域来建立。人们由一个统一的出发点开始获得各种没有联系的个别事物的混合物，为此还把"为我们之物"与"自在之物"混淆起来，这样就处于视这种混合物为存在基础的危险之中，人们要探寻其结构与统一性的那个世界，看上去杂乱如麻、一片混沌。

这种状况在我们时代的相对主义中已走得很远了，在批判主义、逻辑主义和心理主义中也许还可以继续掩饰起来。因此，我们甚至还得感激相对主义那种怀疑的模糊的特征，因为它敲打了反思的出发点及其内在矛盾,并因此首先变得透明起来,这样才为新存在学赢得了活动余地。

三

认真说来,也许一种哲学的统一基础根本上就只能在存在基础的方向中去寻找。

哲学的关键是要把人们可以之为出发点的各种现象安排成一个整体,使其适应于所属存在层次的自然关系。这种安排在各个环节中都不同于现存事物状态,我们应称之为"存在状态上的"安排。存在学主要关心的事情就是寻找这种安排。知觉将完全异质的现象结合起来,因为它对事物的核心无关紧要;体验带上某种限制亦是如此。确实,没有联系的松散的现象,本质上恰好就是知觉与体验,虽然兼有二者,却绝不是无意义的,支配存在关系的秩序对它们而言往往必须在别的观点中才明确起来。

另外,存在状态上的安排恰恰比人们所认为的更接近自然的世界观。自然世界观与知觉或体验完全不同,它与这二者连在一起只不过因为有共同的信念,即相信被知觉的对象和被体验的事件都是实在的。这种信念当然是基本的。自然世界观断言,对象与事件绝非像它们在知觉与体验中所显现的那种样子;它支持被给予行为的实在性命题,而不支持其适应性命题。

存在学的基本立足点中由此便有了具有存在学特征的因素,我们可以称之为"挤向(Hindrängen)"事物核心,也即是这样一种倾向,它十分明显地从现象转向存在,从表现方式转向以此方式"显现着的东西"。

按这种方式，自然世界观原来就是存在学的，如上面所表明的那样，这就是它能直接地、无变化地转为哲学存在学的原因。此外，还有实证科学的态度也处在这一转化途中。以此方式经由统一的方向建立起唯一的特别的联系，即从自然的世界观经过大多数科学直至进入哲学世界观。从这条线索中得出的完全只是怀疑主义、主观主义和唯心主义。这些理论就像哲学的原罪那样，哲学开始从这种原罪中站起来，才进入新存在学的开端。

在这种情况下，关键是要安排一系列现象，使它们与对象的存在秩序相适应，这样，显然就涉及发现实在世界结构的问题。认为世界结构一般看来是某种特殊隐蔽的谜团一样的东西，这种看法是错误的。世界结构绝没有与处于其中心的人相脱离，对我们的观察而言只有一种不利情况，即我们可以"从中心来"看世界结构，却不能毫无困难地在整体的统一性中把握它。不过这种困难是可以克服的。我们不应当只把在现象中结合起来的现存事物看成世界的存在秩序，而必须用与之相反的方式，即如同自然世界观那样，以"客观指向"开始探寻这种秩序。

这种客观指向同样已经是一种对人在世界中找到的道路之观察结果，它首先还只是限于涉及实践需要和生活本身要求的狭隘界限之内。人由于这种客观指向而高于动物，人类本能生活中的一切（饥饿、自卫、性欲等）都与动物意识有关。人的意识指向所理解的周围世界，并由此而使自己处于世界的中心地位，其眼界也因此受到限制。人在现实世界中当然并非处于中心地位，这种中心的定位是不准确的。人的意识随着对错误的清除而提高，不是意识指向世界本身，而是意识本身指向世界，意识由此开始使自己"在世界中"定位，这样，意识本身在实在关系中就获得了相适宜的离心位置。

客观指向原来就是转向存在关系本身，因此是一种实际的指向，并且对人所特有的生命很有帮助。它认为人的生命受到整个世界秩序的多种制约，依赖于这个世界秩序。客观指向所以能有这种理解，正是基于如下考虑：在世界中自己主动安排的本质的独立性始于对依赖性的理解。

人的自然态度当然并不是与实在世界的总体现象远远分离的。实在科学和哲学理论必定继续进行"在世界中定位"的工作，也就是说，必定远远超出实际的需要。就在这一继续进行的方向中，人们获得不断地进一步理解实在世界的、彼此分离的世界形象。

对世界的认识就这样持续不断地发展，没有倒退，所以今天新存在学的任务就简单了。但在精神史的实际演变过程中，反思态度处在自然态度和新存在学之间，并且正在哲学中发挥着广泛的作用。我们已经指出过，反思态度是自主的，就如它源于本来有益的对认识之批判和对确定性之渴望那样，而自然态度则是排斥的。所以，反思态度从其自身方面勾画了世界形象，这实际上是退回到以人为中心的世界指向中去了。

如果人们对那些反思形象的夸夸其谈的形而上学观念记忆犹新，那就很容易认不清这一点。那些观念把主体、"自我"、精神、自由，或者说最喜欢完全普遍地把理性看作世界的中心，因此它们在事实上依赖最高对象的存在，却根本没有切中作为一个整体——出现于这一整体中的全是主体、精神和理性——的实在世界之总体现象。对动物层次的意识有用且对它是合理的东西，于哲学而言就是灾难，会使哲学对实在世界的解释不着边际。

因此，今天，我们正需要在哲学中重新获得带有客观指向的自然态度。为此，现在围绕几乎容纳了所有哲学研究领域的存在学，存在着一种精神的斗争，斗争涉及首先为存在学准备基础。

我们不应简单地想象这种情况，还有许多别的哲学思考的坏习惯，仿佛是其遗传性的恶习，因为许多世纪以来，它们一直在形而上学中居于支配地位。其中最具灾难性的是尽快地达到世界统一性这种倾向。

这就难以避免下述情形：人们还要运用不适当的方法，因而越发不能达到现实世界的统一性。

大多数形而上学世界观都犯了这种错误，它们都曾探寻基本原则（或世界基础），并先验地肯定这种原则或基础必定是"一个"。因为世界由不同层次的事物组成，所以人们很容易不是在最低层次就是在最高层次上去探寻，换句话说，不是在物质就是在精神那里探寻。前一个方向作为唯物主义而众所周知，后一个方向则产生各种有神论、泛神论、唯心主义和理性形而上学。

人们也会或者把最低层次的原则套用到所有较高层次上，或者把较高层次的原则套用到所有较低层次上，对世界的认识由此而简化为最表面的认识，可是，用这种方法却不能理解存在层次的多样性与特点。"从上而下"与"从下而上"的构造一样，都被证明是站不住脚的。人们很少能从精神来理解有机体和宇宙，如同从物质来理解心灵和精神那样。把一个存在层次的范畴与规则套用到另一个存在层次上，这是越界。这种套用丧失了它的客观有效性。

这种建构的随意性必定导致存在学的失败，两个极端的命题都远远不适合存在学，特别是它们首先得避免匆忙谋求获得结果的做法，即使这些结果真的是那么诱人。

存在学当然可以相信世界具有统一性，是一个系统。但统一性存在于何处，系统处于怎样的状态，存在学不能先认识到，而后再去探寻。这里适用于拒绝所有简化的或从特殊领域获得的模式。所以，若把追求某种中心或起源作为世界统一性的前提，那就是错误的，也难以涉及总体或整体的统一性。把世界的统一性作为其内部联系的形式，即作为其系统或结构来探寻，这肯定是有意义的，因为世界的统一性在现象上表现出来的，就是结构。

人们把这一点当作第一个内容命题，所以，关于这个问题的谈论已经很多了。秩序、规则和连贯的关系都以结构特征建立起来，这就是与"混沌"相对立的、古代希腊和罗马人所谓的"宇宙";与此同时,世界以其形式之美呈现在他们面前,其中,乐于生活的乐观主义之世界征兆必定会使存在学没落下去,但这种世界思想的结构性会毫无保留地接受它。

但世界结构的状态具体如何,古代存在学对此尚无甚概念,它试图用少数几个对立范畴来理解世界,如形式与质料、理念与事物(本质与事物)、潜能与现实。

这些范畴过于简单,也太一般化了。"形式"是静止的,它不能理解过程,而实在世界则完全处于变化之中;"质料"是从事物的存在方式中提取而来的,它不适用于心灵和精神生活,且本身在有机体中也只是从属因素。柏拉图关于理念与事物的对立之观点已经是众所周知的,但他将世界撕成无时间的存在碎片和过程般的现象,前者是不真实的,后者则剥夺了其存在的特征(或者贬低了其存在的重要性)。潜能与现实虽然包含过程,但在这样的理解中,过程似乎就是事情按一定目的发生,与物理过程无关。这种模式来自人类行为,人类行为的倾向就是为事情之发生确定目的,但与整个世界相比,人类这样做的影响是多么少啊!宇宙的演变过程是多么惊心动魄地在进行着啊!没有任何迹象表明,这种演变过程又为宇宙理性目的所支配,来自神话思维时代的虔诚信念能促成这种想象,冷静的思考则使这种想象一出现就没有任何抵抗地消失了。

人们试图以这种方法理解存在者的层次等级,所以,世界的全貌不可能与实在的层次顺序相符。这样不知不觉地接受带有人的尺度印记的分层次观点,对世界的认识就会具有人格化的特征。至此,共相形而上学就极广泛地出现了,这是对古代理念思想的改造。这种学说认为,普遍的东西在其观念状态中是完美的,实在的东西在其个体状态中是不完美的。这种层次等级导致这样一种结果,即贬低实在世界的价值,错误认识现实生活及其范围。

这里恰恰包含着对世界统一性类型的确定。因为世界事实上是一个层次的王国，其统一性就是各个层次的统一性。古代存在学的思想家们很可能已看到了这一点：人们意识到，这涉及统一性中的多样性。人们也承认，构成世界的事物多样性具有一种等级顺序。假如人们不是草率地勾画具有人格化观点的那种等级顺序，并且仿佛已对世界作了规定，也许某些东西已因这种观点而开始了。可是人们不但一开始就这样把世界的全貌简单化了，而且也将它表面化了。人们毫不迟疑地设想，该在何处小心地揭开现象的秘密。

甚至可以说，用纯粹层次顺序的思想确实只是形成了一个最初的开端。一切取决于怎样理解这种层次思想，就是说，假如人们比经院哲学的一般实在论更靠近地继续停留于现象上，那就容易陷入错误，即把一种世界层次强加于存在层次。这样论证，实在是过于显而易见了：有机体比无机物更完美，心灵比有机体更完美，精神比心灵的活动结构更完美；看起来似乎因此把握了世界结构中某种本质的东西。

可是，那样至少对这种本质的东西作了十分错误的表述，很可能对它的理解也不正确。精神难道真的比自然物更完美吗？自然物始终遵循其固有的规律；在物理变化过程中不存在变坏与失败的情形，在有机体的生命活动中却至少并非如此简单。人仅仅因为其有计划、有目的之意识，因为其自由与主动性，就到处遭受到失败与错误；在人那里恰恰存在着价值有害的行为与过失。人们也特别要在存在层次的联系中谈及完美性，因此，与动物、植物，特别是与无生命自然的动态结构相比较，人并不具有完美的本质。

即使撇开这样的比较，事实也许本该就是这样的：每个存在层次都有其自身的完美性，各个存在层次特有的完美性在于构成相关层次的真实内容之实现。人们不能通过给某个行星系添上一个中枢神经系统而使它变得更完美，也不能因为说动物具有道德上的冲突与抉择，它就变得更完美。由于这些想象力，人们扭曲了世界，并且还遮蔽了它实际上所具有的完美性。

不同层次事物的完美是不同的。经验说明，较低层次事物比较高层次事物更容易达到完美。在这个意义上，一般看来，正是较低而不是较高层次的事物是完美的，人有理由认为自己是最高层次的存在者，却最不完美。

与弄清那种人们已错误地将它看作这样一种完美性的层次顺序有关的，倒在于存在层次的高度本身，即结构高度的级次。这很可能与每个存在层次都有其自身的完美性相一致。较高存在层次的本质正好是那种为了使其变得完美所更加需要的东西，因而它也恰恰较难达到完美无缺。

当然，这与较高层次的完美性处于一种较高的价值等级有关，因而道德价值只是具有精神的人才有，其完美性仅限于生命价值的有机体则没有道德价值，只是我们不应当把这种价值等级的级次与事物层次的完美性等同起来，倒不如说，每个价值等级都有属于自身层次的完美性；价值等级的级次也与存在论状态的层次顺序完全无关，它仅仅取决于结构高度。

如果人们从一开始就把层次顺序理解成是发展的，那就把一个类似的问题变化放在了面前。这种理解同样是古老的，并且广泛流行，它源于在世界的形成过程中同时也要统一地理解它的需要；若所有多样性都来自某个源泉，那么，它们自身就完全自动显现为结合在一起的统一性了，人们当然并没有由此而使问题变得更容易，而只是使它变得更困难。当存在者的层次可以毫无困难地从现象上看出时，围绕世界形成的猜测就离现实事物太远了。

但是，发展的思想通常还是继续进行了——也许通过其各自的时髦语言进行诱导，这种时髦语言按严格的词语意义是指"打开包裹着的内容"。这里作为基础的观念是，在开始阶段就已瞄准并潜在地包含着最后作为结果出现的那种东西。应用到层次系列上就意味着，较高层次已经在较低层次中预先形成了，即使在较低层次中它们还未表现出来。这包含着一般形式的目的论，这里指的是较低存在层次总是承载着较高层次的"命运"，其动力也必定是趋向较高层次的事物。

在这里，统一性要求也许是发展思想之父，此外，能确定地从最高存在层次来思考整个世界的需要，当然也可能是。但这样一种思想建构自然是虚无缥缈的，它不能被现象证实，也不存在先验基础。与所有批判相比，更重要的是这一事实：一种发展模式既不会使分层次的过程减少什么，也不能为它增添什么；发展模式也根本不能改变层次顺序本身，而是要以之为前提，以便能赋予它以一种发生学的意义。存在层次的问题因此而错误地在形而上学上受到重负，就它那方面来说却没有得到什么。

由于这种问题变化，人们在存在学中踏步不前。事实上，自20世纪上半叶以来，存在学思想也可能真的已陷于停顿了，因为它不能承担人们已经加于它的形而上学的问题重负。我们必须从摆脱这一重负开始。

四

倘若干脆把因本质迥异而引人注目的存在物各等级等量齐观，并试图将它们按顺序排列起来，则更接近自然的存在秩序。在此情况下，人们首先无意识地考虑层次顺序：植物、动物和人。植物之下是一系列无生命事物（广泛意义上的事物），在那里看到的当然不是由人制造的日常需要之物，而是自然构成物；在个体之上是一系列集体构成的民族和国家，超出它们，则有一种更大的联系形式，人们通常将它概括为"历史"。在"历史"的概念建构中，现存事物的特征当然差不多已完全消失了，过程的观点则占了优势。因为过程本质上正好是另一种层次，所以，把重心转移到属于最高层次的过程就是离题了。

另外，这种层次排列显然也并不完全属于同一种类，植物和动物也有共生形式，这些共生形式严格说来属于"种群（Volk）"概念，它们可能与"种群"概念一起进入第二层次。我们重新把民族、国家与历史理解成本质上属于人类生活特有的构造，并因此而将它们与自然的构造区分开来。另一方面，各种有生命的东西都有历史，有种族史，其存在学意义根本不比人类史更少；作为天体的地球也有历史，更大的宇宙系统同样有其历史。

因此，层次排列是不同种类的，但它至少构成一种自然的层次顺序，其中每个层次都是一组完整而确定的、无法否定的现象。层次排列，至少是其前面四个层次，也常常足够作为基础了；但不能说，它在哲学中已被真正接受了；也不能说，无论如何几乎难以进一步相信它的基础了。这其中一定有什么不对头的地方。问题究竟出在哪里？

问题不可能是由层次排列的不同种类造成的，也绝不存在层次间隔必须相等的危险。问题在于，究竟是否可以清楚地看出层次？植物和动物的关系并不是那么绝对清楚的，其实二者本身就构成一个完整的层次领域，其较低层次的平行性显而易见。此外，与彼此间的差别相比，二者与无生命事物的差别更为根本。如果把人理解为具有精神的、理性的、在世界中客观定位的生物，那么，二者与人相比，所显现出来的差别同样是根本的。但并非所有新的生物特征都是在人这儿才开始的，较高级的动物一定程度上也有心灵活动和意识，在这方面，较高层次的确立仍完全属于动物界。为什么刚好在动物和人之间，而不是在出现意识之时划定界线？意识的出现可是无可置疑地开始了新一类生物的。所划定的界线在这种层次顺序中也不能全部符合人们想要清楚区分开来的生物差别。此外还有第二点。在这种排列顺序中，较高层次显然包含了全部较低层次，但不是贯穿于其中，除了特殊情况以外，例如动物就未包含植物，但可能包含了带有植物属性的物体性。相反，人可能就包含了也作为物体性的动物生活，虽然这二者并不构成人的特殊本质，而只是用作有助于构成第三种完全不同的东西，即有精神的、合道德的与自由的人之基础。假如人们设想，也有一种低于人类意识的意识，那就说明，在所谓人的层次中，还有插在中间的第四层次，即心灵生活层次，它也存在于较高级动物的无精神的意识中，在人那里也绝对不会消失不见了。

同样的情形也出现在人类共同体甚至人类历史中。一个民族由许多个人组成，其中每个人都是动物有机体，并因此也是空间—物质性的事物；民族能超越个体的有限生命而继续生存，这是一种种族生命，如其他动物的种族生命一样；在动物的种族生命中，心灵本性不过是身体本性的进一步继续。正如通过共同的语言、习俗、知识与艺术，形成了超越于这些东西的精神世界那样，作为精神统一体，一个民族就已由这些蕴含于其中的各层次所承载着。人们顺着时代的发展观察民族的全部生活，这种生活的情形因此也显示了该民族的一系列成就与命运；历史也不是那么简单的，而是一种同样有层次的存在方式。

世界很可能有事物的分层次过程，但在存在学上却与此过程完全无关，因为世界的存在并不取决于它。贯穿于存在种类或层次的本质特征，并不局限于其中的每一个层次，而是进一步在更高层次上重复出现。人们反过来一定会问：那新加到较高层次上的是什么？是什么构成了较高层次的存在？若这样提问，那就不能把目光集中于存在物本身，而是集中于存在物在其中活动的存在层次了。因为具有突显存在物的新形式、新特征的新存在层次，总是明显地以较高层次的存在物出现的，所以，植物和动物表现出有活力的、活跃的自身再生能力，较高级动物具有心灵生活，人则拥有精神世界。存在学问题的提法因此就从那些存在物的"层次"转移到存在层次或"存在层（Seinsschichten）"本身了。

乍一看，这种转移可能微不足道，可是与存在物的层次和存在层之间甚至有明显的关联。假如只是为了便于去作一般的察看，那么关于这方面就可以讨论究竟更喜欢哪一种分法的问题，而实际上，这涉及实在世界的结构，且此种结构与构成世界的存在者种类及形式的多样性和等级序列是不一致的。这些形式恰恰是越向更高层次移动，本身就越具存在层次的本质；它们处于世界之中，且与在其中的世界相同，全部层次在其存在高度上都在存在者形式中重复出现。如果想深入研究世界结构，那么，持守复杂的形式于事无补，必须突破形式直达存在层次的本质。这些存在层次在复杂的形式中出现并且部分地贯穿于其中，复杂的形式也同时既区分开存在层次，又把它们联结起来。

存在层次不同于存在物之形式。层次之间既不像植物和动物那样，互相并立并存，也不像动物中有物体性东西、人类中有动物性东西、人处于民族中、民族又处于人类历史的变化过程中那样，彼此潜在包含。它们不是相互忽略，而是按照某种固定的顺序原则叠加起来，无论在大小不一的事物中，还是在较高存在物的结构形式中，或是在世界整体中，都不例外。它们在此显示出一种既相互依赖，同时又相对独立的颇为奇特的关系，逐层表现了基本的本质特征（范畴），不过也不缺乏共同特征（基本范畴）。因此，用完全不同的方法可以达到从研究世界结构的形式到层次的研究方法之过渡，因为可以紧紧依靠现象让存在层次的本质特征明确起来，并使之显出概貌。只有在层次关系的基础上——正如它也穿过较高存在形式的结构那样，存在状态上的关系才可以在存在物的层次序列中得到进一步规定，因为存在物的关系很大程度上受到其内部层次结构的限制。

这还根本没有达到涉及新的理解的程度，始终还缺乏清晰的表达和结论。古老的"自然与精神"（或物质与精神）的对立本身就有着层次思想的萌芽；这二者不都是事物，也不都是形式，而是完全异质的存在领域，具有极不同的本质特征，这种区分是过于概括，过于粗线条了，缺乏中间环节，只有彼此对立的两个极端。这样，世界便被披上了伪装，成为完全虚假的仅仅是物质与精神的二者择一了，对世界的认识也就成为二重性了。

在较早的形而上学中，层次顺序得到了进一步扩展的时候，它们大多又重新退回到存在物的等级顺序。例如在亚里士多德及其经院学派的后继者们那里，这种等级顺序是：物体、有机体、有心灵的生命体——这些都是存在物的层次；然后是心灵内部真正层次的排列：生命心灵、知觉心灵、理性心灵（精神）。显然，这里还没有在两种层次顺序之间作出区分，因而这个系列依旧是异质的，并且在存在学中不可能真正富有成果。

笛卡儿以其对广延与思维之区分实现了有意义的进步。当然这首先又是一种简单化，即只有两个对立的构成部分，世界似乎被二重化了。实际上，广延与思维也是两种基本不同的存在者，就像两个彼此对立的完整世界那样。笛卡儿把它们称为"实体"：思维由另一种材料构成，它不同于有空间维度的事物，这便是他想要表达的观点。两种实体不同的存在方式是与它们这种根本差异相适应的。

笛卡儿已经清楚地看到了两者不同的存在方式。[1] 这在此种差异与两个存在领域由之而确定且恰好踞之而得名的基本本质特征相联系的范围内是重要的。因为思维和广延既非事物，也非某些事物种类，而仅仅是整个存在领域的不同特征而已，它们表示有空间的物质与无空间（有意识内容）的思维之存在方式。一般实在论把事物之中与思维（概念）之中的一般等同了起来，认为个别是从属的东西，其本质特征完全取决于一般，所以，两种存在领域的存在学对立消失了。笛卡儿重新揭示了这种对立，并且指明，此种对立意味着不可归约的基本差

---

1 这是海姆索特（H. Heimsoeth）最近在其出色的论文中所指出的。见 *Zur Ontologie der Realitaetsschichten in der franzoesischen Philosophie*, Blaetter f. deutsche Philos. 1939，III。

异，在这个意义上，他也许是第一个明白层次关系的存在学意义的人。另一方面，他在历史上处于存在学思考结束的时代，正因为如此，他的揭示已不再可能对存在学发生影响了。

首先只是发生了心灵—肉体问题的系统扩大：人被理解为二重性的存在，其间穿过一条分界线，仿佛将其本质分成了两半；同样的划分也贯穿于整个世界，贯穿于人类共同体和历史生活。这一点当时一直没有获得其合法权利。如果人们认为，这一条分界线的确不足以把世界看作层次结构，这也许是可以理解的。

思想对于主体的内部世界、心灵生活是足够了，但对于超越个体的拥有共同精神生活的世界则还不够，因为精神世界恰恰超越了"思想"领域，特别是超越了主体的内部世界。这里还有着一种存在层面的划分，此种划分不很明显，也不太为人所熟悉，但同样可以在现象上显示出来。同样的划分也适用于广延事物。人人都知道无机物与有机物间的差别，但是，笛卡儿却以机械论来理解有生命的物体，有意识地使这种差别变得模糊不清。

事实也是如此，三种重要的划分把世界分成层次，与之相应的就不是两个而是四个主要层次，它们有不同的规定，重叠存在于世界中。其中最深刻的划分当然是笛卡儿式的两种实体学说所确定的那种划分，它所区分的存在种类之差异最大，也可以说，这种差异在范畴外延上是最大的。不过，这不是古老的自然与精神的对立，也不是严格意义上的思维与广延的对立，而是有机体生命与心灵生活的对立。这两者形成了实在世界的诸多中间层次，在它们外面的首先是彼此分开极远的上下存在层次，接着下面层次的是无生命的自然，接着上面层次的便是精神世界。

人们用"物、生命、心灵、精神"这类时髦词语简略地表述这种情形，存在层次与存在物的层次间的差别就这样再次无意识地变得模糊起来，因此，我们不能随便用名称来表示之。但是，当今出现了一种容易在其特征上抓住层次顺序全貌的、由科学的自然团组所赋予的主导思想。人们按照层次思想的发展过程前进，并因此发现，这种科学分组的差异正好是这样的情形：借助这种差异，关于实在世界四种存在状态的主要层次之意识首先从哲学上确定了下来，并且取得了成功。

所以，整个以全部无机界为研究对象的科学都围绕着物理学；同样，围绕动物学和植物学，一系列特殊的与有机—生命体相关的生物学知识领域联合在一起。心理学涉及心灵活动，它也要用概念给自己戴上一顶桂冠，其中包括有很大差别的研究分支，如普通心理学、种族心理学、大众心理学、性格学、思维心理学和意志心理学等。但是，重要的是，与这组明显的研究分支相比，还有另一组更广泛的、重新包含于心理学中的分支，很久以来我们习惯于把它们概括为精神科学，法与国家的理论、语言学、艺术学、文学，以及形形色色的历史学，都属于此。

突出精神科学之所以对结束"向上"的全貌如此重要，其原因显而易见。前三个存在层次很容易直接将我们日常生活中伸手可及的对象领域区分开来；第四个层次则没有直接的对象意识，为了将精神与心灵区分开来，已经需要一种非常深入的思考了。事实上，这种区分——尽管以前有人已经看到了这一点（如黑格尔），在20世纪初是第一次，也是克服心理主义后的第一次，被多少有些弄明白了。新康德主义和现象学这两个德国哲学流派的深入研究已贯彻了这种区分。今天，我们仍然能在同时代的思想中偶然发现某些反对的观点，但是，这不过是后来传开来的结果。

显然，要是科学的差异没有为此向他们传递基本常识，这些学派的思想家们——他们确实远离了存在学的观念——就绝不会发现自身困难的道路。就心理学方法的限度而言，人们几乎不可能发现精神生活的特殊存在领域，但本来就有一个广泛给予且还在不断扩大的、事实上早已以完全不同的方法在起作用的"精神科学"的范围，而且显然有一种完全不同于心理学的对象领域，所以必定也有一个与之相应的、具有自身存在方式和本质特征的存在领域。

这个存在领域就是语言和法、道德和政治活动、知识和艺术等。不仅在大的方面和历史范围内有着精神的存在，而且在个体的意识世界中同样也存在着精神的内容和形式。它们也已经克服了所承载的心灵活动的易逝性并构成了人的精神性的东西，这种精神性的东西在可传达性上，在主观向客观的传递上，在代际的可流传性上，都超越了意识的狭隘性。另一方面，封闭的个体意识也不只是从自身中，而是要从在生命活动中发展起来并与之相适应的共同精神财富中获得精神的内容。

在使这个最高存在层次明确起来这一点上，德国唯心主义哲学起到了实质性的作用。黑格尔关于"客观精神"的学说已经清楚地看到了它的一些本质特征，但是，黑格尔造成了自己的伟大思想本身的多义性，因而赋予了这种精神以实体性的意义。就此而言，他归根到底没有离开笛卡儿的思维方式。就如从前把"我思"看成实体那样，现在则要把最初与"我思"区分开来的"精神"看成是实体了，从而一开始就使新的"精神"概念承载着全部的形而上学问题，这使得那些黑格尔的追随者们理解这一新概念时产生了许多歧义，以致最后重又使它跌落下来。此外，若不能对心灵存在（黑格尔称之为"主观精神"）划出一条可把握的界限，那么，这种心灵存在在客观理性的形而上学中根本就不能具有真正的独立性。

这一全部历史发展的结果至今仍没有以完善的形态呈现出来。现在人们还到处在围绕着真正的"精神"概念，即一种理解而争论不休，这种理解实际上可能被解释为对变得十分混乱之问题的清理。但是，新存在学并没有等到争论结束才开始，也就是说，它的开始并没有充足的理由。所有基本问题都处于运动中，存在学研究本身也处于运动中，它同所有科学一样，任何时候都只能进展到其问题已成为可解决的程度，此外的所有一切便都是空洞的思辨。但是，对目前的讨论来说，能清楚地理解精神形态的独立性，以及把握其对心灵活动的存在界限，就足够了。

五

在这样达到的层次顺序中便涉及了保持着存在学特征的现实层次，尽管它们经历了事物与存在形式的多样性。

人们要做的首先是证明真正的存在层次问题，因为这个问题在事物的分层次过程中还完全不可把握。现在，重点不再是存在的等级顺序——这是容易看清的，也不会那么容易弄错——而是特殊类型的叠加。为了弄清这类叠加，就必须分析层次内部的彼此关系，确切地说，是既要按照层次的内容，又要根据层次的从属性进行分析。

这是一个广泛期待的任务。假如我们弄清楚了，我们必须在这个方向上来决定世界结构中的统一样式，就可以对其影响作出最好的评判。因为世界是一个层次结构，所以其统一性在于其层次的联结状态而不在于别的什么。如果成功地找出了层次联系的规律性，世界因这种规律而具有稳定性，那么世界的统一性就只能作这样的理解了。用这种方法，人们很可能能够成功地在将层次彼此区分开来的深刻差别中揭示出它们不间断的联系。这也许就是这样一条道路，即不再先验构想地认识自古以来人们一直寻找着却又一再失败的"世界统一性"，而是将它置于经验之中。

这里，恰恰存在着这样一个问题，人们往往过分轻率和肤浅地对待它，思辨那种过早解决的急躁逼迫着它，世界观也已经艺术地将它简化了。人们要想使所有层次不是依赖于最高的就是依赖于最低的层次，因而导致了上面所曾指出过的两种类型的形而上学（"由上而下"和"由下而上"）。在这种情况下，即使没有构想连贯的依赖性链条，人们也容易以某一特殊的层次即最上面的或最下面的层次为样式来理解所有层次。

所有这些尝试都做得太轻率了，还根本没有研究这样一些问题：存在层次是"怎样"联系的，它们在哪一点上是独立的，又在哪一点上是不独立的？确切地说，这类问题仅仅是这种研究的开端而已。我们也不能直接而只能间接地通过对个别层次本身的分析达到其基本规定性（或基本特征），因为在这里，变动不居的特殊类型的依赖性与独立性之间联系的现实方式当然只是增加层次的规定性。

就整个存在领域的这些基本规定性而言，自古希腊以来，"范畴"这一术语就已达到了。"范畴"一词虽然被唯心主义者贬低为纯粹理智的形式，但其原初的意义则是关于一般的、基本的"存在陈述"，这就是它为什么适用于理解和表达存在层次之基本特征的原因。

要从这个意义上来理解，所有探究特殊东西即存在层次特征的存在学，都表现为"范畴学说"的形式；因为停留于表面的东西是不可能看清基本特征的，而需要探究，即进行深入的分析。

这个工作很麻烦，我们不能忘记在历史上曾走过的种种弯路，因为存在者是多种多样的，每个存在层次都有许多范畴，个别思想家当然远不能全部达到，但他们做了大量的准备工作，因为各个时代的建立体系的思想家们都曾经为了范畴而劳神费力，尽管他们并非总是在范畴的名称下探寻它们。哲学家没有发现的许多东西在专门科学的研究过程中出现了，其中的大多数未被探究，也往往没有为发现者本身所认识，但后来的追随者却很容易通过从中得出来的结论之巨大力量而认识它们。

哲学和科学史是一个范畴分析的丰富宝库。人们是否严格地在其目的之意义上来理解以前的思想家，对于利用这个宝库来说，这并不重要。重要的是通过它学会理解隐藏在孤独的思想家心中的东西，所以，一个世纪以来，人们揭示出了一系列代表实在世界的最低存在层次的范畴。这些范畴在今天也许几乎是不会引起争议的，虽然人们对其细节上的理解有所不同，诸如空间和时间，变化（过程）和状态，稳定（实体）和生成（因果性），自然法则和相互作用。

要了解范畴研究的意义，只需举一个小小的例子就足够了。任何单个范畴虽然包含着大量绝不是轻而易举可以解决的问题，但这些问题也具有人们可理解、所熟知的特征。想要确定层次关系，从这些特征出发便不会有什么困难。就是说，人们也只要紧挨着无机物确立一个或几个有机物的范畴，就立刻会明白什么东西与层次差别有关。例如，所有生物的一个基本规定性就是新陈代谢（两种过程，即化合和分解过程的相互作用）；作为生物基本规定性的还有，主动的自我调节和自我再生（生育）；建立在资质系统基础上的确定性，即种族特性的遗传及作为遗传界限的突变（可变性）。

这两组范畴是多么不同啊！它们表现了两个完全对立的存在层次，任何有机物的单个范畴跟无机物的范畴相比都是一种革故鼎新，也意味着有机物具有自主的特性。看看第一组范畴，考虑一下它们的宽泛得多的普遍性，就会看到，它们必定是以某种方式包含在第二组范畴中了。空间性、时间性、变化和状态显然是重复出现的，只是形式有所不同。在有机物中，在某种延续的生命中，虽然没有实体的形式，但也存在着一种稳定状态；在自我再生和资质系统的确定性中，清楚地包含了生成的东西，即使它与因果性完全无关。有机物功能的全部协调都以相互作用为基础，有机物的稳定性已经说明了自然法则在其中所起的作用。

我们在最初的比较中已经看到，在叠加层次的普遍本质特征之间既有本质差异，又有本质联系，二者的主要特征在进行真正的分析之前就是清楚的：在较高层次的更为复杂的结构中表现出差异性，而在作为构成较高层次之要素的较低范畴的再现中则表现出联系性。

人们通常会将这种关系理解为全部层次顺序的一种关系，这样就需要找出其中的法则。这类法则当然也不可能是纯粹的自然法则，确切地说，由于它们必定一直延伸到精神存在的领域，在这一领域的全部层次顺序内，它们逐个层次地涉及范畴关系，这样，人们就有理由称它们为"范畴法则"。

只要追踪一下这些范畴法则，我们就会进一步看到，依赖性法则已经以这些层次本身为基础，且这些层次具有这样的优点，即可以直接从层次的内容结构上获得它们，由此出现了各种关于层次的独立性和依赖性的关系。也就是说，作为整体，某个存在层次在内容上是与另一个存在层次相联系的——正如上面的例子所表明的那样，有机界作为整体在内容上是与无机界的本质特征相联系的，这样就可以从中推论出，这里也有一种基本的不可取消的独立性。此种独立性是否延伸到所有构成较高层次结构的内容，或者在其特征上发现一个界限，同样必须从两方面的本质特征的内容关系中得出来。

这里有一种在探讨此类问题时总是重复出现的确定的追问方式，即：哪一个存在层次可以被邻接的界限分开而存在？没有有机生命，会有心灵生活吗？没有无生命的自然，会有这种心灵生活吗？反之亦然，即：这两个层次的内容上相关联的关系有统一的方向吗？反过来说，这个统一的方向只在相反的特殊情形下才出现吗？进一步说，这个相关联的存在是否意味着同时是另一个层次的支撑？在两个叠加的层次之间有互相支撑的关系吗？

带着这些问题更多地进入对特殊东西的探讨，因此它们集中于少数的范畴组群。例如，有为各个存在层次所共有的基本特征吗？如果有，那么在其中有达到世界统一状态的各种不同层次的关联性吗？或者还有别的关联性？最后，在少数层次中是否也有一些延伸到其他层

173

次的范畴？如果有这样的范畴，那么，将存在层次分开来的又是什么？或者说，由此会失去各层次的彼此独立性吗？

由于这些问题说明不同层次表现出不同的内容——因为在这里两个特定层次[1]之间的类比关系显然不适用于其他层次之间的关系，所以很清楚，很快出现了大量与此相联系的问题，而且这些问题本身表现出一目了然的多样性。这里所进行的研究也肯定不可避免地会很烦琐；确实，严格说来，这些研究构成了一门完整的科学，这就是范畴分析。通过范畴分析，各种问题压缩成通达特殊东西的新存在学的问题。

这些研究本身当然不可能达到这一步，[2]因而，这里只应简略地提到它的一些结论。这些结论具有这样的性质：它们已赋予自身一种确定的全貌，并使结论成为可能，整个程序的效率很可能可以从这些结论的影响来作出判断。

上述两组问题中第二组较为简单。对这两组问题的分析获得了如下几点明显的结论。

（1）有各个层次所共有的基本特征（基础范畴）。它们成对出现，并以对立的形式排列。属于这类范畴的有统一性与多样性、矛盾与协调、形式与质料、要素与结构，等等；基本特征通过这类范畴贯穿于存在者的各个层次，且总是重又表现为别的形态。存在者的各个层次实际上是通过基本特征——当然不只是通过它们——而联系起来的。

（2）有向上延伸的、贯穿于较高层次的较低层次的范畴，但没有在相反方向上的延伸，也即较高层次的范畴不会倒过来向较低层次延伸。时间、生成、变化、产生等一定是通过机械过程往上推移，直到出现精神——历史的事件，而有机体主动的自我再生则不会往下延伸

1　指有机界和无机界。——译者注
2　更详细的内容可参阅作者的著作《实在世界的结构：一般范畴学说概要》(柏林，1940年)，该书构成了作者存在学的第三卷。前两卷分别为：《论存在学的奠基》(1935年)，《可能性与现实性》(1938年)。——译者注

到宇宙的物质性事物；某种可以与意识相比较的东西，如心灵活动，不会在有机体上再现。

（3）也绝不是全部较低层次的范畴都贯穿于较高层次，即使是，那也不会贯穿于所有较高层次，确切地说，有一种这些较低层次的范畴在确定的层次序列上再现的"中断"。数量关系的数学形式在有机体中的中断就是这样的，空间性和物质性在心灵事件（当时间性一直向上延伸时）中的中断也是如此。有机体生命和心灵活动之间的界线由此证明是一条特殊的深深的鸿沟。在这里，有机体生命和心灵活动这种叠加关系本身的确不同于无生命自然和有生命自然之间的关系。当有机体接受物质要素并使之"改变形式"时，心灵则超越了有机体的形式和过程，成为另一种具有自身形成过程和内容（即无空间、无质料的内容）的领域。心灵是"越界构造"（überbauen），而不是"改变形式（überformen）"。

（4）较高存在层次内容的独立性不会因较低层次范畴的再现而受影响，相反，应当说是在每个较高层次中加进了新的本质特征。按照存在学上的等级顺序，一个完整存在层次的"较高存在"正是以较低层次范畴的再现为基础的。没有范畴的"更新"，就没有存在等级的高低差别。在有机体中，这样一种范畴的更新就是过程与其自我调节、自我再生与由素质而造成的变化过程的确定性之间的平衡。同样，在心灵事件中，范畴的更新决定了层次等级的高低：无空间的多样性、意识的内部世界、有目的的主动性。而在精神领域，则有如下层次等级：思想的客观性、由于一般观念力量而形成的个体的联系性、个人的自由和责任。

（5）范畴更新在存在者的等级次序中往往同时与处于同一高度的许多范畴有关。由此在实在事物的上升序列中首先出现了等级现象，即出现了中断形式的连续性，并且互相衬托出存在等级的统一分界或"层次间隔"。

以上列举的几点结论显示了真正的层次规律性。由此同样可以清楚地看到，世界不仅是一个由逐次提高的存在层次组成的整体，而且是一个十分确定的叠加形式，只有根据这种规律性，我们才能把握世界的统一性。

一旦向作为我们思考出发点的第一组问题提出这些结论，事情就清楚了，因为这些问题与层次的依赖性有关。若无有机体生命，会有心灵活动吗？若无物质——宇宙世界，会有有机体生命吗？对此，我们现在显然可以作出否定回答了，因为在这两种情形中，较高层次的特征要以较低层次的为前提。有机体也是有空间、有质料的，在这一点上，它与宇宙中运动的物质相类似。心灵活动同样是有时间的，有如有机体和原子过程那样的过程，在这一点上，心灵活动也与二者相似，并且与它们一道适应唯一按时间顺序排列起来的世界，也适应所有的人类经验，即：要是没有与心灵活动结合在一起并作为其载体的有机体，人们就绝不能认识心灵活动。同样，要是不与无生命自然的某些部分，如一定的温度、光、空气、水等结合在一起，也就不会有有机体生命，因为只有在这些自然物质之中，有机体生命才能存在。要是没有个体意识所支撑着，当然也就没有精神活动；虽然精神活动本身并不是一种更高级的意识，但只要这种个体是与有机体生命联系在一起，且最终又是与物质世界的事物联系在一起的，就可以说，作为最高层次的精神是由全部较低存在层次所支撑着的。

但是，这种联系与支撑的关系却不能颠倒过来。没有有机体生命，物质世界显然存在着，没有心灵活动，也存在有机体生命，没有精神，心灵世界也同样能够存在。在宇宙中，生命只是在非常特殊和十分罕见的条件下才形成的；而意识只是在动物世界的最高形式中被赋予，精神才是人类演变过程中的一种晚期产物。

根据这一思考，在层次间起支配作用的依赖性规律可以具体化为以下几点原则。

（1）在实在世界的结构中，往往只是较高层次依赖于较低层次，这种较低层次是指那种必要的前提，即使较高层次成为可能的起支撑作用的基础；但不存在较低层次依赖于较高层次的情形，因为它们不需要较高层次的支撑。

（2）单方面的依赖性虽然贯穿整个层次序列，但它在内容上绝不与较高层次的全部特有的结构有关。这种依赖性，第一，只是以较低范畴（一般也就是贯穿于较高层次的这些范畴）的更牢固的存在层次为内容；第二，只是以通过较低层次而形成的较高层次（只要它需要一个基础，就以此为基础）的全部此在形式的限制性为内容。

（3）在其余所有情形中，较高层次对较低层次是独立的，它只是受较低层次的"限制"，但不是由其所"规定"。所有表征较高层次并因之而超越较低层次的特点，都是以其范畴的更新为基础的。任何较高层次都只有部分的依赖性，它也是以较低层次为基础，由较低层次所支撑，尽管如此，它在较低层次面前是"独立的"。

要从某个原理推论出一切——无论是"从上而下"或"从下而上"——的各种形而上学之所以是错误的，原因就在于这个依赖性规律。实在世界的建构并不是如此简单的，每个层次对别的层次都有其独立性：较低层次的表现是其非依赖性，较高层次的则表现为其依赖中的独立性。想从精神推论出一切的形而上学与这里的第一点相违背，它颠倒了依赖性的自然方向，使较高层次的范畴成为更牢固的范畴（理性和目的性从上而下可以支配更低的范畴，直到支配物质范畴）。想从物质推论出一切的形而上学则与第三点相违背，它虽然看到了层次依赖性的真实方向，但将这种依赖性看作是全部的而不是部分的，因此而忽视了范畴更新和较高层次特点的独立性（要从物理过程推论出心灵活动与精神）。

用这两种方法，存在层次的多样性事实上就被取消了，世界就会变成相似与单调，人们也会因这种简单化而不能正确评价世界的丰富多彩，不能正确评价将多样性聚合在一起的现实统一性类型本身所固有的价值，即通过一种层次结构的形式——在其中各层次的依赖性和独立性可能会互相显示出来——将巨大的多样性聚合起来。

人的形而上学需求偏好极端理论。爱好最高事物，顽固坚持对立面的斗争，以及爱听耸人听闻之消息者对惊异事物的追求等，自古以来，都是这种偏好的各种表现。因此，几乎所有形而上学体系都走极端理论之路，无论它们出于何种动机。但是，这些极端理论恰恰就是那种根本上忽视了世界的现实统一性形式的形而上学，它们必定要忽视世界的现实统一性形式，因为它们追求极端，而后者并不是什么极端的东西。理性之路的特征就是无好恶地首先从世界获得其印象，这条道路在任何时候都不是大众化的。存在着的世界是根本不可以详尽论述的，它虽然不强迫人们去认识它，但对于人们那种带有欺骗性的世界观却持冷漠态度，也不向那些想把编造出来的框框强加于它的人显露自己的秘密。

不过，与形而上学需要相对立的存在学上的世界统一性形式，是否就是巨大而给人深刻印象的全貌，与此相对，片面的世界观最终是否就显得非常贫乏，这一点是有争论的。在这种存在学的统一性形式中，在层次的序列中有两种独立性，其一是更牢固存在层次的独立性，其二是更高存在层次的独立性。与之相应，有两种在相反关系中发生层次变化的优势，一是宇宙中出现的物质事件，由不可废除的规律性作用而产生，并且永远延续着，它独立于所有生命、意识和精神；但精神也是另一种优势，它虽不违反物质事件的规律性，但可以根据自己的判断来认识，能够将自己的目的用于某个目标。

这并不矛盾。确切地说，这两种优势很不一样，它们彼此无冲突地共存于同一世界秩序中。在一个不是由精神所创造或只由精神所控制的世界中，仍然有适合于精神的创造与作用、精神的自由与观念的最宽广的活动空间，这一点对于那种虚构的世界观来说是完全难以理解的，而根据范畴规律，我们就很容易理解这一点了。

人有这种自由程度已足够了，追求精神万能就是自大狂。假如人轻视这个世界，他也不能自己把自己提升起来。人在自身范围内从事这个世界的建造工作，而且在完成建造后加上最高层，这样做是最合适的。举大若小，无疑更有意义。

六

形而上学问题并不是一些在任何时候都可能通过明确的判断直至最终解决的问题，世界的统一性问题也不是这类问题；尽管如此，它们都是可以探讨的，而且每种新观点都意味着一种进步、一种探索，意味着借用认识工具获得一片新天地。

在上述规律意义上理解的新存在学的层次思想中，有决定性意义的是：借助它的帮助，我们能够把一系列古老的形而上学问题引向前进。那些与所有进展相对立的根深蒂固的错误，都可以被看清并予以克服，我们可以借此走上新的道路。

世界的自然统一性问题只是许多被引向接近解决的问题之一。当然，这是理论意义上的中心问题。先前对此问题的解决模式，已经被证明是太简单了：它既不涉及原理的统一性，又不涉及世界基础的统一性，也没有达到整体的统一性。层次在结构中遵循依赖性规则，结构的统一性首先赋予一种关于世界统一性形式的正确对待层次间差异与区分的最初观念。先前的世界观轻视了世界的一切，新存在学的第一个行动就是要拆除人为限制，展望世界意义。

与这个问题完全相似的问题和存在学上较高层次的事物，如人、共同体、民族、历史等有关，它们也往往被人们狭隘地理解，过分片面地看待，也即同样不是"从上而下"就是"从下而上"地来看，不是从精神就是从自然来理解，其结构甚至迁就人们的理解，因为两种情形本来都是可能的：人是自然生物同时又是精神生物，民族是种族共同体同时又是精神共同体形式，历史是自然产物同时又是精神产物。但恰恰在这里起关键作用的这个"同时（Zugleich）"，却没有得到应有的重视。事实上，要恰当地理解这些最高层次的事物，仅这二重因素还嫌太少。确切地说，这些事物像它们存在于其中的世界一样，也是层次化的产物；构成世界的同一些层次在它们那里重复出现，将世界分门别类的同一些界限贯穿于它们中间，尤其是在其中叠加存在着各种不同的规定性与规律性；其所有规定性本身就是层次化的，因而也包括一系列冲突区域。

这方面最典型的例子恰恰就是在今天引起许多争议的作为人类学对象的人。在人身上，我们会直接看到，最高级的生物是如何最受限制、最具依赖性的。许多人类学理论都对人作了极其片面的理解，不是将他看作精神生物就是看作自然生物；前一种情形不能理解人的种族差异，后一种情形则不能理解人的自主的主动性与创造性。人与所有存在层次相比，在来源方面是相同的，在规律性和规定性方面则是部分相同，这正是人所特有的。众所周知的"身体与心灵"的二分法，说明笛卡儿式的区分贯穿于人中间，却没有打破人的统一性。二分法在这里只是部分现象；人其实包含了所有存在层次，他是物质的也是精神的存在；在人当中，存在层次是这样排列的：较高层次以较低层次为基础，并由较低层次所支撑，较高层次则有其特殊的结构与规定性。

这种存在学上的人的层次化的情景有可能使人内部的统一性与差异性一致起来，从而，表面上矛盾的现象就互相协调了。这样，身体和心灵的禀赋怎么能够遗传，大的人群的种族特征怎么能够确定，而以这些禀赋为基础的精神世界并没有因此失去它的他性和独立性等，就变得可理解了。同样，如同只从精神—历史上来看待人那样，仅从生理学或心理学上来看待人，也是错误的。人生活于其中的世界的统一性是有层次的，人的统一性也是有层次的；如果我们懂得根据这个规律来理解人的层次结构，就只能把他理解为不断成长的统一性，在实在世界中，这种统一性完全是由异质性与存在层次的联系构成的。

这只是就历史问题来说，而不是别的。构成民族变化与命运的事件过程是一种因果过程还是伴随有目的的过程？是盲目的同时发生，还是理性和意志决定着这个过程？只要相信神的预见，这个问题就被明确看作先天地有利于理性。这种形而上学的幻想挑起了关于在历史中起支配作用的决定论的争论，这种决定论认为，纯粹的因果过程不能包含人的政治和观念史的主动性；这种主动性足以使事件过程成为伴随有理性的过程，最极端的乐观主义者本身却不能维护这一点。

因此人们很久以来就已看到，在历史过程中交叉存在着两种十分不同的规定性，并以连环方式互相包含。只要人们试图把历史事件本身理解为一种完全统一的过程，那么，二者怎样能够彼此共存这一点，就依然是不清楚的。存在学告诉我们，统一的过程其实是一个层次化的过程，确切地说，这个过程来自所有存在层次的重叠。民族的种族生命的有机过程连同形形色色的已经在其中发挥作用的物理过程一起，完全会与个体的心灵生命过程和精神倾向及思潮的共同过程相重叠。这些过程层次的任何一个层次，都带有其自身的规定形式，整个过程的规定性因此是一种自身再次被层次化的规定性。按这种方式，在自身交叉的因果关系中间很可能就是人的预见和自由自决、政治人物及领导者的主动性之活动空间。但是，这种主动性是受限制的，必须考虑到它所不能控制的力量。

在此基础上就有可能形成一种与事实保持紧密联系的历史哲学，并在一定限度内弄清一个历史过程的统一性中存在着有意义的追求和无意义的事件之间相互交叉这一令人困惑的问题。

显而易见，所期望的结果几乎不可能马上出现，更谈不上奠立基础了。不过至少同样明显的是，这涉及一种对旧的形而上学问题的处理方法，按这种处理方法，所有思辨形而上学的东西都可以被清除。这里所开辟的道路没有一处通向对问题的令人信服的解决，正如哲学体系的建构者们大多所曾寻找过这类解决那样；相反，它首先通往相互完全交叉着的问题，但它所运用的出发点则是牢固的基础。

在排除带有思辨的形而上学时特别重要的一点是，要铲除传统的目的论。到现在为止，许多形而上学体系都有目的论倾向（所有那些追求"一种从上而下的形而上学"体系，以及其他大部分形而上学体系）。人们也的确可以理解，为什么如果用目的性来理解所有存在者，那么借此就几乎可以毫无困难地解释令人困惑的现象（例如，有机体组织的目的性，高级动物意识的形成，人类自我意识的形成，客观性与自由的主动性在人意识中的交换，等等，简言之，全部向上通往高处的层次系列）。尴尬的只是，现象也不为这样一种假设提供哪怕是极少的依据；相反，现象表明，精神存在层次具有目的性，而把目的性从精神层次套用到有机体，并套用到整个无生命的自然界，则是人类理性的一种狂妄自大的游戏，这种游戏出自理性在世界中为自己重新寻找特殊本质的需要。

人类精神相信，世界与之相似，它会对精神作出回答，会像地妖对浮士德那样说："你与精神相似，你理解精神而不是我。"存在学的思考将精神引入另一个与其不相似的领域，并因此而首先将它引向现实的世界问题。在那么多世纪中起支配作用的各种形而上学，不论是唯心论、有神论还是泛神论，因此而一落千丈。

由此，人作为精神生物第一次在自己相宜的世界中处于一个现实的位置，即处于世界的最高层次。人与所有别的生物分享理性和目的性，所以他在世界中不占有特殊地位，也根本没有事先超出动物及事物的最高知识；这是与人在世界中的一般地位相适应的，这种地位使人能够将自然力量变成实现自己目的之工具，并由此在自己所及的范围内支配它。

精神在这个程度上完全获得了支配权，人不是通过思考的力量，而是通过他能掌握的计划和事先规定的优越性来发挥支配作用的。人也像在自己的行动中那样有目的地引导自然力量，但不能控制它；自然的力量与人的目的紧紧连在一起，没有第二种力量能使它避开人的决定。只是由于自然力量没有确定性，而盲目地遵循人的规则，人才能够赋予它们一种确定性。抛弃这种差异，意味着精神的自我认错与自我放弃，放弃赋予意义和创造的能力。

由此，我们可以评估铲除旧目的论形而上学的重要性了。它并非无足轻重，而是涉及人在实在世界的整体中的地位，涉及人对自身的自我理解，从错误中重新发现自己，从自我否定和自我贬低中恢复名誉。这不是纯理论的事，因为一种人们所不了解、不相信的自由，就不是真正的自由，因而较狭隘的自由问题即意志自由在实践方面就具有独特的意义。人在自己的决定过程中是不自由的——受到决定链条的必然性之制约，这决定性链条又通过人自身而发生作用，所以人也不承担其行为的过错与功劳，人不是有责任能力的，因而也不是有德行的生物。为此，德国的唯心论者们围绕对意志自由的证明展开了那么激烈的斗争，但是，他们却偶然发现了一种根深蒂固的世界决定性的观念，这就是：应按照神的预先计划从目的论上决定所有世界事件，包括心灵和精神。

自由思想无力反驳这种终极"决定论"，却将它搁置一边不予理会，这样人们就又坠入了另一个极端，似乎在世界事件——包括自然过程的因果事件在内——的演变过程中，所有的依赖性都因此而被取消了；鉴于物理的和有机体本身的规律性进程，人们越发不能维护这样一种"非决定论"。这就是坚定的思想家们最终抛弃意志自由的原因所在——当然大多数人并没有完全弄明白这对人带来的毁灭性结果。

在这里，层次思想正好被证明是合适的。要是最终的决定性是具有意识、能确立目的的人所特有的，那就难以解释为什么人不能将自身处于其中的因果进程颠倒过来。所有因果进程都不受到最后目的的约束，它们自行其是，不受干扰，接受各种在各自的复杂原因中发挥作用的决定。关键只在于，人是否已利用了一种特殊的决定内容。

在这里，具有决定意义的是，世界是有层次结构的，人也是有层次的，每个层次都有其自身的决定方式，所以有逐个层次向上推移的较高的决定内容，这些决定内容作为更新加入较低层次，并如此由低往高地一起决定进程的方向。在这个意义上，每个较高层次自然都超出较低层次，意志自由只是一种特殊情形。意志自由当然是非常特殊的情形，它的问题由于这种范畴上的考虑无疑直到最后也没有得到解决，但这是所有形而上学问题的命运，过去的思辨争论问题只是表面上得到了解决。决定论与非决定论二者都是错误的，需要有不中断较低决定类型（例如因果系列）的自由，因为由低往高方向的决定是根本不理会它们的，相反只增加它们的内容，因而是适合人类意志的决定和自我决定的自由发展的，而且是在无损于事物在世界演变中合规律的进程的情况下。

自由只是在分层次的世界中才有可能，在单一层次的世界中不存在能够加入较低层次的"较高"决定性。这种认识在康德的"自在之物和现象"学说中的第一次闪现就可以清楚地被看到。康德把因果联系限制在现象领域，以作为"理智"主管机关的道德律来反对因果联系，第一个成功地将"在时间中因果系列的最初开始"理解为"源于自由的因果性"。康德看到，实际情况还要简单得多，因为实在世界并不局限于两个层次，而且较高的层次也不是作为自在存在者呈现在纯粹现象面前，而是以同样的实在性显示出世界结构之非常丰富的层次。依赖性中的独立是每个较高层次所特有的，但是，在康德对因果矛盾的解决中就有这种独立的合法的榜样了。

还有一长串同样通过在新的基础上引入层次思想而向自由问题提出来的广泛的基础问题，其中最重要的应当是认识问题。只要我们单从认识的意识出发，那么，主体应当怎样达到与其客体相联系，显而易见，两个领域间的超越似乎是不可消除的。但是，如果把认识关系理解成许多存在关系——在其中，主体作为实在世界的组成部分与其他部分相联系——之间的关系，那情况就完全不同了。

这样，认识就不是唯一的"超越"（超出意识存在）活动，在一定的意义上，它和愿望与行动、希望与担忧、经历与遭遇以及许多类似的东西有关。所有这些活动把意识与其实在的周围世界联系起来，拥有实在对象和关于其实在性的知识。认识之所以在这些活动中突出出来，只是由于在其特点中以及为了其自身的缘故而对对象感兴趣。意识内容与其对象间的关系是一种归分的关系，这种归分在层次顺序中占有特殊地位：意识连同其内容一起属于最高层次，即精神层次，但其对象则均匀分布在所有层次上。这样，人们就重视关于较低层次存在者的知识，如同在知识问题中大多数已发生的事情一样，在认识关系即主体和客体的对立之间出现了一种极其不同的假象：它们似乎被一条不可消除的鸿沟分离开来了。结果是，认为认识关系本身就是某种不可理解的东西，不，简直就是不可能的事情。

鸿沟事实上并不比不同高度的存在层次之间的差别更大。正是关于这种层次间的差别，范畴规则已经表明，它以十分确定的方式——也即根据存在学上的依赖性——已首先将知识互相联系在一起了，层次的异质性绝不会对此造成障碍。主客体的被分离状态也只是意识的一种角度，实际上，反对在观念和对象之间进行归分，这绝不是一种理论的偏见，这种理论在内在意识中片面地选择了它的位置。

人们摆脱了这种旧的偏见，所以能够在存在学的基础上进一步分析认识关系而无特殊困难。由虚假的观点所限制的人为的疑难问题迎刃而解了，对象原理和存在原理之间许多有争论的关系——全部先验论问题都与它及别的关系有关——将会以新的纯粹范畴问题的形式得到讨论。

最后，还得补充说明一点，我们时代的一个时髦的问题，即如今还大量出现的、破坏了哲学认识的相对主义问题，可以在存在学考虑的基础上得到处理，并且似乎可以毫无弊端地加以解决。

所有相对的存在都以某种东西为前提，是"在什么上面"的相对。要是今天认为真的东西，明天说它错了，那就取决于这种变化的理由。理由在于人的生活情形的变化，如实用主义和历史主义（二者只是重点有所不同）所断言的那样，在人类总体状态中，历史的变化恰好就是这样的事情，"真理"在它上面相对地出现；这种变化本身不会是相对的，也不在于单纯的人的意见，而是自在的。

因此，人是在一个"认为真（Für-wahr-Gelten）"的独立的存在层面之基础上往外延伸的。在这个基础上有各种如其所是的绝对的事件、事物和状态，同一个变化的信念重新获得关于它们的真与不真的最初意义，相信其真与不真似乎只在于暂时的切合与不切合。它们是否"是"真，决定这一点的并非不是变动不居的同代人信念，而只是它们是否切合其对象。

但是，在其范围内能赋予有关这种切合和不切合的确定知识的问题，却丝毫不能改变真与不真的绝对意义。这不再是一个"真实性"的问题，而是真实性的标准问题了，它必须由认识理论来讨论。所有对事实的确认，其根据均在于经验的历史性增长，而这种增长既不能提前亦不能加速。

存在学视野中的认识论[1]

一

认识问题走过的历史道路,是同范畴问题紧密相连的。只要涉及认识的超验特征,两者就相互切近;而在涉及超验的对立项或者只是有关真理意识及其标准、有效性的历史相对性以及有关方法问题时,它们便彼此远离。其原因很简单,所有的知识都先验地以认识范畴与对象范畴的关系为基础,而另外对对象范畴如何理解以及试图用哪些认识方法去把握它们,则并不重要。

这种范畴关系的成熟形式是在康德的先验唯心论中找到的,它被表述为同一性命题。[2]之后,这一形式被德国唯心论的思辨体系完全遮蔽,并在实证主义与德国唯心论的思辨体系之间多年的斗争中被遗忘。直到新康德主义者中的一些比较聪明的人将它从被遗忘的状态中重新发掘出来,并置于其应有的地位[3]。但它始终还是建立在唯心论的前提上,而未能把握康德成就的整体影响,因为认识和存在两范畴的同一性只有建基于存在学上才获得其全部意义。只有在此基础上,才能成功地重新恢复整个认识关系的范围,如它曾在前人的理论中被清楚地看到,然后又被持怀疑态度地在其令人困惑不解的状态中所理解的那样,尽管它根本没有得到正面的、透彻的理解。

与此同时重要的是,在存在学的视野中重新去看认识,并将其当

---

[1] 本文是作者于1949年4月26日在慕尼黑"康德协会"上的演讲,发表时部分作了改动并有相当的扩充。译自 N. Hartmann, *Die Erkenntnis im Lichte der Ontologie*,载 *Kleinere Schriften*, Bd.1: *Abhandlungen zur systematischen Philosophie*, Berlin, 1955。——译者注

[2] 参见《范畴分析的目的和道路》(*Ziele und Wege der Kategorialanalyse*)。

[3] 赫尔曼·柯亨(Hermann Cohen):《康德的经验理论》(1871年出版)。

作一个问题，这样，如果人们回溯一下20世纪开始以来认识的观点发生了怎样的变革，便会对此获得一个印象。这种回溯在今天仍然是必要的，因为旧观点的残余一直保留到我们这个时代，并在今天的哲学文献中不断起着作用。在这种旧观点的回潮中相关的是该理论的某些陈旧的东西，即认识是意识中的一种"创作"，是表象与概念的"建构"，或者至少是"重构"，一种在判断中综合地进行的过程。

这一观点被其代表者视为是康德主义的，并自以为能够以纯粹理性批判的权威为依据。而且事实上，从康德那里也能找到似乎可证明他们正确的说法和整段文字，最明显的可能出自《纯粹理智概念的先验演绎》（第2版），其中谈到客体简直就只应通过综合的"理智活动"才形成。可是人们忘记了，从这同一部纯粹理性批判中可以引出一些相反的观点。

但无论如何，从那以后，认识的这一观点被确认为是"先验的"，由此而产生了一系列严重的后果。因为绝非仅是真正的唯心主义理论以此为依据，而且从主体和客体关系之不可分割性出发的关联主义，非实证性哲学（die Philosophie des Als Ob），胡塞尔特征的现象学（"观念"现象学），甚至存在和真理的历史相对主义，毫无疑问都以此为依据。后者无疑在我们称之为真理的东西相对地以何为依据得到规定这一点很不相同；但基本思想都在于，我们没有接近如其所"是"的对象，而只是持存了关于它们变化的观点。

这便导致了所有真知识的全盘否定。不仅真与非真之区别的意义，就连对象存在的本真意义，甚至存在的本真意义都被取消了。不依赖主体存在的实在之物于是完全不再被提及。这样，认识最终没有真实的对象而存在，它也就根本不再是人们原初所意指的东西——认识。

精神科学直至其本质核心因此都被摧毁了，这是众所周知的，而且已经常得到足够详细的显示。至于是将其赞扬成相对主义的最大功绩，还是将其指责为相对主义的过错，于此事并无区别。这里涉及的根本不是关于理论的价值判断,而是这个认识问题,只要精神科学用它们的方式触及这个问题并试图探讨它;至于它们是有意识地着手研究这个问题,还是仅仅顺便且仿佛不情愿地挤出某个解决方法来,这并不重要。重要的是,它们的结论完全是否定的,并危险地接近怀疑态度。这样,它们便最终陷入一个循环之中,一切纯粹否定主义的做法都沉溺于其中:它们受自己的取消明确真理之规律的作用,从而也取消了自己。

然而,当今的自然科学在面对所提出的认识论理论问题时,也走了相似的道路。实证主义的出发点是,经验的被给予性由于植根于感官材料,因而是主观的,它也试图用一种客观的东西去取代经验的被给予性;它在数学公式中发现了这种客观的东西,于是与直观相离异,使自己不依赖于直观。实证主义将这一过程称为"客观化",公式的明晰性就成为客观性的标准。如此达到的对象之规定是建立在理智的一种非常确定的运作基础上的,在一种非常特殊并富有责任感的人类行为的情况下它也是相对的。当然,并非到处都表现出相对性,它只在引起了成功行为的成功的范围内表现出来,这些范围正好在当今的理论物理学发展阶段中出现,它们在原子过程的微观力学中表现为"可客观化"的范围。结果是,在人的行为中出现了将对象自身相对化这种做法。

事实上,这里只涉及一个可认识性范围的出现问题,这个范围也与对象本身完全无关,即与微观物理过程本身无关,而只是涉及对象的用通常"客体化"手段的可把握性。这些,如果从实证主义的态度出发是不能看清的。物理学家大多根本不知道,可认识性范围的出现在所有科学领域中是一个多么普通的现象,它和谨慎的探索密切相关。大多数科学研究的对象比物理学的要复杂得多。的确,物理学家只是太容易忽略,他们自己的对象也是如此地超越数学理解的方式。在他们列出的每个方程式中,量的规定的基质是某种预设的东西,并不完全与大小规定和关系相等同。构成这样的基础的不仅有空间、时间、运动、速度，而且还有力、能量、功，甚至更多模式类基本概念，如微粒、波、场也构成这种基础。而只有依靠这些基质，量的规定才被赋予一个有意义的图像。然而，正是这些基质，并且大多是后面所指的这些基质，在存在着问题的问题领域中失去了其明确的规定性。模式不够。用上这一种模式，地点规定便不起作用；可如果换另一种模式，运动又会变得不可理解了。这些都是今天众所周知且谈论了很多的东西。许多人都持这些观点，但基本上又都一筹莫展。如果一个物理学家看到自己最终退回到同所有物质的对象性异质的、本质上相异于他的思考的主体性上，会感到惊奇吗？如果他沉思一下这个他从其切近得多的可通达领域出发没有认识的主体性的话，那么，他错误地利用它，颠倒地使用它，并认为物理过程本身是受它影响的，这一切不正好都完全是不必要的吗？

不过，其中错误在哪里，并不难从认识理论上予以指明。错误在于实证主义态度的最初出发点上。它就是上文提及的信念，即认为认识存在于一种精神建构中。由于建构开始于一个被给予之物，所以它必定具有"重构"的形式。如果现在人们将这个被给予之物按照内容等同于感知的多样化，按照存在方式等同于实在之物——也即如同不太明智的新康德主义者理解的那样，那么，得出的结论是，理智在科学活动中将被给予的实在之物转型成一个或多或少非现实之物，并将其这一行为冒充成认识。

此处，"最初的不真性"便明显显露出来。因为这种做法正好与真正科学的所作所为相悖。实在之物恰恰不是作为实在之物被给予，既不通过感官，也不通过另外一种本来就应已为科学活动做好准备工作的基本的认识形式。其实，实在之物应该总是首先被发现。要是它已被给予，那就不再需要继续的探索和科学的方法了。"现实"从严格意义上说，只是实在之存在者，而且它不依赖于是否以及多大程度上被认识，或者只是被给予，而没有得到理解。感官上被给予之物和实在之物之间存在着一系列认识阶段——从直观体验到各个经验阶段，直至科学地、精确地提出和处理问题。认识很少一次性地完成这漫长的过程。被给予之物所产生的谜团常常会随着认识的进步逐渐增加，并且在已解决的问题之后又会出现新的问题，后者只有在前者被解决时才变得清晰可见。的确，科学的经验教导我们，必须不断返回到被给予之物，以便透彻地理解它，因为我们荣获它们的最初的行动，一般是相当不完全、不准确的。仅仅为了充分地将这些现象本身记录下来，就已需要高度科学的思考。只有在对之进行恰当的理解和描述之后，才能提出有益的问题；而只有从这样一个有益的问题出发，才能指望找到名副其实的解决办法，并获得对内在联系和对真正的"理论"的更好概观。

所有的科学探索都在现象、问题、理论这三个主要阶段中进行，但连这也还绝不能保证就能达到实在之物。就在这些最重要的基本问题上，认识也仍然不过是接近实在之物。但这种接近却不可低估。如同它已在技术、医学和经济生活中导致非常显著的结果一样，它在纯科学和对世界图像的哲学改建中也是我们所期待的真正靠得住的和真实的东西。不论周围世界和我们自己的本质中还有多少未被认识的东西，已认识的那一部分因此在所有领域上依然是真正被认识的东西，它构成了我们在世界中所有指向的基本存在。人在世界中的位置实践上和理论上都依赖于这一指向，这完全如同人对自己本质的了解有赖于他的知识那样；两者都随认识的增长而历史地发生变化。

随着上述的思考，我们就已处于存在学视野中的认识的新观点之中。但到现在为止，一切都只不过是一个前行为。为了正确清晰地摆明事实情况，还需要往后回溯：以一种对精神建构、重构或客观化的概念的单纯批评，既没有解决主观主义的观察方式，也没有解决相对主义和实证主义的观察方式。其背后有一个更深刻的错误的根源，这个根源现在有待揭示。

人们若更切近地观察这些概念，便会发现，在这些概念中，不仅认识的本质，而且认识对象的本质也是错误的。对认识来说，重要的是对象，认识针对对象。对象应该被理解，所有的被给予性都由它而产生，一切科学的理解都试图去探究它。

在19世纪的传统中发展起来的理论究竟怎样去思考认识对象的呢？很简单，它们在很大程度上把对象与表象、概念，与理论从对象身上获得的图像混淆在一起。他们或许不是有意识地将对象与表象等同起来，但也许抹杀了两者之间的界限，消解了两者之间的区别。然而，正是这一区别决定了一切。因为表象存在于意识中，它本身是一种意识的产物，如果没有承载的意识区域（笛卡儿的"我思"），它自然就不会出现。这同样适用于概念和我们从对象中得出的其他各种形式的图像。而对象本身则与之相反，它不依赖于意识而存在，这不仅当它是空间—物质的对象时是这样，而且当它是人类—心灵的、个人的或历史—精神的对象时也同样如此。在一起生活的人的认识着的意识中，无数因理解的范围和研究的深度不同而内容上具有不同特征的图像与一个或这同一个对象——比如一个实在的，有某些性格特征的活生生的人——相符。谁在此将某个人的图像和另一个混为一谈，便是很不公正地对待此人，这会剥夺他的生活真实性，并将其置于摇摆不定的意见域之中。

如果对此不加掩饰，似乎就已根本不值得再多费笔墨了，这看起来是极其自然的。然而，如果人们用沉默来忽视这个基本现象，不明确地看到它，不在所有意识中确定它的存在，它就会在我们手中流散，我们便会突然处于意见的漫无边际的相对主义之中，会失去对实在世界的统一性及其对意识的独立性之洞见，便会除了观念、概念和表象之外，无所保留。而如果仅仅从这些观念、概念和表象出发，那么，我们也就看不到作为存在于世界中的人的真实地位，特有的人类本质的人类学观点将会是扭曲的。

自然的态度在所有反思之前将对象明确地理解为独立存在着的东西，它独立于所有意见和观念、概念和评价之外而存在，可对象的概念怎么会变得如此错误呢？人们对此不能再答曰：因为这个概念与表象被混淆了。更确切地说，应该问：如果未被扭曲的意识注意一下表象（这总是例如在意见争论时出现），从不将对象和表象混淆在一起的话，那么，对象怎么会和表象搞混呢？

对此可以答曰：有一个非常古老之思将对象和表象之间的对立取消了。这个古老之思大致如此：如果我们的表象中不存在对象，那么，关于对象我们能了解些什么呢？概念和评价本身就处于表象的层面，是对表象的重构。它们的"对立面"是什么呢？归根到底，这种对立存在本身可能只是一种在表象方式中的存在物，对象对意见本身的独立性仅是一种被意指的独立性。如果人们在评价中将对象"设置"为自在存在之物，那么，这个自在存在便是一种纯粹被设置的存在；如果人们将其思为意识之外的独立构成物，那么，独立性以及与之相联系的外在存在便是一种纯粹被思的存在。这个论证是所谓的"思维循环"。

那么，与表象，总而言之与意识相对而存在的东西又在何处呢？我们还可以问：这个对象曾在哪里呢？再也找不到它了。"思维循环"将其废除了。这样，让对象同表象彼此对立存在事实上便是多此一举。同样，让对象同思想、概念、评价、意见彼此对立存在，也毫无意义。因此，那些坚持不懈地在这个方向上继续思下去的理论得出这样的结论，即将它们看作对立面的存在无异于是一种无用的"双重化"。我们无论如何只认识一个而不是两个构成物，人们尽可将它称为对象。但将其说成是表象（思想、概念等）中给定的东西，可能更有意义。

这些思路在19世纪和20世纪之交就为所有哲学方向所熟悉，虽然它们的表述迥然相异。在许多哲学方向中，它们还一直享有很高的声望。直到新产生的存在学在这里开辟了一条新道路，学习着从根本上重新观察并描述这种认识现象。为此所需要的观察和描写的方法技巧，它则从在此期间变得有运作能力的现象学中去汲取，当然，它将首先剔除现象学的先验片面性。

二

那个"先验"的认识概念到底缺少什么呢？新康德主义学派如此称呼它，尽管它显然已背离了先验哲学的原本意义。它缺乏最初的基础，缺乏详细描述事态的认识现象。在它这里，现象的方面被忽视了，并且是相当关键的方面，即认识是一种超验的行为，一种超越意识界限的行为。

人们当然可以对此各抒己见：究竟有没有这种行为，对存在着的对象之超越和把握是不是错觉。但对此必须搞清楚的是，人们争论的其实是到底有没有认识这个问题。而存在学的思考正是由此开始：它不去争论这些事情，而是把认识关系中的超验"现象"付诸实践，然后再反过来追问该如何理解对象的存在，以及该如何理解认识行为本身，如果它超验于这种存在。

与此相关的是，存在学不简单地接受思维循环，而是试图挣脱这种循环；它不拒绝内容构成物的双重化，而是努力予以阐明；它不将意识的"构成"理解为产生对象，而是理解为另一种只涉及表象的过程，这一过程完全不让对象受意识的影响。

让我们从作为最极端论题的思维循环开始吧。思维只思本己的思想，而思想只理解自身，真是这样的吗？还是正好相反，即思维有双重意向性：它通过思思想，正是用这一思想并通过这一思想思一个对象，这一对象就它自己方面而言是完全另外的东西，但因而正是思想所意指的本真之物？

事实上，没有人为思想而思考。这将只是徒劳无益的思考。思想本身是为了一个别的东西，这别的东西是存在者。至少当思想不纯粹是思想游戏，不是空想或想象，而是真实的、融进生活关系的、探寻和发现的思想时是如此。而只有这种思想才值得一提。思维循环无视这一基本现象。一个模棱两可的歧义是以此循环为基础的。我们说："我思这个思想"，但也说："我思这件事"（例如事态、结果）。如果我如其所是那样思这件事，那么，思想在内容上与事情相符，于是思想和事情从内容上无可区分，但在存在方式上却根本不同。因为思想只存在于精神中，而事情从来都在精神之外。思维循环没有注意到这点，它认为，事情在被思时，本身就只是思想。它因此而取消了真实的思维之意义，留存的不过是思想游戏的瞎忙乎。

思维如何使思想在意向中就已超验化并通达于事情中，这是个问题。这个问题只能在更大的问题关系中才能解决。因为不只是思维超越意识，别的许多更根本、更深层地植根于生活关系的行为也是如此。然而，此处我们还未面临思维的"问题"，只处于其现象处。而这一现象必须事先予以正确的描述，可是它表现出的第一个基本特征是双重的意向性。现象中的意识内在性的坚韧之环因而被挣脱了。

可现在在认识现象中甚至连思维都未涉及。或许有认识着的思维，但也有瞎忙乎的思维——空想的、想象的或建构性的思维。与之相反，认识不令思维瞎忙。认识总是超验的，它总是如其所"是"的那样，而不是如其被思考的那样涉及对象。认识的所有准备都与对对象的理解相关。

超验的行为有许多。爱和恨便属于这类行为，因为它们针对真实的人；意愿和行动也属于此类行为，因为它们以实在世界中的实在之物为目的。同样的还有体验和经验，还有期待、恐惧、盼望，因为它们指向事件的实在之流，就连它们的错误也仍为其所束缚。认识——在其所有阶段，从感知直至研究——只是这些超验的科学行为之一种，且绝不是最初的或是根本的。它以别的那些行为为前提，与它们所开辟的周围世界相关，它甚至在刚开始时还完全为它们效劳，后来才获得相对于它们的独立性。

从认识被纳入这更大的承载人和外部世界密切联系的行为关系中来看，便可理解这种双重意向性正是认识所特有的。而于此处，双重的意向性才成为关键的基本要素：在认识着的意识中，一个内容产物总与外在于它的对象相符，是与对象相对的图像，不论它是一个纯粹的感知图像，还是表象、概念、评价、理论或世界图像。它总是一种与对象相异的东西，可能与对象相切合或不相切合。如果切合，我们便称之为真实的；如果不切合，便是非真实的。我们在认识总体中基本上能区分真理和非真理，即使在个别情况下没有区分的标准，这一纯粹的事实足以证明，对象不可消除地与意识处于对立，它远不是与认识产物相叠合的。

这一关系构成了从存在学上理解认识概念的基础。由此不难看出，认识归根到底是一种存在关系，也即一种存在的主体和同样存在的客体之间的关系。在这种关系中，客体不仅相对于主体独立，而且完全没有改变，仿佛未被触及，而主体则有所改变，一个新的东西产生了：表象，或者一般地说是认识产物。这种关系便按此种方式由三个环节构成：主体—认识产物—对象。而认识产物内容上的增长与认识对象的所有探究相一致。

对象概念因此也同时有了根本的改变。现在不能再把它限制在已认识之物上，它还向外延伸到未认识之物。这就意味着，对象不依赖于其是否被认识而存在，不取决于其可被认识的界限。这当中显然反映了其存在的特征。但正是由于对象的这一存在特性，它也就已只是纯粹的对象了。

这个看法是如此得出的：严格意义的对象存在是作为"对立面存在"本身，与主体相对而存在的，也即被主体带到对面而存在的（被客体化的）东西因此成为认识的对象（客体）。因为所有存在者绝不是一开始就是对象；它们即使不是一个认识着的主体的客体，也就是说，即使未被认识，通常依然存在。但只有那些被认识的存在者，才因此而成为认识的对象。换句话说，这就意味着认识对象原本就是超对象的，它作为存在者并不在对象存在中产生，而是独立于对象存在，对它自己是否成为一个主体的对象并不关心。

这一事实对认识及其承载者——人在世上的地位是决定性的。我们现在不能再把主体和客体理解为是相互关联的两部分。因为由可能客体的总体构成的世界比人类要古老得多；从存在学上看，人类是这个世界的晚期产品。也即首先有存在者存在——那时还没有认识的生物，否则存在者或许能成为它的对象，然后，完全是第二位的，存在者才可能被变成对象。对象存在对存在者本身而言完全是非本质的。唯有对主体来说，它才是本质性的东西。

另一个结论涉及对世界"双重化"的异议。鉴于三个环节的关系和对象与认识产物之间不可消除的对立，这一异议是完全正当的。不过它根本不是异议。"双重化"其实与现象完全相符，理论要驳斥"双重化"是不对的。现象不能被理论所驳斥，它只能被着手研究并得到解释。谁驳斥现象，谁就站不住脚。

将最简单之物盲目地当成真实之物，这是一个古老的错误。认识关系恰恰不像过去的意识理论所思的那样简单。这是当人们根据对象和认识产物的存在方式对这一关系进行分析时所令人信服地显露出来的。因为对象没有变，而关于它的表象在变化、改变和进展。是的，当人们再仔细些观察，"双重化"还太少了，应该说"多重化"：在每个意识中，表象都不一样，而对象则保持同一。于是在哲学中，相对一个世界有许多世界图像，没有哪个世界图像与另一个完全相同，或许也没有哪一个世界图像和世界本身所是的完全相同。但在所有世界图像中，都存在真正的世界认识的片段。那么，还有什么可以驳斥"双重化"呢？显然没有什么。

但是，"精神建构"，理智所进行的"综合"及一种被给予的感觉多样性的"重构"怎么样呢？在这些概念中，也存在一些正确观察到的东西，不容辩驳的认识现象的一部分。只是在这种情况下，现象似乎支持唯心论的理论。那么，存在学的观点该怎么做呢？

初看起来，人们可能会认为，这里的观察方式现在不起作用了。其实恰恰相反，只有在这里，康德的"综合"和所有与之相连的进行内容构建的意识活动的解释才获得其充分的合理性。认识的"超验"问题没有为本体论问题所遮蔽或者只是被向后推移，而是在整个范围内被研究并导向解决之路。

这是如何进行的，说来话长。它包括多种多样的认识程序、方式等的揭示，而在每个知识领域中又各不相同。但其中原则性的东西并不难表述，它存在于如下的考虑中：认识按其本质是一种"接受"的行为，它不重构对象，让对象如其所是而不予改变；意欲重构对象的行为就是一种活动（做、行为性）。而认识与活动截然不同，区别就在于认识是对对象的纯粹"接受"的行为。不过这种接受性只是认识的全部行为中之一种，而且只针对对象。它绝不取消建构认识产物时内在的自决性。这一内部自决性是这样的东西，如康德所说，在其中，进行理智的综合，作出判断，构建概念和整个理论。

"精神建构"是肯定有的。对原始的给予之物之"重构"、拼合和加工，无可争议地就是最广泛意义上的"精神建构"。然而被建构的不是对象，被重构的也不是对象，而只是对象的表象，与表象一起的还有所有从表象中发展出来的东西，综合判断、概念、世界图像，简而言之，所有处于认识产物层面和属于认识产物的东西。并且由于所有这些都属于意识，整个建构过程又都在意识中进行，因此这是一个纯粹"内心的建构",它不触及对象本身。

这个先验问题以这种方式保有了其完全的合理性。只是对这一问题超验的解决方式曾是错误的。这是康德理论的一个纯立场性的结论,如果康德将自己合逻辑地提出的综合三阶段称作是对客体的综合的话。的确,这也许只是表达上的模糊性,因为与此同时,康德还将综合三阶段称作对表象的综合。严格地说,先验唯心论完全不必要将综合套用到客体本身上,因为它根本不反对客体的"经验主义的实在性"。

但正是这一论点的越界(或者应该说是误解?)继续发生了作用,还规定了新康德主义的解释者。李凯尔特的错误是将重构与认识的对象联系起来;纳托尔普的错误则是将科学认识的历史发展过程——这个伟大的"成就"(fieri)——理解成对象自身的形成,并因此获得一个将概念建构与世界形成等同起来的理论。如果是这样,那么一开始就该满足于将科学认识的发展过程和它的事实上十分了不起的综合的成就理解成对表象世界、科学或世界图像的建构。理智的自决性将不会因此而受损害,先天综合的先验现象会在没有被尖锐化和歪曲的情况下获得其充分的合理性。

导致新康德主义理论最终崩溃的全部麻烦,从存在学角度看,都遭到同一打击。在这里都与此密切相关,即对作为一个超对象存在着的认识对象之合乎现象的理解。如果人们弄清了事物、事件、人或其他什么构成可能的认识对象,然后才被带向"对立面存在"且由此并没有改变其存在,那么就为表象世界的多重性、综合、自决性和连续的重构保留了足够的空间。因为所有这一切都只涉及认识产物。

人们最终还可以由此出发为相对主义设定非常明确的界限,即这样一个它于其中会变得在思辨上无害的界限。

按上面作出的规定,首先得在真理和存在之间划出一个区分界限。将真理宣布为相对的,这至少是一个有意义的论题,而将真理套用到存在者身上并谈论"存在的相对性",则是无意义的。存在只应归于对象,而不应归于认识产物。从对象那里表明,它在此存在着,对它之是否被理解、是否被错误理解,并不关心。对象在其存在中是"超对象"的。更准确些地说,存在者作为可能的认识对象无所谓自己是否以及在多大程度上被一个认识着的主体当作对象。所以将人对它的有分歧的表象冒充为是它存在或不存在、如此存在或非如此存在的区别,是没有意义的。

这样,一切存在的相对性都消失了。剩下的是我们以为真的表象的差异状态,其差别只在认识产物这一层次上。这一差别根据观察方式、观点、时代的成见和科学现状的不同而出现内容要素的变化。世界还是那个世界,世界中真正发生变化的东西不取决于主体及其观点;那些视主体的态度变化而变化的是世界图像。假如这些世界图像中的每一个都被认为真,我们也许就可以断言,真理是相对的——相对于观察方式、时代或科学现状。

可就连这个断言也是绝对站不住脚的,至少当人们将真实存在素朴地理解为是表象(或意见、判断)切中所意指的事物时。难道一个后来被证明是不真的判断先前曾是真的吗?它其实肯定以前就已是不真了。只有当事情在其间发生了变化,它以前才可能是真的。但真理相对主义中意指的根本不是这种情况。事实上,这也不再是对同一实事的判断,而是对变化了的另一实事的判断。

任何一种表象或意见都是如此。比如太阳围绕地球旋转的旧观点有一天被证实是错误的,那么这一看法的意义在于,那个旧观点以前也是错误的。正是观点发生了变化,也就是说,表象发生了改变。凡"是"不真实的,必定过去也总是不真实的,尽管它在某地某时曾被认为是真;"曾是"真的东西,无论何地何时都被认为是真实的东西,必定永远保持真实,否则在它适用之时,也可能就是不真实的了。

在这种唯独从存在学上讲得通的关于真实存在的意义中,波尔察诺谈到了"自在真理"。他指的是真实存在(和非真实存在)完全独立于人们变化的意见和信念，人们对真理的了解或不了解，或——与此相同——同它们在某段时间内之被认为是真、被认可毫不相关。如果人们对波尔察诺的论点只做正确的理解，那么他说的完全有道理。我们这个时代的相对主义并未正确地理解他的论点。唯其如此，它才会固守相反的观点。

至此，我们便可以认为，令如此多的严肃的人们为之忙碌并将某些人引向完全的怀疑的整个真理的相对主义，本是一个非常原始的误解。鉴于这场由此而发的大争论，人们是不应该相信这种误解的。我们必须探讨相对主义的另一种意义。

如果我们考虑到，这根本不涉及"真实存在"的相对性，而涉及被认为是真或者更确切地说，涉及我们关于真实和非真实知识的相对性，那么，相对主义的这另一种意义就出现了。因为后一种相对性同"真实存在"本身的相对性当然是完全不同的。我们可以有切合实事的表象却又摒弃它，因为没有洞见表象的真实存在；我们可以有不切合实事的表象却将它认以为真，因为没有洞见表象的非真实存在。关于真实和非真实的知识与真理和非真理又完全是两码事。为了能获得关于真实和非真实的知识，必须有真实存在的可靠的征候，一个充分的"真理标准"。而这个我们事实上并没有——至少没有一个绝对的、可以排除任何错误的标准。

相对主义的本真意义就在于此。它没有因波尔察诺的论点而被取消。的确，如果被人类称作自己的认识的东西因此总是就等同于认识的话，那我们就摆脱了相对主义。现在却不能看出一个表象，意见或判断在内容上是否与实事相符，也即它们是认识还是错误，是真实的还是非真实的。如果经验增多，这一点可以在有利的情况下由时间去说明。但在有些对象领域中，决定不可测度地拖延下去，或者完全难以作出。属于这后一类的正是许多世界观的基本问题，实践生活之谜，所有构成人类生存的意义和价值内涵的东西。这里到处显得重要的是能够精确可靠地区分真实与非真实，以及能够确知何者为真，何者为非真。

相对主义涉及确然性。认识和错误在我们的表象中有害地混在一起，这是不难看清的。但其中哪些是认识，哪些是错误，却并非显而易见。至于真实存在本身不受相对性的制约，这帮不了我们什么。受相对性制约的，是关于真理的"知识"，是确然性。由于判断、意见、观点的有效性任何时候都取决于我们归之于它们的确然性，因此相对主义也取决于这个有效性。

这种关于有效性的相对主义与所谓的真理的相对主义相比，在严重性和破坏性上毫不逊色。但我们不应该对其大加粉饰，这只能使真实的实事情况变得模糊不清，并将问题推入错误的轨道。

就此所进行的方向调整已经是本体论的一个成果了。因为人们当然只有在认识到相对性的持久的意义不涉及对象，而只涉及认识产物时，才能够理解这一意义。然而，这才是在本体论视野中变得显而易见的东西之一半。有效性的相对主义在此处也受到了限制，这一限制将其令人骚动的结论带回到理智的范围中去。

决定性的见解是，所有一切最终的结果都是"真理标准"问题。得出没有绝对的标准这一论断才只是迈出了第一步。第二步表明，因此肯定存在一个相对的标准，而且这一标准绝对不容忽视，它其实在有利的条件下可以提升层次，直至成为对高度确然性的保障。

建基于存在学上的认识理论要证明这一点并不太难。如果认识只有一种支撑——如纯粹经验主义和纯粹先验论（理性主义）所想的那样，前者认为它只以感官的证据为依据；后者则认为一切都只建立在纯粹理智的基础上——那么思考一个有承载力的标准是不可能的。如果认识由这两个要素共同组成，它们像两根独立的支柱共同承载起认识之穹窿，那么事情就完全两样了。因为认识的两个要素涉及存在着的对象的同一领域：它们对对象作出内容上异质的证明，二者有完全不同，相互之间非常独立的方式和道路，合在一起才共同建构这个认识产物，同时也交融于认识产物中，在那里有什么不合拍的，会自行消除。因此不是所有和谐的东西都还需要切合对象。但在更大的关系中，随着认识的发展，与对象相切合的可能性仍在接近确然性。

人们原则上不能期待比接近确然性更多的东西。这已经不少了。因为这不是关于受到个人限制的人类个体意识的认识，而毋宁是关于认识的整个历史过程，并且极大程度上是关于科学的整个历史过程。这一过程从存在学角度来看，是一个实在的过程，同所有实在之物一样只有一次，不可重复。还有许许多多的异质物汇聚其中，它们在知识之共同的大的认识产物中互相连接；那些在一定时间内没有得到该过程明确的认可或驳斥的东西，在继续发展的过程中会于某个时候得到认可或驳斥。然后或者被放弃，或者提升到高度的确然性上。

这样，漫无边际的相对主义的混乱便清楚起来。这不是一下子出现的，也肯定永远不会终结。但就连认识过程自身也不会终结。在认识过程中存在着多重之物，和表面分化的东西的趋同，这已经够多的了，即使这种趋同跟不上时代，并使受自己一生约束的人类个体陷入认识过程的不确然性。

三

审视过这些问题之后，便有足够的理由返回到存在学。因为返回是无疑的，即使存在学本身今天必须和以前很不相同。单由认识理论的沉思所统治的时代在存在问题上留下了后遗症。它取得了不能再被置之不理的成就。而正因为此，存在学今天成为了一个完全不同于旧共相理论可能成为的具有承载力的基础，也是认识问题的基础。

如果用作为存在关系的认识关系作为超验行为，认识行为作为超越对象存在着的对象这些观点来描述上面出现的返回特征，那就太不够了。事实上，这毋宁是整个观察方式对自然态度的回归。因为只是在这种自然态度中，在认识向外——指向对象——的直接方向（直接意向）中，"作为存在者之存在者"才完全可以被把握。这一态度是前科学的意识的态度，同时也是大多数科学，首先是自然科学的态度，其直接的延续便是存在学的态度。

这并非是不言自明的。认识理论有一种完全不同的态度，它让自然方向转弯，使其反过来对着自己；它的对象恰恰就是认识自身。这种"反思"（字面上理解为"反射"）——或者也叫间接意向——迫不得已地贯彻那种认识理论的态度；但由于这种态度，认识理论背弃了自然的观察方式，现在不再能够在认识对象的存在特性中把握认识对象了。这引起对它在世界中的真正地位的错误认识，最终导致一系列主观主义的误解。于是，正是为了认识理论的正确设置，还是得先追溯到直接意向，尽管它必定不可避免地在间接意向中活动。

如果我们现在素朴地、毫无保留地回归自然态度，那么由此就同时接近自然的实在论，并易重新失去认识理论的成就，超验问题和由看而进行的"精神建构"。这当然同样是错误的。因为首先，实在论是一个狭窄得多的概念。连素朴的实在性概念本身都错误地受限制，被局限在事物及事物的出现上，而心灵和精神的世界实际上也同样实在。其次，存在学从自然的实在论中只接受实在性论题，与之相反，绝不接受符合性论题。前者只是说，对象有不依赖于认识的存在；而后者则断言，对象还具有未经反思时所显现的特征。后者是站不住脚的，这一点经最简单的考虑就可证明，而且自智者时代以来就已众所周知。因而也必须放弃符合论。画面因此而再次改变：在素朴的被给予性和可以被认为是真的东西之间，必须加入认识建构工作的整个过程。对此是有活动余地的，因为认识关系是一个三环节式的关系，认识产物可以在不损害对象的同一性的情况下经历这种建构性工作的全部阶段。

但这一结果只有当人们按其另外一面而运用它时，才变得具体并有意义。因为整个认识关系现在不受约束地加入实在世界的其他存在关系中，在实在世界中，它拥有自己的活动空间。它作为归属于"超验行为"群的行为，关于此，前面已有论及。现在它处于行动和意愿、爱和恨、体验和忍受、期待和恐惧这一系列的存在关系之中。所有这些行为都有着一个对立项，它们都针对这一对立项。而实在世界只要被把握（被把握为我们的对象），它就存在于这些对立项的总体中。超验行为构成了意识和意识存在于其中的世界之间的关系之路，也可以说，构成了这种在世界中存在的意识本身。

认识在这一系列关系中虽然是次要关系形式，却是一种非常独特、无与伦比的形式，人们在周围世界中的指向便取决于它。它首先服从于维持生命的纯粹生命的目的，为生命有机体效劳，之后它提升至更高的实践的目标，但最后将从它所有外在的目的中解脱出来，只为纯粹的对世界的环顾和把握服务。这个阶段如今在许多科学中都已达到，并从现在起形成人类特有的精神生活领域。

只有这样，这个领域才对认识正确归入世界的全部生活和存在关系而敞开。从前人们认为，世界不过就是认识着的主体的对立项，是主体的"客体"。现在看起来则相反：主体知道要使之成为客体的，只是世界的一个片段，认识本身却是世界的一个部分、环节，而且是由其他许多部分所承载着的，这些承载它的部分与之相比是第一性的且是独立存在的。

如果以实在世界的一般建构为基础的话，那么，这种被承载的存在以及归于它的认识可以在存在论上得到非常准确的规定。就是说，实在世界内部的层次不是简单的，而是丰富多彩的，有着叠加的四个存在层，其中总是由较低层次来承载较高层次。最底层包括作为所有物质总和的宇宙，从原子到天文学使我们得以了解的星系；第二层是有机体的王国，它从大小上说在宇宙中微乎其微，从存在层次的高度说，则远在宇宙之上，它在所有的依存关系上都是自主的；在有机体之上，为有机体所承载，但与之完全不同的是心灵世界，意识和意识的行为及内容。再居于其上的，是精神生活，它不在个体的意识中产生，而是形成一个共同的区域，这一区域的变化进程在世代延续间架起桥梁并将它们连接起来。

认识属于这些存在层次中的哪一个，这是不成问题的。意识，若被理解成初始（无精神）的东西，可能包含认识的开端。认识显然在最高层次，即精神中才得以发展。在这里，它有了其存在学的位置，并且必须从这里出发理解它所建立的与其余世界的关系。因为既然它是一个超验的行为，这种关系本质上便属于它。

我们必须继续追问：认识在功能上归入的自己的对立项属于哪个存在层次呢？对认识而言，所有它能使其成为自己对象的存在者都起对立项的作用，而且认识能够在多大程度上真正把握存在者，这并不重要。因为那些认识使其成为问题的东西，同样也在一定的界限内成为认识的对象。由于认识原则上可以扩展到所有存在者，所以必须说，认识对象存在于所有四个层次中，或者说，认识以同样方式归入所有这四个层次。它也归入精神，因而归入作为一个可能的对立项的精神自身，也可以让自己成为对象。认识在认识"理论"中就是这样做的。它因而按其相应的对象层次建构它自己的层次领域，即对事物的认识，对有生命东西的认识，对心灵世界的认识，对精神存在的认识，既有在个体中产生的个人精神，也有精神科学研究的历史上的客观精神。

这就产生了一个丰富的总体图像，它的各部分在多样性的知识领域中得到反映。但这种丰富性绝不是科学所独有的。生活本身显然就已有这种差异了，因为人类生活就连在日常活动中也处处渗透着认识成分，事实上，我们所采取的每一个行动都已从根本上取决于能使我们领悟交织在一起的存在关系之认识程度。

明了认识处于其中的存在学的双重关系，具有决定性的重要意义。一方面，认识通过自己对精神的归属以及作为重要的精神功能而为较低存在层次的整个层次系列所承载，并就此而言依赖于这整个层次系列。另一方面，认识作为超验的行为从功能上归属于作为其对象领域的同一些存在层次，这种归属存在于对所有类型的存在者和存在层次的意向中。它从精神伸展开去，向下到承载精神的存在层次，再向下直到物质层次。整个双重关系也表现为一种循环，通过这种循环，作为存在者总体的世界在人类精神中形成对世界本身所是的东西的意识。从这个意义上，我们还完全可以提出世界的"自为存在"，它是在认识中形成的。因为认识归根到底是一种实在关系，它作为精神的功能同属于实在世界。至此，这个被大量滥用的自为存在的概念还没有言过其实。只是对这一概念，不可以按黑格尔式的方式将其理解为是"精神的自为存在"，而应该只理解为世界（或存在者）的自为存在。并且不可以将席卷整个世界的目的论趋势强加给自为存在的概念在人身上的实现，否则，自为存在概念的实现就会由此而成为存在学的存在层次的一个确定目标。

这些思辨的简化是，而且将继续是完全没有根据的，不可能在严肃的研究中起任何作用。循环的意义是一个素朴得多的意义。世界不是根据认识而建立的。没有认识，宇宙和生动的自然依然存在，它们不需要认识。这对无精神的意识也一样。随着精神生活的产生，认识才显现出来，然后它根据意向和对象领域扩展到所有那些没有它就已存在的东西上，对它感兴趣的只有精神本身。随着认识的介入，精神也理解了它自身对那些没有它就已预先存在的东西的重压。整个层次序列被物质所承载，却为精神所阐释。这阐释当然并不只是存在于认识中，因为认识包括所有通过人类目的而进行的意义给予和所有通过人类创造而获得的实现。但认识是所有这一切中占主导的要素，它自己的脸上带有创造和意义给予的印记。因为精神随着世界图像而扩展，而认识让精神获得世界图像。精神随着认识的增长而不断超越自己——进入承载它的世界并在其所涉范围内分享认识。

与其对象的存在领域相适应的认识自己发生差异。对认识来说，不是所有的存在者都是能以同样的方式通达的。这里其实存在着相当大的层次变化，而且它并不与存在的层次序列并行。认识也绝不如人们可能期待的那样，视对象离精神的存在距离而定。事实绝不是这样的：离精神最远、最不相类似的存在领域，即物理学上的物质，绝大多数是对精神关闭的；精神本身则是最易通达的。相反的关系这里也不存在。其实这个层次变化要复杂得多，或者更正确地说，它受制于一个完全不同的法则，我们不能毫无顾忌地将这一法则逼进一个一般的框架。实际上必须尝试通过对各个认识领域的分析而获得它。

这里起作用的主要是直接意向和间接意向的对立，自然态度和反思态度的对立。最低级的存在层次明显受前者控制。事物和事物的关系，空间物体和过程作为外在的对象而出现在我们面前。它们从根本上规定外部世界的性征。有机体的情况则不同了。它们在两个方向上给予我们：一方面从内在角度上作为自己的肉体的生命，以身体的疼痛和舒适直接向我们预示。但在这种情况下，它大多不被对象性地理解。另一方面是在他人的有机体上，通过其可见的形态、运动等，也即从外在角度上。在这里，自然态度和反思态度都参与了。再高一层次，心灵的世界，作为我们特有的世界，纯粹从内在角度上给予我们——通过如人们所称的"内部感知"或"内部感觉"，此处只有间接意向。精神领域中却完全是另一种情况。因为精神作为"客观"的，也作为外在的对象以及周围的世界出现在我们面前。我们对法律、风俗、宗教、语言、知识的了解，是通过熟悉其现行的东西并参与进去而获得的。这所有的一切都作为预先存在的领域出现在个人面前。因此个人主要通过直接意向而理解它们。此外，它们当然还往往在一定的界限内从内在角度上被给予。因而在此处同把握有机体的情况相似，我们拥有两个角度的同时发生。

被给予状态的层次变化——它被理解成认识之经验（后天）方面的层次变化，是与两种意向在各个认识领域上的奇特的分布相符合的。外部感觉，首先是视觉，最有力、最直接地提供了物的世界。因此，我们从最低层次的存在——自然—物质的存在——中得到最有力、最无可争议且似乎是最典型的被给予状态。这是足够奇特的了，因为正是在此处存在着与精神的极大异质性，被给予状态只"为"这精神而存在。在此处也可以看到，感觉的被给予状态和对象的异质性并无多大关系。这所取决于的，显然完全是别的东西：对象在这一存在层次中还是相对简单的对象，这使得它更易通达，而且不仅对后天的认识而言。这一点马上还会从另一方面予以指明。

首先，这只适合感知。由感知看来，有机体的被给予状态存在于其中的对立面也极清楚地显露出来。有生命的东西本身虽然从两种意向的双重角度被给予我们，但在两种意向中都只被介绍给我们而已。内部感知只直接给予心灵，外部感知只给予物。当然，在这两种存在中都反映了有机的过程，但它们没有被直接感知。身体的自我感觉只是在没有生理学过程的图像的情况下的现实身体状况的混乱意识；而通过外部感官获得的对别的有机体的感知，更是没有说明关于该有机体的真实过程。只有一种后来的、建立于各种各样的观察、经验和结论基础上的见解，才对两个方向进行较深入的探索，这在本质上也就是科学的见解。我们正是对有生命东西本身没有直接的感觉。当我们运动一个肢体时，我们并不了解神经支配肌肉收缩的复杂过程，这些只有心理学和解剖学才教会我们。可我们的活动并不等待教导，它们完全不依赖教导而进行。内部角度虽然有直接的确然性，但它的内容却很贫乏；外部角度丰富而客观，它可以在科学中无止境地得到扩大，可是它却要走很远的弯路，而且也揭示不了活生生的生命状态的真正秘密。

这一复杂的关系与事物——物质的直接被给予性相比真够特殊的，因为后者如此遥远地离作为有机生物的人类而存在。这从认识理论上也无法得到进一步的解释。不过我们也许可以从人类学上——且从所提到过的存在学上——来理解事实情况。认识本来就是一个在周围世界中自己寻找头绪的器官，并且服务于这个实际的目的。为此，物的环境的被给予性是重要的，而内在的生命过程的被给予性则不仅是不必要的，而且简直就是有妨碍的。呼吸、血液循环、新陈代谢的化学反应、内分泌等本来就被合目的地控制着且处于细致的功能性调节之中。如果这种调节摆脱意识且不为意识的任意性所干扰，它就能发挥最佳的作用。它对我们的隐蔽性从有机体本身来说也是合目的的。我们在生活中不仅不需要关于它的科学取向，而且由于它不被了解而受到最好的保护。与之相反，在外部世界中，我们需要取向，因为在这里，取向意味着使事物供我们使用，意味着也要在生命维持所必需的界限内控制周围世界。

依据这一关系就如同依据一个标准例子那样，人们可以清楚地看出，为何认识理论如今没有存在学之奠基，便不再能够实现。如果不考虑人的本性和人在世界中的地位，便无法解开被给予状态那广泛分裂的层次等级中的谜团。这些谜团迫切地迫使将认识问题纳入更大的人类学的问题关系中去。

在此期间，层次序列还在继续。心灵的存在，如已指明的那样，只被直接地给予间接意向。但间接意向在这里却通向另一个障碍。如果反思态度本身同自然态度相比已是一种困难的话，那么它完全是因心灵过程的影响而遭阻碍。这一心灵过程是它应该通过自己的活动去把握的。因为就连这种活动也是心灵的行为，它反作用于被观察的过程。反思改变这个作为自己对象的过程。我们这个时代的心理学不得不持续与这一困难作斗争。反思怀疑直接的内省，将客体植入他人身上，拿他人的心灵反应，即不受干扰的意识的反应作试验，但在没有保证试验者的陈述也从客观上切合实际的情况下，就必须相信这一陈述。这种作法虽然在某些较简单的问题领域中证明是有效的，但是在较复杂的、大多数恰恰是较重要的问题领域中，它便遇到不可逾越的界限。

笛卡儿曾经教导说，直接的自我意识是我们所拥有的最确定的东西。这是正确的，如果人们将其与自己的生存联系起来，如同他的"我思故我在"命题所表述的那样。可此处关涉的不是纯粹的生存，而是在不可忽视的丰富的差异性中从内容上把握心灵的过程。这时有完全另外一个法则起作用：心理过程并不等同于它的被经历，心灵过程中，意识针对完全另外一类（主要是周围世界的）对象，而不针对意识自身。如果把心灵过程本身变成对象，那么便是将特殊主观的东西提升到客观性中来，从而歪曲了它。心灵生活有其自己心理的实在性，而这种实在性部分地被第二意识，即被针对这一实在性的认识的意识所遮蔽。或者，如费希特所概括地表述的那样："这个自我挡住了自己的道路。"

在实际生活中，我们也认识这种现象。它自苏格拉底时代就以人类心灵对"自我认识"的难以克服的抵抗而众所周知。当然，这里"自我认识"指的是人的伦理学的解释，而抵达的动机则是别的。如今，我们宁愿以更中性的方式谈论狄尔泰所理解的心理学意义上的一种"自我理解"。然而基本现象依然同样：无论这一行为是否抗拒实施它的清晰的意识，或者清晰的意识是否会妨碍这一行为，认识的困难是一样的。真正主观的东西总是部分地逃避成为客体，而不能被客体化的部分恰恰是它身上最重要和最本真的东西。我们所有的表象和概念原本就是为把握外部客观世界而设置的。如果它们不能与不了解对象清晰的界限和形式的内心世界相适合，又有什么奇怪的呢？

精神的被给予性又是完全另外的情况。我们应该认为，有关精神的知识必须格外具有反思和自我意识的形式，因而遭受同样的疑难。对精神而言，绝不是这样的：精神不仅作为主体领域而被给予，它也作为整个生活领域客观地出现在我们面前。我们必须在这一生活领域中活动并找到头绪，与例如在自然界中的情况相类似。这一领域已表明，它作为共同的、历史地持续存在的"客观的精神"，如何在语言、知识、法律、道德和宗教中构成一个内容上被形式化的具有特别方式的领域。这一领域具有历史的实在性，并通过实在性的特征而影响人类个体的个人精神。认识的主体则只是处于认识中的单个人，但主体有关这种实在性的知识也被提升为共同的客观性，并且作为连结个体的法律意识、道德评价、科学和表达形式及历史意识。

通过这种客观性，精神世界得以清除直接自我意识的和纯粹间接意向的困难。它的可经验和可体验性跟自然物的可经验和可经验性又接近了许多，它同自然物一样被赋予了自然的态度。而且由于个人的精神的行为很大程度上也受客观东西的影响，所以直接意向的优越性也感染了对它的把握。

如果在不同对象领域的差异中观察被给予性的整个领域，就会得出一张曲线图。被给予性极牢固地处于两个极端的范围，即最低和最高的存在层次中，也即在事物—物质的和精神的对象领域中。与精神最异质和最同质者是精神最易通达的，即使出自非常不同的原因并以很不相同的方式通达。一个极端是因为它们在对象性质上最简单，它们最直接地呈现给五官；另一个极端因为是精神的直接生活范围，它们是精神不断的状态、冲突和决定的直接生活范围。在这两类领域中，生活的现实性是同一个，因此对迫切性的同一个人类学论据对二者而言都总是合乎新的取向。在这两种情况下，从认识的对生命必需之物的原初实际的适应性来看，被给予性的丰富性便变得可理解了。

存在者的两个中间层次则相反。有机生命虽然被给予了两种意向，但只是间接的；而心灵的世界被限制在反思的态度上，这一态度只部分地，且在于最艰难的内部抵抗的斗争中将心灵的东西带向客观性。

后天认识的层次变化用这种方式绘了一条弧线。弧线开始的底端在内容丰富性上达到最大值，仿佛与对象最切近；然后在中间区域离开对象，在心理物理学的界限（有机体和心灵之间的界限）周围达到与对象的最大距离，同时达到内容上的最小值；但弧线在它的上端又回到对象，在其中上升到第二个内容的最大值。

被给予性的这一奇特的曲线是这里被选取的作法的第一个结果，这一作法试图在存在学的视野中去看认识。它从存在关系中阐释认识现象的一部分，在这些存在关系中，人作为认识主体而存在。由此变得显而易见的首先是，为何一切单从主体，或单从认识行为的意识方面出发的理论，尤其是那些以作为主要现象的自我意识为基础的理论，未切中认识的本质。自我意识恰恰是最不合适的出发点，因为它离被给予性的内容上的最小值太近了。不过现象学家们所曾尝试的对认识行为之纯内省式分析，也不会达到被给予性的真正本质。这种分析只停留于意识的内在过程，没有把握与对象的超验关系。它所描述的被给予之物，不是存在的被给予状态。

只有将认识关系理解为存在关系的存在学观点，才可能从存在关系之置入生活关系中来理解认识关系。而生活关系一开始就在其因对象领域不同而出现的差异化中说明了认识关系。对象领域在其自身方面与实在世界的层次一致，认识着的精神就为这些层次所承载。

四

认识的另一构成部分，即其先验部分，同样受到差异化，确切地说，是依据同样的对象领域。因为从根本上说它具有另一种特性，通过另一种方式起作用，以别的原则为依据且从本质上把握对象的另一方面，所以人们有理由期待它的分层同样会是不同的。

不过这种分层只是集中于对象中普遍的、本质上必然的和合规律的东西，而经验的被给予性却往往只是直接地把单个事物理解成这类普遍性的东西。这之间的区别不可能很大：一方面，未被理解的多样性处于松散和偶然的状态，另一方面，对存在联系、依赖性、因果关系的理解和把握有赖于多样性事物之可能与必然存在，也即有赖于单个事物之可能与必然存在。表象范围内的所有"精神图像"及其"变形"都是综合活动的结果，综合在先验的基础上发生，而被给予者则只为这种综合建造了一个初始平台。

那种期待证明是不可靠的。先天观念的分层过程基本上与刚才所描述的被给予过程相似，仿佛是一条与之相平行的曲线。

为了证明这一点，我们得回溯到整个探讨的开端。认识的先验因素以某些普遍原则为依据，这些原则是主体所固有的，并且用于主体对被给予事物的处理，自康德以来人们习惯于将它们称为范畴。范畴问题的发展史显示了许多代表这些原则的更为古老的关系：从古代希腊的形式，经过经院哲学的本质和共相，直至理性主义者的简单的理性和胡塞尔的本质法则。其中关键的不是其措辞的变换，而是出现的二重性：范畴既是认识原则又是存在原则。

这种二重性的意义一开始就已提到过了。它在于存在范畴和认识范畴的一种同一性关系，在这一范围内可认识性先验地赋予所有对象领域；这种同一性的全部影响（重要性）首先可以在认识产物和对象的对立中得到判断，这种对立可以在对作为一种"超越行为"的认识活动的存在学分析中予以把握。

认识在于认识产物与对象相符合，二者的不相符合便是错误。先验的认识也取决于那些主体在表象的"形象"中所使用的范畴，同样，它也在对象的形象之基础上被建构起来。因此，康德把他的关于综合判断的最高原则表述为先验的，那就是说，经验的范畴同时也必定是对象的范畴。

但这一基本的同一性命题也只是部分符合实际，视之为普遍性命题是过于武断了。要是所有对象的范畴同时也是经验的范畴，那可能就没有什么不可认识的东西了。这与不可超越的认识界限的现象相冲突，那种界限是我们在所有对象领域里都遇到的；这也一定是给了一个多余的存在范畴，它不在意识中作为它自身的范畴而重现。换言之，在认识范畴和存在范畴之间可能只有部分的同一性，而且要有限定地思考这种同一性，这样先验认识的范围就完全相应于存在范畴和认识范畴的同一性了。用简化的表达形式则可以说是：对象的可认识界限由范畴同一性的界限所设定，相反，与范畴本身的可认识性却没有什么关系。[1]

在存在学视野中看，范畴问题因而扩展为范畴的差异问题。人们现在不是考虑一个而是必须考虑两个范畴领域，这时候设定同一性的界限就显得十分重要。我们可以把这种任务称为"差异化的范畴分析"。这个任务并不简单，因为它不是通过那些既是存在原则同时"也"是认识原则的范畴之间鲜明的界限区分所可以完成的。这一分析也证明，单个范畴在两个领域内仅仅是部分同一的，也就是说，它作为认识原则仅仅是部分与相应的存在原则同一，部分有所偏离。换一种表达方式就是：范畴同一性的界线就在这中间穿过。差异的分析在这里具有一个至今尚未涉及的广阔工作空间，这是关于几乎所有哲学的世界观问题的最重要决定都得寻找的。

如人们所知，有关上述问题的例子并不遥远。在我们时代已经证明真实的空间与直观的空间并不同一，真实的时间也不与直观的时间

---

[1] 关于这种本身并非完全简单的关系及其发现史，我在以下著作里有详细论述：《认识形而上学的基本特征》（1921年，1949年第4版，第49—49章）；《实在世界的结构：一般范畴学说概要》（1940年，1950年第2版，第12—14章）。

相同。自然作用的真实过程，按其内部结构与我们所经历到的事件相去甚远。即便是在我们所谓的规律性中的一般，若没有进一步的一般化，也不与那些自然科学用以掌握规律的公式相一致；这种现象在我们的时代实际上已成为静力学的规则问题，这些规则与作为这种生动例证的单一事件过程本身根本无关。关于实体和因果关系的观念在数百年的演变过程中发生了这样的变化，以至于若要把二者中的任何一个作为存在范畴发挥作用，那简直就是无理要求。但是继续往上的话，现今我们对于有机体和精神存在的范畴还知之不多，一个标志就是我们的意识非常缺乏对它们的认识。这对于那些最简单的基本范畴也同样适用，这些简单范畴共同属于所有存在层次，并因此而不属于特殊的对象领域。这一点在形式领域是最为明显的：实在可能性与思想可能性不相符，实在必然性并不与本质必然性相符，认识的方式越来越偏离存在者的方式，而且在被给予状态中"实际"适用之物也根本远离实在的现实之物了。

也许根本上就只有一个对象领域，那就是数学，我们能够根据这一领域考虑实际上存在的存在范畴与认识范畴的同一性，对于数学知识的确信就证明了这一点。但是，严格说来，这种确信只适用于"纯粹的"数学，纯粹数学只与数字、图形、数量和比例的理念存在有直接关系。这些对象虽然远离我们，仅仅存在于思想中——假若果真如此，那数学就可能根本不是知识而只是空洞的思想游戏了，但是其存在首先是一种纯粹"理念的"存在。数学关系的多样性当然可以间接反映实在世界，虽然不能反映所有层次，但可以在很大程度上反映世界的最低层次，即自然—物质的层次。数学关系的多样性渗透自然—物质的层次并使其可以从数学上精确地把握。数学自然科学之奇妙作用就是由于其清晰的定律性和合理性；按认识论上的说法就是：这是先天观念的高级特质，正是这种特质使数学自然科学取得了辉煌成果。

由此出发可以非常明确地看到，如同整个认识曲线先验地超越认识对象的存在层次而形成那样，为什么那种被给予的存在层次没有把认识对象的存在层次进一步突显出来，而是二者基本上处于平行状态。认识范畴适合于最低层次的存在者（无机物），而离有机体和心灵存在相当远，但在精神生命领域中重又接近它们。或者从范畴上来表达就是：认识范畴与存在范畴的同一性是有变化的，它在实在的较低和较高层次界限内得到最好实现，而在其中间层次却基本缺乏。最具有这种范畴一致性的领域与最丰富的先天给予的领域同时出现，最缺乏这种一致性的领域则与最贫乏和大多数可疑的被给予的领域同时出现。

在这种一致性中，层次化的总体情形当然仍是纯粹预先想象的，这个现象只表现在较低层次中，对较高层次的认识仍然是事后获得的。为了在整体上认识范畴关系，首先仍必须进行一种补充。

范畴领域虽然根据实在世界的层次分成许多特定的组成部分，但不受与这些实在层次相应的叠加范畴对子的限制，也有一些以同样方式延伸到所有存在层次的普遍性的范畴。多数基本范畴的对子以及上面提到过的样式范畴亦属于此类，诸如统一性与多样性、一致与冲突、对立与单维、连续与区分、决定与从属、要素与结构，以及其他范畴。在这些范畴向上的过程中，由于存在层次的不同而发生各种改变，直至达到精神层次的范畴。在精神范畴中也有一些存在范畴和认识范畴的差异，但在其中不再发生偏离。[1] 最后，在这里也要提到量的范畴。我们曾指出过，量的范畴就是数学范畴，作为数学范畴，它并不属于某一实在领域，但为实在领域建构了最大量的同一性的范畴对子。

结果是范畴领域的"向下"延伸。空间形象在这种情况下只说明范畴朝着普遍的→基本的→第一性的东西这个方向延伸。以示意图来表示用符号排列起来的整个范畴领域，按不同的存在高度，把存在范畴（S.K）排在左边，把知识范畴（E.K）排在右边，而二者之间的差

---

1 这一点在《实在世界的结构：一般范畴学说概要》第23—24章作了最必要的讨论。

异则作为水平距离出现,当垂直线表示从最简单到最高范畴的分层过程时,我们马上就可以看到,认识曲线呈现为S形。其最接近存在范畴之处是在处于实在性界限下半部分的数学领域,在这里达到了几乎完全同一的理想情形。向下和向上的方向都缺少这种同一性。生物学和心理学的知识离这种同一性最远,相反,引人注目的是,物理学和精神科学的知识却接近这种同一性。此外,在这根曲线的底下,在样式性范围内又显著地扩大了与这种同一性的距离。

图示如下:

存在范畴	知识范畴
精神	知识
心灵	心理学
有机物	生物学
无机物	物理学
数量存在	数学
基础存在	基本范畴
样式存在	存在学

范畴同一性的分层同样适用于存在者——只要存在者自身是清晰的,但是,对于知识却不然,而对于人在其周围世界的地位来说则是具有决定性的意义。因为范畴同一性意味着知识的先天性,后者又意味着取向、运用和把握。

在这里,同一性的分层本身——其图像即是曲线——可以从这种现象得到补充证明:在越来越变得捉摸不透的高度复杂的生命进程中,曲线在从无机物向有机体过渡时对同一性的偏离,是清晰可辨的。日常思想远离对这种生命进程本质的把握,而生物学试图用来理解生命进程的概念,也不是真正的范畴概念,而与精确科学的概念相适应。

精确科学总是更多地停留于对观察所得之纯粹的描述和概括，而且只是慢慢地和总是带着新的难题竭力追问背后的本质。归纳总是不完全的，因为真正的原理是不可能那么轻易地得到揭示的。只要在我们的时代，对于各个部分领域的研究之进步是真正有意义的，我们就可以说，时至今日，这种科学乃是"描述性的"自然科学。人类形态生成过程之谜尚未解开，虽然我们已把胚胎细胞的染色体中之单个基因的排列作为肉体构造的各个成形部分，但其内部的功能情况仍是未解之谜。

康德在他的时代解释为"反思性判断力"的关系，今天仍有其作用。构成基本要素的和这里的研究所针对的"特殊规则"却往往还不是明确易懂的。此外，仍然需要"调节规则"，以便为研究指引方向。探究性的理解以非实证性来应付，它或许知道，形式与功能在现象上的合目的性不以特定的目的原则为基础。

这在康德主义哲学的概念话语里不过是对范畴同一性的放弃：我们的理解缺乏有机体对象的有决定意义的范畴，或者至少缺乏其中的许多很可能也是最重要的范畴。这不仅意味着我们不能理解它们，而且意味着它们也隐蔽地包含在我们的对象意识中。因为在对对象的把握之中，认识范畴之作用并不依赖其认识到的存在，而是在对于对象的成功把握中显示出来。

上述事实与人类学的观点完全一致，后者把有机物的"意识——抽离状态"理解为有机体之合目的性。人类也是有机生物，并且是有着本能和无意识反应的有机生物，这比起他作为具有连贯意识的特殊的有机生物来，能够更好地适应周围环境所造成的生活条件。在这种对象领域里，人不仅不需要广泛的范畴同一性，甚至可能根本不需要同一性。在这里，他也只有那么一些与其相适应的先天知识，即只有少量的先天知识，并因此极好地防止了其自由的内在危险。

人们可以从生物学上进一步猜测到，具有较大程度的范畴同一性的生物为何在生存竞争中会处于劣势，它们或许不能获得同样的结果和支配周围世界，后者正是人的特征。这样一种物种选择的意义肯定不能强调得太过分了，但也许可以说明，在生命活动的知识中放弃先天因素，这有一个存在学上的重要理由，而且我们在人的层次中能够没有多大困难地认识它。据此理由，有机体承载着包括知识在内的精神，如果精神在自身的高度上也逐渐掌握承载着它的基础的范畴，并且学会用这些范畴来保护基础（如在医学中那样），那么，在精神的开端就必定还缺乏这些范畴，因为范畴在精神方面危及基础，而开端是在每个个体的形成过程中新给予的。

与此相似，也可以把意识作为对象加以描述。众所周知，心理学是较晚产生的科学，尚属发展初期，且正处于从下到上修正其基本概念的时期。今天它还处于这一改造进程的开端阶段，其结果如何，这还难以预见，但如果是要导向真正的范畴上的善，那么现在就只能是个开端。

因为在这里，有一种认识的意识与被认识的意识之间的关系，人们可以这样辩证地描述意识。意识"自身设置障碍"，上面关于它所说的，只是其意思的一半，即只涉及被给予性；而所有的被给予性只涉及它们由之证明的意识的表面。相反，理解是一种探究，它有揭示内在东西的倾向；因此，它在作为对象的意识那里遇到了困难。意识亦即主体本身可以成为客体，但不是直接地，而只能在被另一个主体的返回中实现，这另一个主体的直接意向必须首先与该意识相关涉。

有了与自身的距离，意识才能成为自我意识。或者也可以这样说：自我意识在其与自身的疏离中得以实现。认识仅仅存在于与客体的对立中；客体就是认识特有的主体，从而消除了主客体的对立：认识"是"认识想要把握却又不能把握的东西，它进入与主体的距离之中，使得自身虽然在进行认识却已不再认识自身。

上述辩证法在关于意识活动——当然不仅是指超验的意识活动——的知识内显然是可以指明的。意识活动也涉及这种知识的"可理解"之因素，绝不只是涉及被给予的因素；它还与被给予因素背后的范畴关系有关，例如表象是指向对象性内容的，但对于表象的理解则离开这些内容，返回表象自身。所以，意识活动从对象出发可以理解为对象的主体的关联，而不是这种关联本身的实现。因为这种实现在对象（也指内在的、意向的对象）中是不可把握的。意识活动和对象内容构成一种严格的关系，这是一个先验原理（如胡塞尔所说）；人们也可以进一步把它思考为知觉与理解之间固定的关联。这并不意味着我们也从内容（意向对象）出发来理解意识活动的特殊结构，因为意识活动的结构与内容的结构可能是同时给予的，二者是相似的，可能只具有可比性，这一点在任何先验原理中都没有说明。人们可以这样来看这种原理，即认为意识活动的结构和内容的结构真的是同时给予的，那么它本身就成为完全未加论证的原理，这样，它就不是一个或者从其自身或者从任何别的东西得到论证的显明的原理。

众所周知，现象学的意识活动分析几乎完全从意识内容推断出意识活动，或者说，在意识活动没有明确终止的情况下就转换到内容的结构，用类比的方式，进行对象性的描述。无论意识活动是理解性的、感觉性的、意愿性的、评价性的还是观念性的，情况都一样。总有一种对象的关联，而且从这种关联出发，总是出现本质特征的逆向转换。人们以这种方式所获得的，乃是丰富的描述材料。但关于这种描述的东西是否就是主体的和意识活动那样的东西，仍是完全不确定的。另外，也没有一种我们能用来进行控制的校正。

很明显，范畴的同一性在这里失效了。人们从胡塞尔的先验性原理已经看到了这一点，也可以从下述情形看到这一点，这一程序中所运用的对象之结构要素几乎已全都属于一个更高的存在领域即精神存在了。所考虑的意识活动就这样已全部属于精神意识并且由于个体在其中成长的客观精神而改变了形式。但在精神领域中,事实上是另一种范畴关系起着支配作用,人面对纯粹主体的东西在其茫然无措中把意识活动套用到这另一种范畴关系上,这是完全可以理解的。对于这种套用,也根本没有人提出反对,但它使研究者直面一种笼罩着意识活动的精神——客观特征的形式要素。它固然由此使这种形式要素成为可把握的东西,但并没有涉及意识活动的心灵事件本身。

精神生命作为先天认识的对象领域几乎是完全可通达的,结果出现了精神科学的丰富发展。精神科学的发展虽然较晚,但因而也越有力量。要是范畴的同一性与我们关于范畴的知识联系在一起,那我们就可以认为这种同一性是不完全的。这样,我们对于历史上精神思潮的理解,对法的、道德的、政治的关系或宗教关系的把握也必定局限于一个狭窄的范围。因为时至今日,我们对精神存在的范畴仍知之甚少,直到18世纪结束,哲学也几乎很少关心这一问题。古代存在学研究还没有认识到精神生命乃是有着同等实在性的存在领域,康德有意识地限制于自然科学的范畴,而关于"客观精神"的决定性的基本范畴则是由黑格尔第一次发现。甚至这一基本范畴也不能没有困难地获得承认,因为黑格尔自己已给予它一种抽象的形而上学解释(作为实体)。根据现象看来,这一解释根本不符合那个基本范畴,却大大地抹杀了它的重要意义。

在我们时代才逐渐有了对精神范畴之有意识的省察,但尚属开始阶段,且还需许多现象学的和分析的工作才能继续推进。但这种关于范畴知识的落后状态一点没有改变这种知识的现状,也没有改变范畴同一性和与之一起被给予的把握之范围。因此,自然科学中有一点是根本性的,那就是自然科学并没有因为对其范畴的无知而妨碍了其历史上古老的研究,妨碍了这种研究的不断推进。此外,在这里要特别引起注意的是,当范畴——无论是存在范畴还是认识范畴——以存在及认识为内容未被察觉地先行发生时，所有关于范畴的知识就都是次要的。

这一点还需特别的证明，但在精神科学领域却无此必要，因为精神科学中的理解性知识无疑具有高级的特征。理解从来就不是被给予的事情，而是更高级综合的范畴的贡献，这种综合必须由认识着的意识来执行，而且这类贡献在精神科学中是可以充分得到证明的。狄尔泰对精神领域的"意义理解"所作的论述，就是相应的证据。这里的精神领域不仅是指纯粹精神科学，还有法、国家、文化、宗教、艺术、伦理和生活方式等其他方面。此处无须讨论什么是"意义"，也不必争论包括我们所谓的价值在内的所有意义内涵之多么相似，而且价值也充分说明，理解性知识并非从经验上给予，在其纯粹状态中只是先天可以理解的。

人们还要有另一种例子来说明精神领域的高级范畴之同一性，在目的范畴中就有这样的例子。只有精神才能设定和实现目标，因为只有精神性意识才对面向未来的趋前行为开放，也只有精神性意识能够选择实现某个"前设目的"之方法。有关周围世界存在关系的所有精神力量，人们关于周围世界的所有思考、行为与愿望，也包括所有真正的主动性，都建立在这种意识能力的基础上。目的范畴在特别意义上也是精神范畴，无论是作为实在范畴还是知识范畴都是如此。因为一方面，它在最广泛的范围内规定人的真实行为，另一方面，由于它才使他人及由他人构成的整个共同体之行为变得可以理解。就此而言，目的范畴也已成为历史—文化各方面的意义理解之基础。

目的范畴也许足可作为例子了。它之所以有着特殊的重要性，还因为它与对精神来说具有决定意义的规定性范畴有关——与较低存在领域的规定性形式相反。从较低存在领域，我们可以较清楚地认识物质材料的规定性，即因果性，而有机体的和心灵的存在则对我们深藏着；而且在较低存在领域中，可理解的知识之曲线及其先验论也可以把握地反映出来。因为只要范畴同一性不依赖我们关于范畴的知识，那么，这种知识自身就不是由范畴同一性共同决定，而且我们很可能不是先天地认识到某个范畴是在我们的理解中根本没有出现的范畴。

前面图示所描述的情形，即由于存在范畴与知识范畴的分离而出现的二者同一性的曲线，在中间对象领域有了较大的接近，并在精神领域达到一致，在这里可能的概述的范围内得到了证实。这一可认识状态之分层的总体图像由此在存在者的层次序列中得到了完善。在被给予的和所理解的事物中，都是这同一图像，在后天的和先天的认识中亦是如此。

不能低估这一简单得令人惊讶的结果之深奥莫测。许多后果直至不同科学分支的方法论，都与之密切相关，这既非自明亦非偶然。应该说这种曲线的平行性有其非常确定的理由，这些理由更多地不是认识论上的，而是人类学且最终是存在学上的，且取决于人与对象的存在状态上的层次之关系——此种关系是在被给予状态中显现出来的，只要这些存在层次也承载认识着的精神。

那种曲线的平行性之理由正是在于这些存在层次对精神的承载。认识有利于人适应周围环境；认识也有赖于事物及一起生活的人，后者在精神上就是个人的本质。与有机体和心灵事件相比，适应则不那么现实，在这里，它甚至可能成为生活之障碍，从而被承载的精神有可能会损害其基础。这样，我们就可以理解，不仅经验的被给予状态，而且对于这一对象领域的先验主义理解也都受到限制。是否能打破这种限制，是否能在中间的存在领域扩大先验认识，这都是另外的问题。对这类问题的解答需要别的路径。

此外，在此亦可发现认识规律的症候，认识规律是与分层次的人类学背景明显相关的：间接意向（intentio obliqua）的特征越大，被给予状态和范畴同一性的范围就越小；直接意向（intentio recta）的活动范围越大，这两者的范围也就越大。"向外"的自然方向占优势，意味着对认识的两个基础[1]有利，而反思性的方向则对其不利。

五

在根据对象领域而出现认识关系的差异的同时，还发生其他方式的变化。

这些变化方式之一便是存在者对于它已被认识的部分之改变保持中立——或者说，存在者之已被认识的部分与其已成为主体认识对象的部分，是同一个东西。这种中立的意义在于，作为这样一种存在者既不会抗拒主体的认识，也就是会转向主体的认识活动，成为认识"对象"，也不会要求主体的认识；就是说，它既不迎合也不逃避认识。这是认识对其对象不是采取主动或"自发的"态度，而是基本上采取"感受"（即接受）的态度之简单结果。前面已经指出，这种对于对象的感受性和对于认识产物的自发性是非常一致的。关于对象的表象、概念、理论都得由主体来完成与实现，并且还得依靠综合，综合最终形成总体图像。总体图像成为认识产物并保留在意识中，不会成为对象。对象与表象的对立永远不会消除。

表象与对象的对立植根于认识关系的本质之中，绝不会终止，这是一种超验的对立，并且意味着一种存在关系。对象的存在不会由于其被认识而改变，既不会按此在亦不会依存在方式而改变。在认识只是部分把握它时，它在认识界限的这一边与那一边都是一种存在，且是同一种存在。这种情形也同样适用处于第一个认识界限背景中的第二个认识界限，前者是指可认识的和理性的界限。事实上并不是如康德所想的那

---

[1] 即被给予性和范畴统一性。——译者注

样，自在之物最初开始于可认识界限的那一边。对象的可认识部分和当时已认识的部分是以相同的方式存在着的，而且正因为是这可认识的部分对于已认识的部分保持中立。这种方式的任何界限纯粹是神秘直觉论的，而不是存在学的。虽然所有"是"的东西本身都是可认识的，它把自己呈现给认识活动，一个认识主体也总是在某处和以某种方式获得一种使它成为对象的能力，但它仍然可能有一部分不能"为我们"所认识，也即是说，就此而言我们没有理解它的能力（例如没有范畴）。理智若有此能力，就不会在理解这所"是"的东西时受对象的阻碍了。

我们必须牢牢把握这种存在者对于认识的神秘直觉论的中立关系之基本意义，它构成现在得进行考察的现象之前提。这是一种次要的关系，并且没有取消基本关系。

因为此外还有第二种关系，在其中亦有一个中立的界限。较高级的动物在实践上对于已被认识的东西同样并非全然漠不关心。众所周知，它们在人类面前"易受惊吓"，但在没有真正威胁的情况下，它们也有将自己藏匿起来的倾向，如果它们感到自己被人观察，就会产生纯粹的本能反应。在这里，认识对象对于其已被认识的东西不再是漠不关心了，而是要寻求避开它的途径，或者会通过有关其被认识者的知识采取其他方式来改变自己。在主人的注视下，狗会有别的行为，以便看出主人是否在观察它，并且采取与之相应的行为。

现在，人也成为认识的对象了。作为精神的意识对认识过程的敏感是完全不同的。在人类共同生活中，认识自我的知识乃是人类行为的一个连贯的、确定的因素。人不但可以广泛地避开已被认识的东西，可以被动地隐藏其内心所想，可以不说出真正的意图或观点，而且也可以主动地伪装成某种完全不同的东西，可以装出一种姿态，戴上一副面具，可以迷惑同伴。而且，人们会在生活中广泛地利用这些东西，有时也会绝非纯粹出于某种恶意而遮掩见不得光明的行为，而是在纯粹保守特有的和内心的秘密之倾向中出于善意而遮掩这类行为，当然这特有的和内心的东西是不涉及他人的,这样做的目的是为了避免别人的好奇与纠缠。

但是,在这里,人们遇到了具有揭示其真面目的相应能力的对手。这种能力——这是真正的认识能力——也不需要人们从头至尾装出一副一切人反对一切人的战争(bellum omnium contra omnes)的模样,尽管在某些情况下相应于某些情形的现实性可以成为一种真正的精神战争。个人总是处于群体之中,他得与他人打交道,辨认方向,以便正确理解自己必须处于其中的境况。人们所处的境况本质上也往往由其内在的立场、兴趣、目的、希求、愿望、忧虑等所规定。能理解这种境况的人总是能恰当地行动,不论对别人持反对还是支持态度;而不能正确理解者即使有最好的愿望也会走入迷误。

这就是存在于这种自身藏匿和揭示的相互作用中的人类生活的所有方面。这种相互作用的双方何者具有优势,这一点是可以讨论的。每个藏匿者原则上都有占优势的揭示者,反之亦然。因为在这两方面都取决于精神上的优势,当然不存在精神优势的绝对界限。为此总有一种那么大的兴趣与这种优势相联系,这种兴趣正好是与对象之中立——在这里,每个人都作为对象——根本对立的。

不仅在否定的即在拒绝的意义上,而且在肯定的意义上,都存在着消除那种对已被认识东西的漠不关心的情形。同时也有一种被认识的意愿,也即渴望"被理解"。未被认识者可能意味着有点痛苦的判断错误,也即意味着令人窒息的内心孤寂。也许人类内心对理解的目光、对尊重和适当地获得价值之静静的渴望,整体来看,就是隐藏自己的倾向,因为与这种渴望相联系的是较有力的意义实现的重要因素。

如上所述,神秘直觉论的中立之平衡是在极其丰富的众所周知的现象中被赋予人的,而问题也就在于,这些现象是如何与认识对象的中立状态相一致的。或许人们应当得出这样的结论:这种中立本身在可能的认识对象范围内越是往上——往更高存在层次的方向——便越减弱并最后完全消除了？或者，在这里起作用的是另一种完全不同的、卷入认识关系之中并对其有所限制的关系？

事实表明，是属于后一种情形，而且这种神秘直觉论的中立仍然存在，并没有完全消除。这在下述情形中已有预示了：所有的自身藏匿都在非有意的自身显示中发现其界限。言语、行为、每个人的举止甚至这种藏匿本身都是透明的。人们也无法阻止呈现自己；这仅仅取决于在生活中对手是否具有这方面的眼光、判断力和知识。在可以极其自由的表达之处，在言语中——因为这比说谎更为容易——这种被展现的存在也没有中断。生活中我们很少思考这样的问题：说话的本质就在于，不仅是说言语所表示的东西，而且往往也是说关于说话者个人的某些言语所未论及的东西。凡用言语歪曲事实者还很少考虑到，说谎是很不容易的，高级的生活艺术和前后一致是必不可少的，否则谎言会变成这言语的反面，会证明其谚语式的"短腿"。[1]

但这只是一种防守的外部界限。在这里，真正重要的是另一些东西。整个人际关系——其中有对认识的拒绝——就不是认识关系，而完全是一种别的关系，即实践关系，在其中发挥作用的是别的力量。如果人们把它理解为一种目的、目标、利益或思想关系的话，那就太肤浅了。毋宁说在所有这一切中的基本因素是在实践关系中交织在一起的关于彼此的共同认识，以及被分成多重层次的而且往往只是想象的人类关于这些共同认识的认识。个体在各自的行为中以最细腻的语调通过伴随着的意识来确定自身之外的共同认识，在一定程度上就是通过共同生存者眼中的生活来确定这共同认识。

这种确定的存在同样远离纯粹的认识关系。在这里，现实性、境况和冲突、紧张和放松等全部多样性构成了基本因素。认识的特点完全被卷入了这种现实性之中，成为一种完全在现实中起作用的因素。

---

[1] 德语有一谚语：Lügen haben kurze Beine. 谎言腿短，意指谎言很快会被揭穿。——译者注

现实性是达到目的之方法，但不是优势的方法，不是起支配作用的方法，也不是构成境况和评价任何利益的方法。所有这些实践的关系都与神秘直觉式的中立相差万里。在实践关系中，一切都作为行为的因素被包含其中；但作为行为的对象，即作为行为所关涉的对象，人们对于针对这一对象的活动，当然并不是漠不关心的。

认识被卷入现实性之中并为其服务，但由于这种现实性的范围而受中立之限制，在极端情形下则受其扬弃，而认识的修正却是完全不同的关系之作用。假如人们认为，这完全不同的关系之范围对认识所涉只是次要的，并且认识的修正又是事后的，那么这种作用当然也是一个假象。因为现实的东西正好就是原初的东西，认识通过生活必要性的压力才能得到发展，只是在后来才不受生活的限制，实现自由与自主。但这丝毫不能改变这样的情形：认识本身不会对作为对象的人产生影响，如同他遭遇某个行为时那样。所有这样的遭遇都取决于行为本身的基本关系，并且所有这些行为都有相同的现实性，共同知识的意识本身也仅仅因此而具有这样的重要性，因为在共同知识的意识中，对特定的个人来说，他人的活动机会是先认识到的。

可以检验此例证的是，也有一种隐蔽的、参与其中的、不在认识活动中起反作用的成年人之共同知识，它在认识活动中未被充分利用，也没有任何人觉察到它的优越性。这种情况在完全的纯粹状态中可能是罕见的，但在人类生活中却并非不可能。

在此应当以这样的方式来把握由低向高——向着精神——逐渐减弱中立的层次顺序。所有认识本来就都是服务于实践的目的，从这个广泛的意义上说，根本不存在尚未触及过的认识对象。神秘直觉式的中立也不这样认为，这种中立同样不适用于人类学上作为认识背后之动机的东西，而完全只是适用于它自身。在较低存在层次的对象领域内，认识相对容易地脱离生活的现实性，因而在这里，对象之中立就没有进一步显露出来。根据观察，在自然科学中尤其如此，在那里，对象之中立完全是明显的；有机体的性质本身就已经抗拒认识了，当然这种抗拒仅限于一些认识初始的层次；在意识中，甚至在精神性意识中，对象对于认识活动的抗拒才变得明显起来，在这里，所有认识活动都因之而受到阻碍，对象变成具有同样能力的对立力量，并用自身特有的认识活动进行抗拒。但这种抗拒——或者相反也是有意识的开放与展示自身——却不是认识活动本身之作用，而是任何相同实践的、生活现实之作用，自然认识很容易与这种生活现实相脱离。只有人际间的认识不能那么容易从中脱离开来。但在认识活动变得不自由的时候，实践的生活现实也依然会遮蔽对象所特有的中立。此种中立消失在人类生活的过程中。

这种在作为对象的单个人那里达到的中立的最小值，在精神的对象领域内再次被超越了。语言、法、道德和艺术可以没有多少阻碍地完成其探索性的认识。此外，历史对象对于"历史的"被理解的东西，则是完全无关紧要的。面对所有主动的探索活动，这种中立的最小值已相当于完全被消除了。历史对象给理解性的探索所造成的困难，与它对此探索的抗拒根本无关。在这里，认识活动本身与判断性的评价会有所冲突，但这不是与对象的冲突，而是一个认识主体与其自身的冲突。

中立的曲线也由低向高并最终又回到接近于其自然的出发点。在曲线的上下两端，对象的中立处于最大值，而在中间层次则有明显的减少，可以看到事实状态曲线与理解活动曲线的相似性。人们可能会想，这三个层次其实就是同一个东西，这又可能进一步导致这样的结论，即必须以一种特有的认识关系的统一变化为基础。那样，人们就不再离第三个变化——被看作奠基性的中立的变化——很远了，因为这个变化建立在与现实生活有着牢固联系的认识之基础上。现实生活无疑是承载所有知识之基础，而范畴的同一性和经验的被给予性在人类学上则只被理解为适应精神的需要，后者正是以同一个自然与人类环境为取向，任何现实生活的联系也都存在于这样的环境中。

在得出这些结论之前还得说明一些东西。可以看到，前两条曲线只是接近重叠，第三条曲线则与它们明显偏离。在几乎不存在范畴同一性的地方，即在有机物的对象领域中，神秘直觉式的中立仅仅稍微受到阻碍，其受阻碍程度如同意识的认知与独断在生物学上是不合目的性的那样。这种中立在此对象领域内也全然没有原来那种抗拒的特性，恰如有机体的演变过程不受较高层次的科学知识的影响那样。反之，心灵领域中直接的现实情况之失效，显然完全不同于受实际的现实性制约的直接的现实情况之失效，因为这后一种现实情况涉及对他人意识的了解，而且实质上与精神个体意识有关。与此相反，前一种拒绝在各人的自我意识中起作用，并在反思态度尚未发展的地方表现得最有力。

理解活动和事实状态之变化在进一步观察时也显示了一个完全不同于神秘直觉式中立之变化的总体图像，而且它无论如何也不会退回到后者去。这一点当然不会对以下事实，即在三条曲线表面相似的背后隐藏着一个共同的基础，造成阻碍。但是只要相关的现象尚未弄清，就不能揭示这个原因。为了对此作出决断，我们的认识得耐心等待一种不同的、更为成熟的研究状况。

至此还有许多事情要做，其中有些可以纳入现阶段的研究之中。关于较后一类的任务，还有认识关系的第四种差异化，它受单个范畴或范畴组群的支配，存在于认识及时间变化中。但是关系到这种差异化的变化，却不再简单地是一种依据于对象的变化，而同时甚至更多地是一种依据于历史和时代的变化。

认识不是静止的，它不但在内容上向前推进，即不断扩展与加深世界图像，而且还改变自身的活动，学会使用别的工具进行工作，当然首先得创造、发明、改善和琢磨这些工具。

这种工具指的就是认识范畴，它们并非人与生俱来，也不是内在的理念；但当它们最初也在意识中随着经验一道展开时，它们也就是以多少有些神秘的方式抢在了经验之前，因为不断推进的经验已经以范畴为前提了。这是一种早已众所周知的关系，但有一点却鲜为人知，那就是也有一种变化，即在一定范围内的范畴变更。人类认识史——不仅是科学认识——就是对此的明证。

这里首先得进一步作出两个限制。其一，所有范畴的变更涉及的只是认识范畴而不是存在范畴，后一点规定存在范畴作为认识范畴的不变的对立部分。如果认识范畴的变更意味着对存在范畴的接近，那么存在范畴就具有一种界限的意义，认识范畴对存在范畴的接近即是趋向于此意义。这并不是意味着存在范畴就根本不可能变更，只是说它的变更是根据另一种规则进行，而且还有别的意义。当历史上形成新的国家形式时，比如形成民族国家的政体及民族国家为世界王国所取代时，共同体的范畴就一定会变成别的范畴。这种情况当然不能套用到所有存在层次上，但却证明了存在原则并不承认绝对的静止。也许应当把世界从原子到精神生命的时间上的演变过程理解为新的范畴群之阶段性产生。

但无论如何，这里所说的并不是指一种新的存在范畴之产生，而仅仅是指认识范畴的变化，并且这样说正是考虑到了存在范畴的稳定不变。

其二，范畴变更也并非涉及所有的认识范畴，而只涉及理解活动的范畴。昔日康德曾将理解活动的范畴——他称之为"纯粹知性概念"——以清晰的界线与直观形式（时间与空间）区分开来。尽管这一区分也许是过于生硬了——因为知性概念也是时空的显示形式，只不过是一种较高的显示形式罢了，但仍存有某种正确的东西：直观形式是不变的，它不受历史变化的影响，也不会被任何别的形式所取代。或者按人类学的说法，它是与素朴意识密不可分的看的方式，它包含在感觉中（作为感觉的条件）并且在意识中完全无意识地发挥作用，它不是首先"被使用"。相反，知性范畴则是"被使用"的，也就是说，它可以被使用，也可以不被使用，一定程度上说在人类意识的独断时需要它；它可能被错误地使用，比如被用到它所不适合的对象上。在这种情况下产生的就不是知识而是谬误。此外，只要一个范畴是与确定的对象领域相切合的，那么这个范畴就往往可能容易超出其作用的范围，而达至完全是别的范畴起决定作用的对象。

 按照康德的观点，所有思辨形而上学都建立在范畴使用中理智这种独断的基础上。"批判"思想正好是针对这种形而上学的。"客观有效性"问题也只是针对知性范畴的误用而提出，此外，对于形而上学来说，一种为了"限制"它的"超验演绎"是必要的。但有一点却很明了，那就是人们通过批判只能"约束"这些范畴，我们可以自由地"使用"范畴。知性范畴的活动性由于这种自由变得明显了，尽管是自发的。

 这里也是那种由之而将可变与不变的两种范畴区分开来的范畴变更的活动余地。假如人们考虑到，从人类学上看，把认识完全理解成精神对早已存在的世界之适应，而精神则作为后来的环节在其中发展起来，那么在具体的观点上就形成了对立。人们要做的不是从狭义的生物学上来理解适应，因为适应是在历史中延伸的，而历史则不过是后来对世上所发生事件之片断的连接，人类包括其精神生活在内，共同决定着其中所发生的事件。这里，认识乃是在世界中进行定向的要素，虽然这种定向最初往往只是在当时已生成的（历史的）世界环境中进行——人类自身的精神状况也需要这样的世界环境，不过也完全是间接地在世界中进行，从低级存在层次向高级层次，并作为整个世界环境。这种定向按其本质来说同时又超出了适应，因为它具有在人类本身的发展、控制和提高上的方向意义。在认识中也许并不只有纯粹的进步，精神之路乃是一条纠缠不清、充满迷茫与分歧之路，但在其内一定存有进步、洞察和总观世界之"倾向"。

黑格尔在其《精神现象学》中指出，精神活动往往同时是对事物和对其自身的活动，并且通过精神而往上导向统治与自由，这一点也适用于认识活动。认识本身在活动中学习，它在活动中不只是认识了对象，而且也使用了自己的工具；在一定界限内，它首先必须寻找、获得和创造工具。

当然，并不是所有这样的创造马上就是一种范畴的创造，只有在它涉及真正根本性的基础时，才与范畴有关。思维形式的变化十分繁复而灵活，在各种世界图像中，不只是在哲学的世界图像中，它都有其独特的思维形式，但这一点并不总是根本的。神话和宗教的世界图像有其明确的思维形式，哲学体系的大多数思维形式亦相差无几。在神话和宗教的思维形式中，往往是少数范畴占支配地位，大多数范畴是隐蔽的，它们通常由精神而得出，然后成为移用于整个"世界"的范畴，正如哲学体系中的大多数范畴具有一种人格化的特征那样；因而它们经不起批判，对其前提稍作批判，便轰然坍塌。

除了思维形式，人们还可以设置概念。过去认为，概念本该是思想中最恒定的东西。人们"定义"概念，并认为在定义中有牢固的支柱。形式逻辑以其公式化助长了这种对概念的抽象理解。概念的本质与在其外延和内涵的间接关系中所定义的东西完全不同，这一点也许只有通过对概念的黑格尔式解析才重新显现出来，但还没有在我们的生活中流传开来。其实，概念就是一种显现（直观显现、理解）的形式，而显现自然不同于感性——素朴的直观。正好存在较高级的显现形式，随时使所显现之物被显现出来，因为人类并非可以轻而易举地获得显现之物。因而，黑格尔谈到"概念的努力"，人们必须拥有它，以便完成包含有直观的定义形式，没有概念的努力，形式只能是空洞的抽象的东西。

也有"无生命的"概念，它们所剩下的至多是一个术语，一种名义定义，我们不再能用直观来填充这样的概念。人们可以称之为"堕落的概念"，因为它们曾经充满了具体的显现和生命。这样的概念只不过是科学的累赘，且往往足以成为科学的障碍。若要激发它们的生命，就必须追溯到其历史的源头，而这源头又总是由某个完整的"理论"（也即某个总体显现）所引起。这种堕落的概念事实上是僵硬呆板、毫无生气、抽象静止的，它们已根本不再是概念了。有生命的概念则完全与此相反，它极其灵活，在时间的流逝中不断地改变着，人们以各种新的认识为它增添新的特征。于是就有了概念史。概念史与科学史和认识史完全是同步前进的。这种概念史中所存在的变更其实是显现方式的变更。因此概念史就成了哲学史的一个本质的组成部分，在其背后还有问题史。但二者不是同一的，因为在问题的架构里有不可改变的重复着的基本问题，这些问题只能有外部形式的变化，其原因在于它并非由人制造出来，而是与对象的难以捉摸密切相关；相反，概念则是人类的作品，是人类显现对象的形式，它可能突然变成自己的对立面（人们总是思考"主体和客体的"含义变化）。在概念上所有东西都发生着变化。

正是在这一点上可以清楚地看到，这样的概念从来就不是范畴，概念史也不是范畴史。尽管也有一种人类理解的范畴史，但它是在另一个时间序列里向前发展的，这种发展是缓慢的，而且在其中，范畴之间以最激烈的冲突彼此排挤着。虽然不能随处消除思维形式的变化和概念间的清晰界线，但也有模棱两可难以确定的情形，这时人们很可能怀疑，究竟仅仅涉及概念还是涉及范畴本身，假如涉及范畴，那么，当范畴被完全意识到时，则表现为概念形式本身。把范畴概念本身与范畴区分开来，这将成为认识论的一个极为严肃的任务。哲学意识所能遵循的，恰恰是概念的灵活的可变性，因为范畴本身并没有这种变化。

这里所说的范畴的概念正是人类的作品，是某种后来加上去的东西，也是理解范畴的尝试。如同所有经验的概念那样，这种理解往往并不适当。范畴本身不需要理解，它在理智活动中，即在把握对象的过程中发挥作用；同样，也没有概念式的理解。这意味着，范畴通常在所有"理解"之前就存在了，可能存在于日常的对象认知中，也可能存在于科学的对象认知中，正如这些认知之有意识的理解活动总是首先由哲学意识——虽然大多数是在范畴分析的特殊活动中——完成的那样。哲学家们十分清楚，他们从不构造、赋予或导入而只是发现范畴。人们只能发现那些业已存有的东西。与此过程相关的一个出色例子就是目的范畴，它自古以来就是构成神话思维的世界图像之基本要素，但第一次为亚里士多德所揭示并形成概念式理解，数百年来一直支配着哲学对世界的理解。

在这里，有三个因素具有本质的意义：其一，认为理智范畴也处于变更之中，这一点与康德和古代认识论的核心完全不同；其二，理智范畴变更的基本形式是新范畴（或范畴要素）之"渗透于"意识中；其三，渗透于意识的范畴不可能一成不变，而是会进一步发生变化，而且具有不断接近对象的倾向，当然这种倾向并不能保证它与对象的接近。在这个从属的过程中，概念的理解活动和概念变化的变换本身，起着在历史上可把握的现象之作用，这种现象可以描述自身，并可以用于深藏于人类所理解东西中的范畴固定不变的历史中。因为缓慢的范畴变更往往部分地也在灵活的概念变化中得到反映，而且这是可能的，因为概念并非抽象的逻辑形式，它是看的方式，是显现与内容整理的方式。在这里，概念与认识范畴内在地相似，因而它能在哲学意识中提出自己的理解。

这一整个关系，若能证明是真实存在的话，就是一种基础关系，其中这个关系中的所有层次可作为一种平衡的层次毫无困难地置于上面所说明的一些层次旁，所有这些都无须给以特殊证明。这是不是一种真实存在的关系呢，对此只能在我们所观察的人类认识史中作出裁决。这样一种裁决自然不可能是绝对的，因为它必须从范畴的例证中得出，如同历史提供裁决那样。这就意味着人们不能使这种裁决一般化，问题的关键最终就在于此。但有一点是清楚的，那就是当认识论涉及一种基础关系时，就有用法则的形式来理解这种关系的倾向。这个任务并非现时可以完成，历史——经验的显示只能导致"推测"法则。由于这一限制，范畴举例所说明的东西当然就极有意义了。

在其相互关联中得到解释的范畴例证本身，或许会构成一部完整的哲学史，并部分地构成科学史，当然是一部尚未被全部描写的哲学史和科学史，就如它们迄今所存在的那样。因为所举的范畴例证涉及所有对象领域，跨越所有时代。这里只能挑选一小部分这样的范畴，从中可以相当容易地揭示范畴之渗透入意识，或者也可以指明那些众所周知的哲学概念材料的进一步变化。对其余的大多数范畴，则需要进行更特殊的历史和系统的研究。对现今的人们来说，那些最古老的例证就是最伟大的雕塑，因为我们距它们最远；它们在其中起着支配作用的思维形式之多样性，将问题引到了一定程度上可以作出裁决的时候。

（1）在此我们同样可以从前苏格拉底哲学家的"存在"范畴开始。该范畴非常久远，具有素朴的自明性，一开始就被理解为与生成相对立：只有持存不变的才是存在着的，与此对立的便是"生成与消失"，这二者似乎就是存在和非存在的混合，因为，在生成中可以看到从非存在到存在的过渡，在消失中则可以看到从存在到非存在的过渡。但是，正如人们应当思考非存在者（Nichtseiende）一样，所有我们所思考的东西确实是一种存在者吗？这就是巴门尼德所说的意思。他的存在概念带着这种特征进入了近代，尽管范畴的内容同时也发生着变化。赫拉克利特取消了巴门尼德的具有与生成相反特征的存在概念，把生成看成真正的存在者，生成过程本身就是存在物。这就是范畴的变更，因为这里运用了另一种激进的观察世界的形式。在今天的概念中，我们可以这样来谈论世界：过程就是实在东西之一般存在形式，不论这种实在东西是否有生命，是人还是神。这一命题正好就是可识别的激进主义范畴之特征。

（2）与存在概念的变更平行的是生成概念本身的变化，虽然后者的变化并非依赖于前者。如果生成者就在于生成与消失，而将这二者理解为存在和非存在之间的过渡，那么，整个世界过程就被分解成无数个小的二重过程，而且仿佛将它们割裂开来了：每个事物都从无产生又化为无，这个过程形成一条上升下降的固定曲线，而与其他事物的生灭没有任何联系。假如人们认为，事物根本不转向无而成为别的存在者，也不是从无产生而是从别的事物产生，那么，这种情形就会得到改变。这样，整个非存在范畴就被取消了，并且被从世界过程中排除出去，某一存在者的消失同时就是另一存在者的产生，反之亦然。或者如赫拉克利特所言，上升和下降之路无殊而同一。这样，生成者就被理解为统一的、连续的世界过程。生成范畴成了另一个范畴。

（3）与此类似，实在概念的变化也是基础的，这是一个半世纪以后使用并到了我们时代才终结的概念。亚里士多德最先论述了此概念，认为一个完整的存在只是由形式和质料共同构成的集合体。因此，基础的实在概念首先被看作物的存在。它一开始就包含了时间性，即生成变化与暂时性，并由此引出自我意识形成的问题。这种观点正好与柏拉图主义的信念相反，后者认为理念才是真正的存在者，事物只是现象。这种柏拉图主义渗透于共相实在论[1]中，直到将所有"实在"作为本质存在，从而大大贬低了物的世界。唯名论反击了唯实论，将一般限制于思想中的存在，由此提出了事物的实在性。这般理解的实在

---

[1] 即通常所谓的"唯实论"。——译者注

范畴贯穿近代自然科学，但是依然限于物理的实在性，也将心灵和精神的实在性排除在外。随着精神科学思想的加强，这种立场是站不住脚的。心理事件和历史事件表明了同一个时间性与个体性，也即同一个事实。我们也必须扩展实在的概念，但由此它在范畴上就会成为完全不同的东西，那样属于实在之本质的不再是空间性和物质性，而只是时间性和一次性（个体性）。这样，实在的存在方式才与我们生活于其中的实在世界之整体相适应。这种范畴的变更显示出有趣的曲线，那就是在两个极端之间来回波动，直到最后于一中间线上静止不动。

（4）另一个明显的例子是情态范畴：可能性和现实性。它们最初在亚里士多德的形而上学中作为"潜在力与活动力"，后来只是稍有变动，作为潜能与现实，流行于中世纪。其基本模式是神学的，因为潜在力不是纯粹的可能性，而只是成为某物的素质或能力，活动力也不是纯粹的现实性，而是某物的现实化，成为某物的倾向是先在的。这样看来，任何时候都有并不会成为现实的许多"可能"，实在世界中除了现实事物之外，还充满大量飘忽不定的可能性，其中哪一些会成为现实，这是完全不确定的。要使可能的东西成为现实，得有一系列必不可少的条件，而潜在力中往往正是缺少这样的条件。由于新物理学的出现，这种情态概念可能会发生变化，这取决于条件链是否完整。如果条件链是完整的，那剩下的就只有一种可能性，其余的多数可能性则会消失。于是，两种实在模式间的联系就成为完全不同的东西了：任何时候都有可能成为现实的东西。至少在实在性领域中是如此。在思想领域中（在心中）则又完全不同：一切都有可能成为无矛盾的、可以思考的东西，因为在这里，条件链会被漫不经心地略过。其结果则是：在逻辑学和存在学模式的范畴对立之处，实在世界与思想世界彻底地区分开来。但正是这种范畴的对立首先清楚地出现在我们的日常生活中。[1]

---

1 参见《可能性与现实性》(第 2 版，1949 年)，特别是第 18—23 章，以及后面的第 24—32 章。

（5）与可能性和现实性的范畴变更平行的是必然性范畴的变化，这种变化极为重要，因为自古以来决定论问题便与之相关。在神话思想里，命运（厄运）处于必然性的位置，命运清楚地表明了神学的、往往是完全人格化的结构。在亚里士多德描述的世界图像中则没有这种结构，在他那里有一点是前后一致的，即认为，在许多可能性并存的地方，就绝不是必然的。随着法则—思想的出现，这一点才有所改变，但在这里也还不是真正的实在必然性，而只是本质必然性，它还不能完全决定个别事件。与此相反，随着因果性原则在自然科学中的普遍运用，产生了这样的意识：个别事件在实在的联系中也有了它的条件链，如果所有条件都具备，那这个别事件就必定会出现，而不会不出现，或出现别的结果；由此而达到了实在必然性的范畴。在17世纪莱布尼茨的哲学中，实在必然性的范畴采用了"根据律（Satzes vom Grunde）"的形式。理性可能首先作为充分的认识根据呈现出来，但是这个时代尚未失却对认识的存在学背景之关注，根据思想直接转入事物和事件的存在联系。如果人们考虑到那种可以作出判断——这一点在康德哲学中达到了——的自由问题首先为达到这个基础而努力，那么，这种范畴变更所具有的意义便显而易见了。

（6）与必然性范畴相比，渗透于意识中的因果性范畴更为人所知。古代原子论哲学家就已有这种思想了，它如此广泛地存在于人类的实践思想中，一如生活中对前后相继关系的理解那样。但它为神学思想所遮蔽，并长期在形而上学里受到压制，后来由于亚里士多德学派把动力因和目的因相提并论才得到解决。经院哲学的内在因和超越因之共同作用几乎很难对它产生什么影响，因为在亚里士多德学派那里，形式原则[1]是形而上学的确定根据，而只是在经院哲学那里有真正的因果性之核心部分，也刚好处于这样的东西之中。人们当时将它作为非

---

1 即通常所说的形式因。——译者注

本质的东西推到了一边。著名的因果思想之突破以及自然科学的新架构本质上也是以超越因由次要作用变为主要作用为基础的。新的因果性概念植根于这样一种认识，即：原因在新的实在意义上乃是某种时间性的、暂时性的、纯粹过程性的东西，因此它不能在结果中保持而必定在结果中"消失"。或者在别的理解中，它产生这样的作用：转变为结果，为结果奠定基础。这样才达到了"有生命力的"因果性范畴，对自然过程的新理解就是以这样的因果性范畴为依据的。这种理解建立在连续的"因果系列"的基础上，在这种因果系列中没有这样的创造力量，它们本身不该是由同一些原因所产生的结果。

（7）另一方面，在人类理智中会出现一定程度上与因果性范畴变更相平行的自然科学的规律原则。主要区别只在于，这种规律原则的形成是在纯粹科学领域内完成的，因为在大众的日常意识中没有与自然规律相类似的东西。在那里起支配作用的是模糊的经验性的东西，它们不属于这里说的规律性的东西。但是人们考虑到"规律"的范畴意义就是自然演变过程中带有普遍性的东西——相似性或过程模式，所以可以看到，规律原则中的基本思想有着古代早已出现的内容，这就是"形式"原则。亚里士多德学派的"形式实体"就已经是这样一种真正的普遍性的东西了，当然并非直接的过程的普遍化，而是在过程中所产生的构成物的普遍化。在经院哲学体系中，形式实体作为本质形式而与内在因相等同，当人们认真地对过程本身进行精确把握时，它才失去这样的地位。从此以后，静态的形式原则就不再足够了，但在规律概念和数学公式中却发现了所要寻找的活动的形式原则。这个变化在历史上是著名的，这不是概念的变化，而是范畴的变化，只是大多数人不能对此作出解释罢了。这一点在我们的时代得到了很好的证明。因为现在人们已不满足于过去所获得的规律概念（就如今天人们所说的"古典的规律概念"那样）。范畴的变更是一种进步，在那种"静态规律"的原则之中，不再涉及一个过程而只是涉及许多过程的大量明显可见的截面。

（8）在所列举的例证——它们也许足以解释实际情况——之外，为了比较还得从近现代史中举出一些例子来，而且是在没有进一步解释的情况下，但为此要从不同的对象领域中来举例。

运动范畴通过牛顿的实在性原则，完成了一次根本性的变更；在我们的时代，则由于爱因斯坦的相对论而经历了第二次变更。

（9）随着能量概念的出现，虽然没有确立起一个新的范畴（如同它开始时想显示的那样），但它也许已根本改变了早已众所周知的实体范畴，从而使整个物理学成功地走上了新的道路。在所有改变中必定有某种东西保留下来，这是一种古老的思想。但这某种东西应当在有生命力的形式中加以理解，并由此而将不同现象的多样性统一起来，这一点便是新的发现。

（10）在有机界，变革和发现同时进行，即是说，"物种"不是永恒的；这就产生了物种起源的范畴思想，借此思想我们可以展望所有植物和动物王国的自然统一性。

（11）此外还有作为第二个全新范畴的选择原则。这个原则的重要性不在于作多大程度的详细"解释"——对此还在争论不休呢，而仅在于这样一个事实：这是第一个也是迄今为止唯一成为可把握的范畴，它从根本上回答了有机物合目的性之产生的问题。康德在"无目的之合目的性"概念中对这个问题作了精确的勾画，但这只是一种"调整性的原则"，康德不可能揭示背后存在着的"本质性的"东西，也就是说缺乏从属性的范畴。在选择原则中我们就可以看到从属性范畴开始渗透于意识之中，这种渗透在有些方面尚不清楚。更进一步的情形直至今天还有待弄清。

（12）心灵的存在还得极其长久地等待人们对其范畴含义的理解。古代人还没有意识概念，他们称为"灵魂"的东西，只是一部分属于内部世界，另一部分则指生命原则，有生命力的心灵。心理学是一门年轻的科学。18世纪还有"能力（Vermögen）"这样的传统概念，由于心理学的出现，便很少借传统的"能力"概念了。由于"行为与内容"的对立，在心理学中首先出现了新的范畴；行为和内容这二者都是首先在现象学中得到实际运用，也必须首先逐步地反对从外面渗透入的自然科学范畴而达到。只有在形成成熟的行为概念时，行为分析才可能取得成就。更重要的是还需克服对心灵"要素"的想象方式，因为在这种想象方式中有一个前提，即要素（如单个的对意义的"知觉"）也许是预先给予的。这一点尚未得到证实。进一步的分析表明，更大量的知觉联系即"整体性"恰恰是基本的东西。目前这种范畴变更尚未结束，还处于变化当中，假如这种范畴变更没有结束，那就还难以预料权威的心灵范畴会是怎么样。

（13）同样，还有第二种正处于形成中的范畴变更。这种范畴变更涉及心灵活动的难以捉摸的东西，即无意识的心灵。在这里我们得感谢"动物心理学"的权威观点。心灵的"分层"思想认为，各个层次都是相对独立的存在，彼此间又发生多种影响。在这种心灵的"分层"思想中，有一组现在还捉摸不透的范畴明显地在走向澄明，也许由此我们可以期待一种更彻底的变革。[1]

（14）新出现的或在渗透中被理解的范畴之最重要成果，是在精神存在领域中给予的。因为在精神领域中所有一切又都是从对象上可理解的，不过同时又处于认识的早期阶段，因而在意识生成变化中被理解的范畴又都是有争议的。

以上所谈到的这种范畴，在个体精神上就是"超验行为"的范畴。精神意识的最重要活动，从爱和恨，直到愿望、行为和认识，显示了同一种超越意识界限的与周围世界之关系的基本形式。同属于精神层次的另外一些例证有出自伦理关系的一些众所周知的能力，诸如前决

---

1 参见罗特爱克（Erich Rothacker）：《人格的分层》，第2版，1941年。

定和前规定，合目的性和决断能力（自由）；这些能力结合在一起使人成为主动的并由此同时成为有道德的生物。很久以来哲学就已知道这一切，但对其范畴特征则是后来才意识到的。

（15）我们还会遇到"客观精神"这一更高层次的范畴。该范畴首先由黑格尔所揭示，但他同时也错误地将它作为实体。因此这个范畴在经过某些错误的认识和轻率的否定之后，才慢慢地为精神科学所认识。在摆脱实体形而上学后其中保留下来的基本要素，即超越个体与代际间更替的历史保存之形式，依然难以捉摸。正是这种历史保存使客观精神成为历史的承载者——也就是说，在那个客观精神的确切意义上，生命短暂的个体不能成为历史的承载者。精神活动正是以作为基本范畴的客观精神为基础，我们看到许多世纪以来，精神活动在语言、法律、道德、共同体的政治结构、科学和宗教方面所取得的发展。

（16）对于这个范畴，有一点变得清楚而令人信服，那就是还有其他一些保存形式，如实体形式的保存，无基质的保存，停留于历史要素（承载者、个体）更替的保存——这是一种通过内部一致（稳定性）和不断改变历史承载的要素形式而实现的保存；这是一种带有适合于极其多样的变化方式之历史活动余地的保存方式；这种方式的保存就是一种更广泛的精神的基本范畴，可是它现在还未得到深入的理解。

七

上面所列举之范畴变化的例证，前五种属于普遍的或基本的范畴；其余的则属于单个存在层次的对象领域，是特殊的范畴实例。我们可以很容易地看到，它们不仅揭示了范畴的普遍性，而且还揭示了随后在认识的各个对象领域中的形态变化，同时还说明了如下两点。

其一，历史上较古老的对最低存在层次（无机界）的认识——它们在近代是极少占有优势了——属于人类对较高存在层次理解的一部分。此后，意识对这些范畴的认识显然是逐步"由下而上"地深入的。

其二，如果其中一些较高层次的范畴真正一下子为意识所深入把握，那么，它们看来就具有较大的灵活性；精神性存在范畴则更加灵活，对它们把握之困难，完全不同于对较低和中间层次把握之困难。

假如考虑到我们能够追寻其深入意识及进一步变化的那些范畴，对我们来说完全不同于那些僵化不变的范畴，那么，上述两点就是完全可以理解的。所有这些范畴都是首先由科学思想所发现，部分甚至开始于假设，并在逐渐被证实的过程中获得某种稳定性，其中有些范畴还要长期在不断变化的理解过程中左右摇摆。

范畴的变化是不是有一个固定的最后阶段呢，这个问题尚未确定。有人会说：如果它们要达到这个阶段，那么，与此同时就得接近意识中直观范畴的位置。直观范畴是不再变化的范畴，其原因是它们在没有自发"使用"的情况下起作用，并且仿佛是自动地起作用，而理智范畴则是使用或不使用直观范畴的某种意识之自由。可以想象，最终所有范畴都要成为直观形式，关键是这在目前的问题阶段尚不可能。或许可以说，在所把握的那些范畴上，随着继续渗透入意识，自发的应用愈加退隐，而直观的方式则越发显得纯粹。认识学会用自创的工具来工作，只要这些工具成为认识不由自主运作的器官。

这种从应用到直观显现的改变过程——直观显示也可能是这一过程的最后阶段——最初在简单的对事物的认识中显然就存在着了，并且在今天也取得了极大的进步，可是在较高的对象领域中却还很落后。另一方面，这一过程的后期阶段则接近直观形式，直观形式是相对稳定的，所以，对对象认识的最高范畴必定是最灵活的范畴。

我们也可以这样表述：在对无机物的认识中，今天最重要的范畴已经都是现成的，并且是相对固定的；在对有机物和心灵事物的意识中，我们迄今尚缺乏大多数的范畴；相反，在关于精神的知识中科学正在获取这样的范畴，因而范畴的变更在这里是最可把握的。

我们也可以考虑把这种分层次过程用曲线表示出来。这条曲线通过认识对象的层次得到延伸，但其延伸的去向却并不是完全可确定的，因为在其中间层次缺少可以把握的范畴实例。总的来说，其下面部分应当与给出的曲线和范畴的同一性相同，而其上面部分则与它们相偏离了。具体地说，曲线的下端以认识范畴的最大稳定性开始，但在上端则不是重新回复到稳定性，而是反过来，表现出范畴的最大灵活性，失去了范畴的稳定性。对一种类似的整体之期待也不能得到证实。人们也许因而可以推断出，认识范畴的稳定性与范畴同一性和认识对象的先验性毫无关系。这也许还可以用别的认识论原理来表达：先验性和范畴的同一性也与范畴的可认识性没有什么关系。但范畴的同一性和认识对象的先验性之间的内在关系则还未得到查证。

与此相反，引人注意的是，对"稳定的整体"之进一步分析完全是先验的。因为这正好说明了这些例子，先验论应当以之为基础的那些范畴，至少部分绝不是不可变更的，虽然其灵活性的基础很不相同。这个结果无论如何是重要的。可以推测，它大概已较为常见，但历史还没有为此提供可理解的方式之证据，因为在所有范畴分析的哲学阵营中都缺乏这样的证据。在这里，必须要与一个巨大的传统，特别是康德主义传统决裂。这和从前与有机物固定的种属形式之传统教条决裂相似：种属是可变的这样一种见解，推翻了一个大全的神圣化的天堂信念。认识论的多层建筑由于先验的可变化性而被摧毁。人们持有先验观念，因为它在认识中是超经验和超时间的，其变化状态似乎消除了它的意义。

但这恰恰是一种偏见。认识中可以理解的独立于知觉的东西，远不必是不可变化的；提出普遍性与必要性要求者，也不必具有"客观有效性"。所以，正好是在康德时代还需要有对纯粹（即先验）理性的批判，因为在形而上学中有那么多的先验命题，它们被证明是站不住脚的。人们只要承认对"永恒的"先验之解决，并带入对扩大的认识问题之先验判定，那么他们也就与康德的真正意图相一致了。

这种情形说明，在人类适应所处身之世界的一般过程中，认识范畴的变更是分阶段进行的。这种变更处于认识的所有历史变迁和所有思维的形式变化之背景中，并且可能构成其核心部分。一般说来，认识过程乃是历史中更大的精神活动过程的组成部分，它本质上是由人在世界中连续的指向活动所规定的。它也属于人类一般的适应世界之倾向，并且只能从这种倾向中抽象地获得解决。这种抽象当然早就在认识论中占有支配地位了，在我们今天的时代，人类学的根本改变才在概念上使它趋于终结。

那么，这是生物学主义吗？是不是如现在许多人所认为的那样，这是对古代的和真正的认识问题之背弃？

人们可以很容易地相信，它更是一种对认识问题的深化，而且简直就是重振认识问题。19世纪的认识论隔离了这个问题，它往往更多地走进了"逻辑学"的死胡同之中，最终完全沦为纯粹的方法论。认识竟然与"判断"相等同，超验关系几乎名存实亡，真理只是意味着概念的内在一致，科学也只是意味着它的体系，它们与生活和历史的联系全被遗忘了。在存在学的视野中，这种联系重又显示出其合法性。由于这种联系，认识就可以重新适应人类的生存圈，更确切地说，是适应个人的，同时也是历史—共同的生存圈。在这里"适应"当然只是所采用的一种表述，没有理由从狭隘的生物学的意义上来理解它。因为人类的适应性是在历史的精神活动中延续的，它开始于动物界残酷的生存选择之压力，然后主动地向精神层次延伸，并且在得到发挥的意识之引领下进一步有目的地继续。但这种适应的形式和规律是不同的，它所致力的任务则不只限于保持，而是作为较高形态的意义范畴渗透于意识之中。

首先得指出一点，对"永恒的先验（festen Apriori）"的解决完全不是对先验（das Apriori）的解决。相反，后者对先验之是否永恒根本漠不关心。人们把先验看作是永恒的，原因在于一种他们从自己的存在方式和直接的、内在的被给予状态中获得的错误观点。他们把先验归于理念的存在，并将其界定为数学命题；胡塞尔的本质现象学又进一步纵容了这种观点。现象学立足于明证的现象而将超时间性"悬搁"起来。这恰恰是成问题的。问题不在于明证现象的事实性，而在于其客观有效性。直观认识也会提供错误的东西，它也需要证实。因为直观认识也受范畴的变更所影响。

如果人们假定长期的存在物具有永恒存在的地位，那就完全符合恰如其分地理解的先验主义问题。但这并不排除某些认识范畴随着时间的变化实际上会成为"永恒的（范畴）"。直观形式就是富有启发意义的例子。只有理智范畴有一种可察觉的变更，这种变更很可能也受一种不断的凝固化所影响。先验认识绝非意味着范畴本身就是先验的，而只是说通过范畴的显示，在对象那里看到某种原则性的东西。如果这范畴本身也变化了，或者为另一种新渗透入意识的范畴所取代了，那么，这只是意味着，从此以后对象的另一方面就会成为先验地（也即从原则而言）可把握的。这种重新出现的可把握之变化就是所有认识进步的基础与源泉，至少当这种变化是重要的并且略多于已认识的新事实时，是这样。

这里所讲的适应因此不是生物学意义上的适应，因为它更可能是一种范畴的适应，它在精神活动的历史过程中发生。我们也必须在世界的层次结构之较高的两个层次中探寻其过程。在那里，这一过程在有机物的适应过程的广泛自由中进行着，它在内容上与有机物的形式和功能的种系变化过程没有相似性。在其中可以把握种系变化过程的知识领域，就是人类学。人类学当然也不是只停留于生物学的东西上，而是在其现象领域中包含着人类的精神——文化活动。

这种扩大意义上的适应属于认识的原始特性。在古代的相应概念里早就有某些关于适应的知识了。如传统的"真理"定义就把知识看作理智与事物的相符合。人们把知识与先验认识联系起来，所以直接涉及范畴的同一性。因为这里取决于对象的范畴是否及多大程度上出现在理智中。被理解成"范畴的适应性"，也就意味着新范畴在意识中的出现，这些新范畴的各自变化与趋向于相应认识一起，正是我们先验认识能力的扩展或进步，或者从存在学上说，这意味着范畴同一性本身的进展，由此，认识范畴和存在范畴二者在内容上就相适应了。

这里是把"进展"理解为某种保留，这一点当然往往得加以补充。精神活动也可能是后退的，这是所有精神活动的本质，对此已有历史的证明，这并不改变精神的活动性本身，也许同样无损于范畴进展的基本趋向。这一趋向简单地说完全是精神的一般趋向。它不能保证成功，这一点应当看作是理所当然的。

对于古代认识论者来说，这里有许多他们必须重新学习的东西。某种唯心主义的信念，即认为精神是永恒的信念，一种超越时间的理念式存在的领域，直到临近20世纪时都在哲学体系中保持着。自从有了宙斯统领下的雅典神话——这是完成了的完全的神话形态，这个观念式存在的领域就在世界观的历史中被广泛涉及了。在柏拉图那里是不变的理念，在亚里士多德那里则是至上的精神，而中世纪哲学则信仰神圣理智及其对人类理智的"照耀"。黑格尔实际上也持这样的观点，他把世界理解为精神的自我展开，把世界的完成看作精神的"自我存在"。正如精神也将历史过程包括在它的自我展开中那样，在绝对精神范畴中应当早已包含着所有东西了，因此，数百年来精神变化过程中出现的哲学体系的各个辩证层次也仅仅再次成为绝对精神的一些阶段了。

甚至新唯心主义者也遵循这一框框，因而他们抛弃这样的观点：认识是一种存在关系，认识行为是一种超验的行为，认识的进步则是一种范畴的进步。所以，他们把认识理解成判断，这判断又是纯粹无时间的没有发生和形成任何东西的"意义形象"，甚至认为他们明显地看到其历史性的认识的成就（纳托尔普）其实是无时间性的过程，并且将其历史实在性的问题看作远离自身。

在存在学基础上，一切东西看起来都完全不同了。历史过程的实在性恰恰就是基本现象。涉及其历史的精神本身就是实在的精神，它的展开则是不断进展的对世界之适应、支配和占有，是认识在世界中不断进行的指向。认识没有观念性的存在，它不是意义形象，也不是如判断体系那样的纯粹的意义体系，它是对存在者之谜不断进行的工作，是不断地解决任务，部分任务还非常现实。超验关系本身在认识中不断扩展，这是在持续的扩展中理解周围世界。范畴关系中的适应性也由此不断推进。

对范畴的不可变更性之认识论信念，是古代爱利亚学派"精神的静止状态"这一教条的最后残余，从存在学的视野来看，它不攻自破。正如超验性有历史那样，范畴的同一性也有历史。这是有机地加入精神的新形象，因为我们所认识的精神只是已经形成的、实在的和历史的精神，而精神的形成过程还在继续。认为精神的存在没有变化，这是古代理论的一大错误。确切地说，精神本身是变化的，并且在后来才进入世界事件的总过程中。我们身处精神的形成过程之中，并且看不到其变化的终端。这种精神的变化过程就是精神史。一种在多轨道基础上展开的变化过程便是认识史。

由于对象层次的多样性，适应过程从最低级、最简单的对象领域开始，认识在这样的领域是最容易获得对象的，并且最先达到某种范畴的同一性。这个过程会跃升到最高的对象领域即精神存在，在其中，它所遵循的是现实性原则；在精神存在阶段，人们处于对范畴最大的活动性之把握阶段，中间存在层次则隔着相当大的距离跟随着，其理由就是上面提到过的人类学。

相反，至于认识中的意义形象特征，就完全不涉及变化和形成，它不能脱离内容，也恰恰是与当时的内容相关联，同时形成附随现象，在一定程度上也即是形成认识的另一面，即从判断、概念、理论上可把握的内容，已经从语言上可把握的内容。波尔察诺的"命题本身"和"真理本身"学说对这种意义形象特征是适合的。因为任何内容都会无矛盾地在同一性、无时间性和逻辑范围内发生，借此人们可以使它摆脱历史的认识过程之实在关联，摆脱概念的运动，摆脱精神的变化过程，从而成为精神的内容。

此外，认识上当然还有另一种意义现象，它与认识活动本身的意义有关，也包括认识活动的过程特征。因为有这样一种认识活动本身的意义，这种意义就不再只是认识论和存在学的问题，而是价值论的问题了，它植根于价值领域，价值不再是实在的力量，并且只是一种观念的存在。在这另一种"意义"的意义中，认识事实上已经纯粹是一个意义给予的过程，同时也是一个意义之发现和实现的过程；当认识活动指向精神存在及其在世界中的展开时，这一过程就表现得非常激烈。因为认识是对存在者的分有，是作为自在存在的存在者之为我存在。当认识集中于精神存在时，本身就是对精神存在的有意识分有，成为其自为存在。

但这种分有的一些最高形式并非就是认识形式，而是一些艺术形式；在艺术形式中，精神活动本身才能以具体状态——这表明，返回到意义的给予状态，返回到可体验状态——成为可把握的东西。

这就是一些处于最高层次的精神现象，它们由一些非常基本的功能所承载着，关于这些功能，人们在超验的认识活动中已经了解一些了。在这些精神现象之中也有认识，而且并不是最初的认识。但是，由于这种认识在其展开的一定高度上为了自身也会采用知识的形式，所以显而易见，从意义现象出发的认识论可能指最好是从自我意识出发来理解其本质。

德国观念主义思想家们曾经试图这样做，这在费希特那里达到顶峰。现在也有这种倾向的个别代表，他们的目的是纯粹而无可指摘的，但所走的道路却不正确。他们不能从最高层次的精神现象出发来把握分成许多阶段的认识结构，也不能从下面层次来理解分层次的认识结构，这种认识缺少较普遍的基础现象，而所有从上面层次开始的重构都会产生一种走了样的形象。最高层次的独特性套用到较低层次上是不合适的，并且也会使它完全失去与承载的存在层次之联系。

在此要想到，正如认识活动中自然的基本关系有直接意向的形式那样，正如在这种直接意向的形式所支配的所有地方那样，相反在直接意向的形式被间接意向的形式所减弱、阻滞和妨碍——直至"自挡其路"的地方，探究对象是有益的。反思本身就是阻碍，它当然也正好导向较高级的理解，这里是指对较高级产物即精神本身的理解，当然只是在它可能达到的范围内。但与在别的认识领域中区分正确与错误相比，区分反思的成功与失败要远为困难，因为在这里，连相对的标准也没有。所以，在整个理论从自我意识出发时，就存在着一种最初的缺点，它在以后的推论中不再能得到修正，而是随着结论的扩大而扩大，最后歪曲了一切。

人们也可以对此另有看法。这就是上面正在谈到的认识对象在较高存在层次中的自我保护和自我逃避。自我意识中就有极端的情形：在自我意识中，自然的神秘直觉式的中立受到了极大干扰，对象也最激烈地拒绝认识，因为它本身就是认识主体，并且通过自己的意向进行修改。此外，在反思的方式中还会发生完整的层次化过程。最容易的反思方式应是逻辑的反思方式，因为在逻辑的反思方式中，相反的意向只到概念和判断为止，这二者根据形式还有客观的特征。调准心理学的注意方向本来就是比较困难的，如果这里不是指孤零零的认识内容，而是指趋向客体的认识行为本身，因为这种认识行为受到反思的影响。在伦理的自我意识中，则不同，在这里，开始有一种自我的主动抵抗，因为这里涉及自我之主动意向的出场与评价。在认识论的反思中又完全是另一种情形，在伦理的自我意识中，认识活动往往集中于某种在精神上不同于认识活动的东西，但在认识论的反思中则集中于自身，即认识活动本身，主体和客体在这种间接意向的形式中也完全达到了同一。显然，进行这种反思方式是极其困难的。

观念主义认识论者在理解实际情况时本应严格遵守这一点：满足由问题的本质而发生的要求，他们本来得尝试着真正达到神秘直觉式的反思，那样，他们就会很快通向进行这种反思的边缘。可是事实却不然。所有观念主义认识论者或多或少都偏爱简单得多的逻辑反思，仿佛将它强加于人，当然是在不知道他们做了什么的情况下。这种反思的确是直截了当地出现的，而贯穿近代哲学对逻辑学和认识论的传统混淆，甚至对此提供了某种合法性的假象。

这是一条歧路。在这条路上只会达到那种如同新康德主义者的"逻辑主体"或"认识论主体"那样的概念怪胎。康德的"超验主体"也已经走到了半途，虽然在它背后的反思与神秘直觉式的反思很接近。只要人们严格把握逻辑的观点，就根本不可能达到"主体"。判断和概念，从逻辑方面看，是根本没有主体的，就是说整个逻辑的范围中没有主体。逻辑的范围是完全客观的，其中不存在认识活动与认识行为，这二者只是主体的功能。人们把它们从心理学领域转移到逻辑领域，并且以这种方式构建了一个逻辑主体。当人们在一贯的分析中偶然发现提高了可靠性的自我意识——他们也正是从这样的自我意识推导出一切的——时，才可能产生假象。

一种真正的批判方法能够轻而易举地发现假象，但这种批判完全不同于狂妄自大的批判主义。为此，首先特别需要返回到直接意向和自然观点，由此人们才会重新发现认识本身的原初本质。这样就必须追溯到带有认识之超验特征的非反思的存在学意向。这种意向就是认识的自然倾向。在自然倾向而不是自我意识那里，方可把握基本现象。

也只有从这种认识的自然倾向出发,"认识论的反思"才有可能思考认识的真正本质。

这是一条长长的弯路,既不能缩短也不能折回。如果人们想理解认识的功能,就只能用由下而上的方法追寻它,就像认识本身探究存在者之存在学的层次顺序时所用的方法,即按其存在被插入层次顺序中并由这层次顺序所承载那样。认识不能按其在世界中的整体地位被理解为构成可能对象的世界整体之总体结构中最初的组成部分,而只能被理解为这总体结构中较晚的组成部分。因而认识本身也可能完全是最后并且仅仅是在依赖于所有别的认识领域时才成为其对象。认识"理论"不可能成为第一哲学。

在存在学的视野中第一次指明了认识对象即认识本身在世界中的真实地位。因为我们把自己看作存在于世界中的精神生物,所有存在的认识都以这一状况为基础。这种对人的地位的理解,就已经是认识的贡献了。由此,我们也已处在某个认识的过程中了,我们并不知道其开端与终结。最后,我们才学会判断构成此过程的本质之奇迹。这种后来的学习便是在认识论的反思中进行的。

附录：哈特曼已出版的著作及文献选编

1. 《柏拉图的存在逻辑学》(*Platos Logik des Seins*. Berlin, 1909.)
2. 《生物学的哲学基本问题》(*Philosophische Grundfragen der Biologie*. Berlin, 1912.)
3. 《认识形而上学的基本特征》(*Grundzüge einer Metaphysik der Erkenntnis*. Berlin, 1921.)
4. 《德国唯心论哲学》(*Die Philosophie des deutschen Idealismus*. I. Teil: *Fichte, Schelling und die Romantik*. II. Teil: *Hegel*. Berlin, 1923/29.)
5. 《伦理学》(*Ethik*. Berlin, 1926.)
6. 《黑格尔》(*Hegel*. Berlin, 1929.)
7. 《精神存在问题》(*Das Problem des geistigen Seins. Untersuchungen zur Grundlegung der Geschichtsphilosophie und der Geistewissenschaften*. Berlin, 1933.)
8. 《论存在学的奠基》(*Zur Grundlegung der Ontologie*. Berlin, 1935.)
9. 《可能性与现实性》(*Möglichkeit und Wirklichkeit*. Berlin, 1938.)
10. 《实在世界的结构：一般范畴学说概要》(*Der Aufbau der realen Welt. Grundriß der allgemeinen Kategorienlehre*. Berlin, 1940.)
11. 《存在学的新道路》(*Neue Wege der Ontologie*. Stuttgart, 1943.)
12. 《哲学导论》(*Einführung in die Philosophie*. Berlin, 1949.)
13. 《自然哲学》(*Philosophie der Natur. Abriß der speziellen Kategorienlehre*. Berlin, 1950.)
14. 《目的论思考》(*Teleologisches Denken*. Berlin, 1951.)
15. 《美学》(*Ästhetik*. Berlin, 1953.)
16. 《哲学谈话》(*Philosophische Gespräche*. Göttingen, 1954.)
17. 《哲学论文集》(Kleinere Schriften)

    第一卷：《系统哲学论文集》(Band I: *Abhandlungen zur systematischen Philosophie*. Berlin, 1955.)

    第二卷：《哲学史论文集》(Band II: *Abhandlungen zur Philosophie-Geschichte*, Berlin, 1957.)

    第三卷：《从新康德主义到存在学》(Band III: *Vom Neukantianismus zur Ontologie*, Berlin, 1958.)

18.《尼古拉·哈特曼与海因兹·海姆索特书信集》(*Nicolai Hartmann und Heinz Heimsoeth im Briefwechsel*. Bonn, 1978.)

(《逻辑研究》的 24 章写于 1931 年至 1944 年之间，1945 年连同另外一些手稿丢失。)